형사판결문으로 본 치안유지법 사건과

1930~40년대 초 사회주의운동

이 저서는 2014년 대한민국 교육부와 한국학중앙연구원(한국학진흥사업단)을 통해 한국학 분야 토대연구지원사업의 지원을 받아 수행된 연구임(AKS-2014-KFR-1230010-).

동국대학교 대외교류연구원 · 인간과미래연구소 일제하 형사판결문 해제집 8

형사판결문으로 본 치안유지법 사건과 1930~40년대 초 사회주의운동

초판 1쇄 발행 2020년 2월 10일

저 자 | 전명혁
펴낸이 | 윤관백
펴낸곳 | 도서출판 선인

등 록 | 제5-77호(1998.11.4)
주 소 | 서울시 마포구 마포대로 4다길 4 곶마루 B/D 1층
전 화 | 02) 718-6252 / 6257
팩 스 | 02) 718-6253
E-mail | sunin72@chol.com

정가 33,000원

ISBN 979-11-6068-355-4 94910
ISBN 979-11-6068-347-9 (세트)

· 잘못된 책은 바꿔 드립니다.

동국대학교 대외교류연구원 · 인간과미래연구소
일제하 형사판결문 해제집 8

형사판결문으로 본 치안유지법 사건과 1930~40년대 초 사회주의운동

전 명 혁

도서출판 선인

▎발간사 ▎

이 책은 동국대학교 대외교류연구원이 한국학중앙연구원의 지원을 받아 3년간(2014년 9월 1일부터 2017년 8월 31일까지) 연구한 「일제강점기 형사사건기록의 수집 · 정리 · 해제 · DB화」 사업의 결과물을 간행한 것이다.

일제하 식민지 사회는 전통과 근대, 지배층과 피지배층이 교차하고 공존하는 시기로 복잡다기한 사회적 갈등이 새로운 양상으로 표출되던 공간이었다. 전통 사회의 해체과정에서 생성된 다양한 계층이 근대적 문물을 접하면서 욕망하는 개인으로 존재감을 드러내기 시작하였으나, 다른 한편 그들 모두가 일본의 핍박과 억압에 저항하거나 순응하는 피지배자의 굴레를 벗어날 수가 없는 운명공동체이기도 하였다. 이 같은 전환기 식민시대 조선인의 이중성을 인식하지 않고는 당시 상황의 본질을 이해하기가 어렵다.

그동안 식민지 사회의 연구는 그 시기 소수의 지식인들이 집필한 저서의 분석이 주를 이루었다. 그러기에 저자들의 주관적 사상이나 현실과 유리된 지식의 울타리에 머무를 수밖에 없었다. 당연히 식민지 사회의 다수를 차지했던 일반인, 특히 하층민들의 삶과 의식에 대한 연구는 뒷전으로 밀릴 수밖에 없었다. 그런 의미에서 식민지인의 일상을 그대로 조명할 수 있는 새로운 자료의 발굴은 있는 그대로의 식민지 사회를 이해하기 위해 반드시 필요한 과제라고도 할 수 있다.

형사사건 기록은 일제강점기 다양한 계층의 일상을 민낯으로 보여주기에 식민지 사회의 이중적이고 복합적인 모습을 있는 그대로 드러낸다. 동시에 일제의 형사법 체계가 어떻게 이루어져 있고, 그것이 식민지 조선 사회에 어떤 영향을 미쳤는가를 보여준다. 나아가 식민지 시대 형사법을 계승한 해방 이후 및 현대의 형사법 체계를 이해하는 데도 도움을 준다.

이 책은 일제강점기를 크게 ① '무단통치기'(1910~1919년) ② '문화통치기'(1920~1929년) ③ '전시체제기'(1930~1945년) 등 3시기로 구분하였다.

'무단통치기'는 일제에 의해 조선총독부가 설치되면서 조선에 대한 식민지배가 본격화되는 시기이다. 1910년 한일병합시기부터 1919년 3·1운동 시기까지의 다양한 민중들의 삶과 사회적 문제, 3·1운동 관련 판결문 등을 다루었다. 그런데 이 책에서는 대한제국시기 『형법대전』이 만들어지고 근대적 형법체제가 형성되지만, 을사늑약 이후 통감부가 설치되면서 일제의 정치적 개입과 경제적 침략이 전개되면서 의병운동이 일어나던 시기의 관련 판결문을 포함하였다.

1920년대 '문화통치기'에는 일제의 탄압이 고도화되고 치밀해지고, 일본제국주의 독점자본이 도시와 농촌까지 장악하면서, 전통적인 삶의 양식이나 습속, 의식 등에서 '야만'과 '문명'이 충돌하게 된다. 형사사건의 유형에서도 '저항'과 '협력' 사이에서 고뇌하고 분노하는 조선인들의 이중적 모습이 각양각색으로 나타난다.

'무단통치기'와 '문화통치기'에 일제는 「조선태형령(朝鮮笞刑令)」(1912년, 제령 제13호)을 폐지하고, 「정치에 관한 범죄처벌의 건」(1919.4.15, 제령 제7호)을 제정하여 '집단적 독립운동의 기도'에 대해 형벌을 가중하면서 탄압을 본격화한다. 또한 1925년 5월 「치안유지법(治安維持法)」을 공포하여 식민지의 독립과 해방을 추구하는 모든 행위를 이 법의 적용대상으로 삼았다. 그러기에 이 시기 조선 독립운동 사건 가운데 상당수가 살인, 강도, 사기 등 범죄 행위로 왜곡된다.

1930년대의 '전시체제기'에는 세계대공황과 함께 일제도 다른 제국주의 국가들처럼 자국의 독점자본의 위기와 공황의 타개책을 모색하였다. 1931년 만주사변과 1937년 중일전쟁의 발발은 이러한 일본제국주의 위기의 돌파구였다. 이에 일본제국주의는 식민지 조선을 대륙침략의 전진기지로 활용하면서 경제적 지배정책도 병참기지화로 선회하였다. 특히 1938년 이래 국가총동원법의 시행에 따라 '가격통제령', '미곡통제령', '국민징용령', '임금통제령', '물자통제령', '국민근로동원령' 등이 발효되면서 식민지 민중에 대한 탄압도 고도화되었다. 일제는 식민지 민중의 저항을 억압하기 위해 '조선사상범보호관찰령, '조선사상범예방구금령'을 제정하여 치안유지법 위반자 중 기소유예, 집행유예, 가출옥, 만기출옥한 자를 2년 동안 보호관찰하고, 더 나아가 계속 구금할 수 있는 법적 기반을 마련하였다. 또한 '조선임시보안령' 등을 제정하여 언론, 출판, 집회, 결사 등 기본권을 제한하였다. 이러한 탄압에도 불구하고 지속적으로 증가하는 식민지인의 일상적 저항이 판결문 및 형사기록 등에서 확인된다.

이 책은 일제 강점기 일반 형사사건의 기록물을 통해 당시 민초들의 일상적 삶을 엿보고 형사법 체계에 반영된 식민지 통치의 변화를 추적한다. 이 연구를 통해 일제강점기 형사사건 기록물과 판결문 및 이와 관련된 신문조서나 당시 발행된 신문 · 잡지 등의 자료 활용이 용이하게 되기를 기대한다. 더불어 보다 많은 연구자들이 이 연구에 의한 기초자료의 분석 · 해제와 DB를 토대로 일제시대 다양한 형사사건 자료에 자유롭게 접근하게 되길 바란다. 나아가 일제강점기 형사법의 성립과 변천 과정에 대한 세밀한 기록이 형사법 체계의 발달사에도 기여하게 되기를 기대한다.

이 연구는 기록물을 일일이 찾아 선별하여 상호 교차 검토하고 해제한 후, 이를 교열 · 감수하는 지난한 작업공정으로 이루어졌다. 참여 교수들 모두가 최대한 객관적이고 정확한 해제를 하려고 노력하였음에도 불구하고, 다소의 주관적 요소나 오류가 발견된다면 연구팀 공동의 책임이다. 이 연구에는 연구책임자인 본인을 포함하여 여러 선생님들이 참여하였다. 특히 이 책이 나오기까지 대외교류연구원 고재석 원장님과 하원호 부원장님을 비롯하여 공동연구원인 서울대 규장각의 윤대원 선생님, 국사편찬위원회의 김득중 선생님, 형사사건기록 연구팀 구성원인 이홍락 선생님, 전명혁 선생님, 박정애 선생님과 연구행정과 책 집필까지 맡아 준 김항기 선생께 감사드린다.

2020년 2월

연구책임자 동국대학교 조성혜

▌머리말▐

일제하 형사판결문 해제집 시리즈(1~10권)는 한국학중앙연구원의 토대사업의 일환으로 진행된 「일제강점기 형사사건기록의 수집 · 정리 · 해제 · DB화」 사업의 결과물을 단행본으로 발간한 것이다. 이 책은 그 중 3년차 작업의 일부로서 1930~40년대 초 사회주의운동에 대한 치안유지법 위반사건이 대부분이다.

이 책에서 다룬 형사사건은 총 9건의 판결문으로 모두 일제하 사회주의운동, 노동운동 등 활동을 하다가 치안유지법 위반으로 검거된 사건들이다. 1930~40년대 초 국내 사회주의운동, 노동운동은 코민테른의 영향을 받아 전개되었고, 1930년대 후반 전시동원체제 시기 일제의 탄압이 거세지면서 극심히 줄어들었다. 이들 치안유지법 위반사건은 전체 민족운동에 견주어 극히 일부분이지만 이들 판결문을 통해 사건 관련자와 구체적 활동 내용을 알 수 있다고 생각된다.

첫 번째 판결문은 1930년 11월 28일 김복진(金復鎭) 등 8인에 대한 경성지방법원의 치안유지법 위반사건에 대한 판결문이다. 김복진은 동경미술학교 출신의 조각가로 카프에 참여했고 1928년 2월 조선공산당에 입당하여 활동하다가 1928년 7월 '제4차 조공 검거사건'으로 일본경찰에 체포되어 1930년 11월 경성지법에서 징역 4년 6월을 선고받았다. 위 판결문은 바로 이때의 판결문이다.

다음 판결문은 1931년 3월 19일 김삼룡(金三龍)의 치안유지법 사건에 대한 경성복심법원의 판결문이다. 김삼룡은 해방 후 박헌영과 더불어 조선공산당의 핵심 인물 가운데 한 사람이었다. 이 판결문을 통해 당시 경성 고학당(苦學堂) 학생으로 사회주의운동을 시작한 김삼룡의 일제하 활동과 당시 사회주의자들이 학습했던 맑스주의 텍스트에 대해 알 수 있다.

다음 판결문은 1934년 12월 27일 미야케 시카노스케(三宅鹿之助) 등의 '조선내 적화공작 사건'에 대한 경성지방법원 형사부의 치안유지법 위반사건 판결문이다. 경성제국대학 교수인 미야케 시카노스케는 1934년 5월 21일 경기도 경찰부에 검거되었는데 당시 그는 '경성트로이카 그룹'의 사회주의자 이재유(李載裕)를 자신의 집 지하에 숨겨주었는데 검거 후 그 사실이 알려지면서 당시 신문지상에 커다란 사건으로 보도되었다.

다음 판결문은 1935년 8월 8일 권영태(權榮台) 등 34인에 대한 경성지방법원의 예심종결결정과 1935년 12월 27일 권영태 등 34인에 대한 경성지방법원 형사 제2부의 판결문이다. 이 사건을 당시 일제 고등경찰은 '적색노동조합 및 적색농민조합 조직준비공작 사건'으로 불렀다. 이 사건의 주모자 권영태는 함남 홍원 출신으로 1932년 5월 모스크바 공산대학을 졸업한 뒤 프로핀테른 극동책임자로부터 '적색노조 준비활동'에 종사하라는 지시를 받고 '경성공산주의자그룹'을 조직하여 책임자로 활동하다가 검거되어 경성지방법원에서 징역 5년형에 처해졌다.

다음 판결문은 1934년 10월 1일 장회건(張會建) 등 34인에 대한 함흥지방법원 형사부의 판결문과 장회건 등 3인에 대한 1936년 9월 2일 경성복심법원의 2심 판결문이다. 이 사건은 '태평양노동조합(태로) 2차사건'에 대한 치안유지법 위반 판결문이다. 프로핀테른(국제적색노동조합)의 지도를 받는 태평양노동조합 계열의 활동가들이 흥남의 조선질소비료공장(조질)을 무대로 노동운동을 하다가 검거되었던 것이다. '태로 2차사건'에는 일본군 출신으로 조선에 왔다가 조질의 노동자로 활동하다가 검거된 이소가야 스에지(磯谷季次)도 포함되어 있었다.

다음 판결문은 1938년 2월 17일 경성지방법원의 이재유 등 7인에 대한 예심종결결정문과 1938년 7월 12일 경성지방법원의 이재유 등 7인에 대한 1심 판결문이다. 이재유는 1928년 7월 고려공청 일본총국 선전부 책임자로 활동하다가 검거되어 1932년 12월 만기 출소한 후 '경성트로이카그룹'을 조직하여 조선공산당 재건운동을 하다가 1934년 4월 서대문경찰서에 검거되었다가 탈출하여 경성제대 미야케 교수의 집에 숨어 지내다가 다시 활동을 재개한 일화로 화제가 되었다.

다음 판결문은 1938년 5월 21일 김희성(金熙星) 등 11인의 예심종결결정과 1939년 4월 14일 김희성 등 9인의 치안유지법 위반사건에 대한 경성지방법원의 판결문이다. 김희성은 1913년 함경남도 홍원 출신으로 '권영태(權榮台) 그룹'의 후계 그룹으로 조선공산당 재건운동을 하다가 검거되었다.

다음 판결문은 1941년 12월 1일 방용필(方龍弼) 등 43인의 치안유지법 위반사건에 대한 함흥지방법원의 판결문으로 이 사건은 '함남적색노조원산좌익위원회 사건'으로 불리웠다. 이강국, 최용달 등 '경성제대그룹'과 이주하, 방용필 등 '원산그룹' 등을 포함한 이 그룹은 1937년 8월부터 『노동자신문』 등을 발간하여 일본제국주의 타도, 민족해방통일전선 결성 등을 통한 조선독립, 노동운동을 전개하였다.

마지막 판결문은 1943년 10월 25일 홍인의(洪仁義, 40세) 등 56인에 대한 치안유지법 사건에 대한 경성지방법원의 예심종결결정문, 1944년 10월 7일 홍인의 외 15명에 대한 경성지방법원의 판결문, 1945년 3월 29일 이상호(李相昊)에 대한 고등법원 판결문이다. 홍인의는 함남 홍원 출신으로 1934년 5월 모스크바 공산대학을 마치고 '경성콤그룹' 등에서 활동하다가 1941년 10월 일제 경찰에 검거되어 징역 7년을 선고받고 복역하다가 서대문형무소에서 해방을 맞았다.

2020년 2월

전명혁

▌차 례▐

1

김복진(金復鎭) 등 치안유지법 위반사건(1930년)

김복진 등 20인 판결문
(1930년 형공 제00호, 昭和5年刑控第00號, 京城地方法院)

이 문서는 1930년 11월 28일 김복진 등 8인에 대한 경성지방법원의 치안유지법 위반사건에 대한 판결문이다. 관련된 자들의 인적사항은 다음과 같다.

본적 충청북도 영동군 영동면 계산리
주소 경성부 제동 73번지
조각가 김복진(金復鎭) (30세)

본적 함경북도 회령군 팔을면 1동 32번지
주소 상동
주조업 이재하(李載夏) (30세)

본적 경상북도 안동군 와용면 중가구동 518번지
주소 상동
농업 안상길(安相吉) (39세)

본적 황해도 재령군 하유면 신원리 198번지
주소 상동
동아일보 신원지국장 김찬순(金讚淳) (32세)

본적 경상북도 안동군 풍산면 안교동 93번지
주소 상동
농업 이회원(李會源) (45세)

본적 전라남도 담양군 수북면 궁산리 226번지
주소 상동
농업 기로춘(奇老春, 또는 奇滿笑) (33세)

본적 경상북도 영일군 포항면 포항동 362번지
주소 강원도 강릉군 강릉면 견소진리 28번지
어업 정학선(鄭學先) (34세)

본적 황해도 해주군 해주면 서영정 236번지
주소 황해도 해주군 해주면 서영정 109번지
잡화상 정순명(鄭順命 또는 鄭重) (25세)

본적 황해도 해주군 가좌면 취야리 293번지
주소 황해도 해주군 해주면 본정 173번지
해주해룡자동자부 사무원 박제호(朴濟鎬) (27세)

본적 황해도 재령군 재령면 남정리 169번지
주소 상동
무직 최동선(崔東鮮) (25세)

본적 황해도 재령군 재령면 북율면 대홍리 12번지

주소 함경남도 원산부 욱정 2정목 10번지
원산이운송점 점원 이창권(李昌權, 李明源) (24세)

본적 황해도 재령군 재령면 향교리 105번지
주소 상동
동아일보 재령지국기자 임이준(任利準) (27세)

본적 황해도 은율군 장연면 동부리 1105번지
주소 상동
농업 백준열(白俊烈) (33세)

본적 황해도 재령군 상성면 신촌리 651번지
주소 상동
동아일보 신원지국기자 송광옥(宋光玉, 宋海) (28세)

본적 경상북도 군위군 효령면 중구동 619번지
주소 상동
농업 이목(李穆) (24세)

본적 전라북도 옥구군 구읍면 선록리 번지불상
주소 경성부 안국동 73번지
직공 이만규(異晩圭, 또는 異端) (24세)

본적 경상북도 영천군 화동면 대전동 526번지
주소 동도 영천면 성내동 11번지

중외일보 영천지국 기자 정용식(鄭龍軾) (27세)

본적 황해도 옹진군 용천면 대정리 328번지
주소 상동
경성법정학교 학생 노양배(盧養培, 盧榮培) (24세)

본적 경성부 계동 15번지
주소 동부 인동 21번지
서적상 신철호(辛哲鎬, 辛承昌) (28세)

본적 황해도 해주군 추화면 순명리 번지불상
주소 동도 동군 해주면 남본정 번지불상 楊順永집
고무신상(商) 김덕영(金德泳) (22세)

주문

위 피고 김복진, 이재하, 안상길을 징역 4년 6개월로, 박제호(朴濟鎬), 김찬순을 징역 3년 6개월로, 피고 백준열(白俊烈)을 징역 3년으로, 피고 정순명, 이만규(異晩圭), 임이준(任利準)을 징역 2년 6개월로, 피고 송광옥(宋光玉), 노양배(盧養培), 정학선, 정용식(鄭龍軾), 김덕영(金德泳), 이회원(李會源), 이창권(李昌權), 신철호(辛哲鎬), 최동선(崔東鮮), 이목(李穆), 기로춘을 징역 2년으로 각 처한다.

위 피고인 모두에게 미결 구류일수 중 450일을 각 본형에 산입하고 신철호, 최동선, 이목, 기로춘에 대해서는 각 5년간 그 형 집행을 유예한다.

이유

피고인 등은 모두 사유재산제도는 현 사회를 해치는 것으로 하고 제반 폐습은 한 번에 해당 제도에 배태하는 것이라고 믿고 이것을 철폐하여 공산제도 사회를 실현하려고 하는 것을 이상으로 하여 조선에서 그 혁명에 앞서서 이와 서로 용납지 않는 일본제국주의의 지배를 배제하여 조선 독립을 도모하면서 사유재산제도를 부인하여 프롤레타리아독재 사회를 수립함으로 공산제도의 사회를 실현하려고 열망하고 있는 자 등인바

1. - 1) 피고 김복진은 동경미술학교 조각과를 졸업하여 그 연구과에서 공부하다가 귀선하였지만 직업을 얻지 못하고 무위도식 중 1928년 2월 중순경 경성부 청천동(淸辿洞) 조선지광사에서 조선공산당원 이성태(李星泰)로부터 권유를 받아 조선공산당은 조선을 일본제국 굴레를 벗어나게 하며 조선에서 사유재산제도를 부인하여 공산제도를 실시할 목적을 가지고 조직한 비밀결사인 것을 숙지하여 이에 가입하였다. 동 당원 차금봉(車今奉), 좌공림(左公琳) 등과 함께 경기도 간부에 취임, 동 공산당 목적 달성을 위해 광분하였다.

1. - 2) 1927년 6월 중순경 경성부 종로통 길거리에서 고려공산당청년회원 송언필(宋彦弼)로부터 권유를 받아 동 공산당청년회는 조선을 일본제국의 굴레를 벗어나 조선에서 사유재산제도를 부인하며 공산제도를 실시하려고 하는 목적으로 조직된 비밀결사인 것을 알고 있으면서 동회에 가입하여 동회원 하필원(河弼源), 이황(李晃) 등과 함께 동 회원 김광수(金光洙)를 책임자로 하는 야체이카에 소속하여 해당 회원 일동

과 1927년 6월 중순 이후 동년 7월 중순경까지의 동안 2회에 거쳐 경성부 동소문 내 김광수 방에 모여 동 야체이카 회의를 개최하여 그 이후 회원 박봉연(朴鳳然), 정갑복(丁甲福)과 함께 경성도(京城道)[1] 간부에 취임하여 동도 책임비서가 되어 위 도(道) 간부 등과 1928년 5월 말경부터 동년 6월 말경까지의 동안 전후 3회 경성부 숙동(肅洞)에 있는 피고 김복진 방에 집합하여 경기도 간부회를 개최하고 동청년회의 목적 달성의 방책에 대해 협의하여 다음 동년 3월 초순경 회원 김재명(金在明) 외 5명과 함께 중앙집행위원에 취임하여 선전부 책임자가 되어 책임비서 김재명, 조직부 책임자 고광수(高光洙) 등과 동년 4월 초순경 이후 동년 6월 하순까지 동안에 3회 경성부 다옥정 한명찬(韓明燦) 하숙 기타에 모여 상무집행위원회를 개최하여 동 공산청년회의 목적 관철을 기하여 여러 가지 책모하고

2. 피고 이재하는 1927년 5월 중순경 경성부 종로2정목 경성중앙기독청년회관에서 조선공산당원 안광천(安光泉) 권유로 동 공산당은 앞에서 언급한 바와 같은 목적을 가지고 조직된 비밀결사라는 정보를 알게 되어 이에 가입하였다. 동년 12월 상순경 동 당원 이운혁(李雲赫), 김태균(金泰均) 등과 함께 함경북도 간부에 취임하여 당원을 모집하여 해당도 간부 일동과 동월 초순경 함경북도 회령군 회령면 1동 32번지인 동 피고 집에서 모여 함경북도대회를 개최하여 동도에서 선별된 동도 대의원으로서 1930년 3월 28일경[2] 경기도 고양군 용강면 아현리 조선인 모 집에서 개최된 조선공산당대회에 참가하여 동 공산당 목적 달성을 기하

1) 경기도(京畿道)의 오자로 여겨진다.
2) 조선공산당 3차당대회는 1928년 2월 28일 아현동에서 열렸다.

여 여러 가지 책동하고

3. 피고 안상길은 1927년 8월 중순경 경성부 송월동 안광천 집에서 조선공산당원인 동인에게 종용받고 동 공산당은 앞에서 언급한 목적을 가지고 조직된 비밀결사인 정(情)을 알면서 이에 가입하여 동 당원 홍보용(洪甫容), 김이용(金利龍) 등과 함께 경상북도 간부에 취임하였다. 동도 책임비서가 되어 다수 당원과 함께 동년 9월 하순경 경상북도 대구부 달성공원에 모여서 경상북도대회를 개최하여 조선공산당 목적의 관철을 기하여 여러 가지 책동하고

4. 피고 김찬순은 1927년 10월 하순경 황해도 재령군 신원면 신원리 198번지의 동 피고 집에서 조선공산당원 백남표(白南杓)에 권유를 받아 조선공산당은 앞에서 언급한 목적을 가지고 조직된 비밀결사인 정(情)을 숙지하면서 이에 가입하여 동 당원 백남표, 이경호(李京鎬) 등과 함께 황해도 간부에 취임하여 조직부 책임자가 되어 조선공산당을 위해 은밀하게 획책하고 또한 그 무렵 동소에서 고려공산청년회는 위 조선공산당과 동일한 목적을 가지고 조직된 비밀결사인 정(情)을 알고 이에 가입하여 회원을 모집하고 그 목적 달성을 위해 분주하고

5. 피고 이회원은 1927년 여름경 경상북도 안동군 풍산면 안교동 길거리에서 조선공산당원 안상길에게 권유를 받아 동 공산당은 전술한 목적을 가지고 조직된 비밀결사임을 알고 동당에 가입하고

6. 피고 기로춘은 1928년 1월 상순경 중국 상해 프랑스 조계 민국로(民國路) 태래잔(泰來棧)에서 조선공산당원 홍남표(洪南杓)의 권유를 받

아 동 공산당은 전술한 목적을 가지고 조직된 비밀결사인 정(情)을 지실하고 동당에 가입하고

7. 피고 정학선은 1925년 10월 중순경 당시 동 피고 하숙처인 동경시 본향구 진사정 모 집에서 고려공산당청년회원 최원택(崔元澤)의 권유에 의해 동 공산청년회는 전술한 목적을 가지고 조직된 비밀결사인 정(情)을 요지하면서 이에 가입하여 회원 이재우(李載雨), 이상갑(李尙甲) 등과 함께 포항 야체이카를 조직하여 동 공산청년회의 목적달성을 기하고 여러 가지 획책하고

8. 피고 정순명은 1926년 12월 중순경 황해도 해주면 남본정 해주청년회관에서 고려공산청년회원 백남표에게

9. 피고 박제호는 1925년 12월 31일경 동회관에서 피고 정순명에게

10. 피고 김덕영은 1927년 6월 20일경 동회관에서 피고 정순명에게

각 종용돼서 모두 고려공산청년회는 전술한 목적을 가지고 조직된 비밀결사인 것을 지실하고 동회에 가입하여 동 피고 등 일동이 모의한 결과 해주 야체이카를 조직하고 피고 정순명을 그 책임자로 추천하고, 그 무렵 위 해주청년회관에 모여 전후 3회 야체이카 회의를 개최하고 또 피고 박제호는 앞에서 나온 백남표와 함께 황해도 간부에 취임하고 동 피고 등 일동은 해당 공산청년회의 목적달성을 기하여 책모하고

11. 피고 최동선은 1927년 2월 말경 동도 재령군 재령면 남정리 196번

지인 동 피고 집에서 전시한 백남표에게

12. 피고 이창권은 1927년 10월경 동도 신천온천 창신여관에서 동 백남표에게

13. 피고 임이준은 1928년 6월 중순경 위명을 쓰는 피고 김준순(金俊淳) 집에서 동 피고에게

각자 권유를 받아 모두 고려공산청년회는 전술한 목적을 가지고 조직된 비밀결사인 것을 숙지하여 동회에 각자 가입하여 동 피고 등 일동 협의한 뒤에 야체이카를 조직하여 피고 임이순을 그 책임자로 뽑아서 동 공산청년회의 목적 관철을 위해 책동하고

14. 피고 백준열은 직위 동 피고 집에서 1027년 가을경 앞에서 나온 백남표부터 권유를 받아 고려공산청년회는 전술한 목적을 가지고 조직된 비밀결사인 것을 알게 돼서 동회에 가입하고 또 황해도 간부에 선임되며

15. 피고 송광옥은 1927년 12월 중순경 황해도 재령군 상성면 청석선리 청석두청년회관에서 우 백남표의 권유로 의해 고려공산청년회는 전술한 목적을 가지고 조직된 비밀결사인 것을 숙지하여 동회에 가입하고 피고 김찬순과 함께 야도로(ヤドロー) 일원이 되어 동 공산청년회의 목적 수행을 위해 약동함을 책동하고

16. 피고 이목은 1928년 2월 초순 중국 저장성(浙江省) 양수포에서 고려공산청년회 양명(梁明)의 종용에 의해 동 공산청년회는 전기 목적을

가지고 조직된 비밀결사인 정을 숙지하고 동회에 가입하고

17. 피고 정용식은 1928년 3월 중순경 대구부 봉산정 길거리에서 동공산청년회원 김이용에 권유를 받아 고려공산청년회는 전술한 목적을 가지고 조직된 비밀결사인 정을 숙지하고 동회에 가입하여 동 회원 김석천(金錫天), 공갑용(孔甲龍) 등과 함께 영천 야체이카를 조직하고 동공산청년회를 위해 분주하고

18. 피고 이만규는 1928년 4월 중순경 경성부 견지동 80번지 서울청년회관 앞 길거리에서 피고 김복진에게 종용되어 고려공산청년회는 전술한 목적을 가지고 조직된 비밀결사인 정을 알고 동회에 가입하여 동 회원 김영배(金英培), 박제영(朴齊榮) 등과 함께 야체이카를 조직하고 피고 스스로 책임자가 되어 해당 회원 일동과 동월 10일경 경성부 안국동에 있는 피고 집에서 회합하여 야체이카회의를 개최하여 동 공산청년회의 목적 관철을 위해 분주하고

19. 피고 노양배(盧養培)는 1928년 5월 초순경 경성부 다옥정 이계반(李桂磐) 집에서 피고 김복진에 종용되어 고려공산청년회는 전술 목적을 가지고 조직된 비밀결사인 정을 숙지하고 동회에 가입하여 회원 오재현(吳在賢)을 책임자로 야체이카를 조직하고 야체이카회를 개최하여 동 공산청년회의 목적 달성을 획책하고 여러 가지로 분주하고

20. 피고 신철호는 1928년 6월 초순경 경성부 청진동 2번지 진흥서방에서 피고 김복진의 권유를 받아 고려공산청년회가 전술 목적을 가지고 조직된 비밀결사인 정을 숙지하고 동회에 가입한 자로서 위 피고 김복

진, 김찬순의 소위는 계속 범의에 관계된 것이다.

앞서 이재하는 1925년 2월 28일 경성복심법원에서 1919년 제령 제7호 위반죄로 징역 2년에, 피고 이회원은 1925년 2월 28일에 대구복심법원에서 업무방해죄로 징역 6개월에 각 처해지고 모두 그 집행을 받을 것으로 되었다.

해 제

이 문서는 1930년 11월 28일 김복진 등 8인에 대한 경성지방법원의 치안유지법 위반사건에 대한 판결문으로서 관여 판사는 경성지방법원 형사부 판사 가나가와(金川廣吉), 고노(小野勝太郎), 고바야시(小林長藏) 등 3인이다. 당시 조선총독부 판사 가나가와는 이 치안유지법 사건에 대해 다음과 같이 법률적용을 하였다.

"법에 비추어 보니 판시 피고 등의 소위는 그 행위 당시의 법령에 의하면 구치안유지법(1925년 4월 22일 법률 제46호) 제1조 제1항[3]에 각 해당하고 피고 김복진, 김찬순에 대해서는 연속범에 관련되기 때문에 형법 제55조를 적용하였고 신 치안유지법(1928년 6월 29일 칙령 제129호)에 의하면 동법 제1조[4] 제1항 후단에 각 해당함과 동시에 동조 제2항에

---

3) 치안유지법 [조선총독부법률 제46호, 1925.4.21, 제정] 제1조 ①국체를 변혁하거나 사유재산제도를 부인하는 것을 목적으로 결사를 조직하거나 이에 가입한 자는 10년 이하의 징역 또는 금고에 처한다.

4) 치안유지법 [昭和 3년 6월 29일 긴급勅令(129호)에 의하야 개정] 제1조 ① 國體를 변혁함을 목적하고 結社를 조직한 자나 결사의 役員(간부) 기타 지도자의 임무에 종사한 자는 사형이나 무기 혹은 5년 이상의 징역이나 禁錮에 처하며, 情을 알고 結社에

각 해당하여 하나의 행위로 하여 수개의 죄명에 저촉되는 경우이므로, 형법 제54조 제1항 전단 제10조에 따라 무거운 국체변혁의 목적을 가지고 조직된 결사가입죄의 형에 따르고, 피고 김복진, 김찬순에 대해서는 연속범에 관련되기 때문에 형법 제55조를 적용해야 하는 바 범죄 후의 법률에 형의 변경이 있는 경우이므로 동법 제6조, 제10조에 따라 그 형을 비교하여 가벼운 구 치안유지법 제1조 제1항의 형에 따라 처단해야 할 것이므로 소정 형 중 징역형을 선택하고 또 피고 이재하, 이회원에 대해서는 누범에 관련되기 때문에 형법 제56조, 제57조에 의해 법정 가중을 하는 형기 범위 내에서 기타 피고 등에 대해서는 소정 형기 범위 내에서 각 피고에 각각 주문 제1항 게기(偈記)의 형을 양정(量定)하여 동법 제21조에 의해 피고 등 전부에 대해서 미결구류일수 중 450일을 각각 각 피고 등의 본형에 산입하고, 피고 신철호, 최동선, 이목, 기로춘에 대해서는 정상(情狀)에 의해 동법 제25조 형사소송 제358조에 따라 각 5년간 그 형의 집행을 유예하는 것으로 하여 주문과 같이 판결한다.

이 사건에 관련된 김복진은 충청북도 청원군(지금의 충청북도 청주시) 출신으로 배재고등보통학교를 거쳐 1920년 일본 도쿄 우에노 미술학교 조각과에 입학했다. 1922년 5월 무렵 토월회(土月會) 결성에 참여했다가 1923년 5월 귀국한 후 토월회를 탈퇴하고 파스큘라(PASKULA)를 조직했다. 1924년 데이코쿠미전(帝國美展)에 작품 〈나상(裸像)〉을 출품하여 입선하였다. 동년 졸업과 동시에 귀국하여 모교인 배재중학 교원이 되었다. 한편 '토월미술연구회(土月美術硏究會)', 청년학관(靑年學館,

가입한 자 또는 결사의 목적을 수행하려는 행위를 한 자에 2년 이상의 징역이나 금고에 처함. ② 사유재산제도를 부인함을 목적하고 結社를 조직한 자나 情을 알고 결사에 가입한 자 혹은 결사의 목적을 수행하라고 행위를 한 자는 10년 이상의 징역이나 금고에 처함. ③ 前 2項의 미수죄는 此를 罰함.

Y.M.C.A.) 미술과, 경성(京城)여자상업학교의 미술강사 등으로 후진양성에 힘썼다. 1925년 제4회 선전(鮮展)에 작품 〈3년 전〉을 출품, 3등상을 수상한 것을 필두로 제5회 및 제16회 선전에서는 특선, 제15회 선전에 입선되었다.

1925년 미술학교를 졸업하고 7월에 조선프롤레타리아예술동맹(KAPF)에 참가했다. 1926년 1월 『문예운동』 발행을 주도했고 6월 사회주의 기관지 『대중신문』에 집필자로 참여했다. 1927년 6월 고려공산청년회에 가입하고 경기도위원회 학예 야체이까에 배속되었다. 9월 카프 개편에 참여하여 중앙집행위원이 되었다. 그해 카프 산하의 학생극 연구단체 '신건설(新建設)' 결성에 참여하고 중앙집행위원이 되었으며 카프와 별도로 미술단체 흥창회를 만들었다. 1928년 2월 조선공산당에 입당하여 3월 조공 경기도당 위원으로 선임되고, 고려공청 중앙위원 겸 경기도책, 학생부 책임자가 되었다. 7월 '제4차 조공 검거사건'으로 일본경찰에 체포되어 1930년 11월 경성지법에서 징역 4년 6월을 선고받았다. 위 판결문은 바로 이때의 판결문이다.

1930년 중앙일보 학예부장을 지내는 한편 '조선미술원(朝鮮美術院)'을 창립했고 1934년 2월 출옥한 후 애지사(愛智社) 창립에 참가했다. 『청년조선』 창간호를 발행할 때 러시아로부터 자금 지원을 받았다는 혐의로 한때 일본경찰에 체포되었다. 1935년부터 3년간 『중앙일보』 기자로 근무했고, 1936년 법주사 미륵대불 제작에 착수했고 미완성인 채 1940년 8월 서울에서 사망했다. 본래 문학청년이던 김복진은 조각 공부를 하면서 토월회를 결성해 신극 운동을 벌이는 등 문예 여러 분야에서 활동을 시작했다. 이때 사회주의 사상에도 입문했다. 배재고등보통학교 교사로 근무하면서 윤효중 등 여러 제자에게 영향을 주었다. 제1차 카프 검거사건으로 체포되기 전까지 고려공산청년회의 학생위원회를 담당하여 학생 운동 지도자로도 활동했다. 김복진은 '한국 최초'라는 수식어가 다양하게 붙는 선구적인 예술인이었다. 한국 최초의 조각가, 한국 미술비평의 첫 스승, 토월회로 신극 운동을 개창한 연극인, 조선프롤레타리아예술가동맹을 창립한 사회주의 사상가, 만화와 광고에 처음 눈을 뜬 언론인 등이다. 동생이자 카프 동료였던 김기진은 "망형(亡兄) 김복진의 이름은 조선문화사의 첫 페이지에 기록돼도 좋으리라 생각된다"고 썼다. 그러나 사회주의 계열에서 활동하다 일제 강점기에 일찍 사망하여 오랫동안 평가가 제대로 이루어지지 못했다. 부인인 허하백이 김복진 사망 후 친일 연설과 기고에 적극적으로 나서 비난 받았고 미군정하에서는 사회주의 운동을 하다가 실종 또는 타살된 것도 김복진의 이름이 금기시되는 계기가 되었다. 월북 예술인 해금 이후 기념사업회가 설립되어 묘소에 묘비도 세워지고 『김복진 전집』, 『김복진의 예술세계』 등이 출간되면서 재평가되었다.[5]

5) 강만길 · 성대경 엮음, 『한국사회주의운동인명사전』, 창작과비평사, 1996 참조.

2

김삼룡(金三龍)과 치안유지법 사건

(1931년)

김삼룡 판결문
(1931년 형공 제102호, 昭和6年刑控第102號, 京城覆審法院)

이 문서는 1931년 3월 19일 김삼룡에 대한 경성복심법원 형사부의 판결문이다. 이 판결문의 내용을 살펴보면 다음과 같다.

본적 충청북도 충주군 엄정면 용산리 470번지
주소 경성부 장사동 412번지 이순남 방
사립고학생 생도 김삼룡(22세)

위 자에 대한 치안유지법 위반 피고사건에 대하여 쇼와 6년(1931년) 2월 23일 경성지방법원에서 언도한 유죄판결에 대해 원심검사로부터 공소의 제기가 있어 당원은 조선총독부 검사 사케미(酒見緻次) 관여 심리를 마치고 다음과 같이 판결함.

주문

피고인을 징역 1년에 처함

이유

피고인에 대한 사실은 원판결 적시 사실 중 피고인에 대한 부분과 동일함으로써 이에 이를 인용한다. 증거를 살펴 보건데 피고인이 경성사립고학당의 제3학년생이란 것은 피고인의 당공정에서 그 내용의 자백에 비추어 명백하고 피고인에 대한 검사의 피의자 신문조서 중 피고인의 자술로서 "나는 쇼와 4년(1929년) 9월경부터 『마르크스주의진상』『사회주의대의』『사회주의학설대요』『탱크의 물』『무산청년에게 주다』『유물사관대요』 등을 읽고 나서 현재의 사회는 유산계급과 무산계급이 대립하여 무산계급은 항상 불행한 생활을 계속하고 있는데, 그것은 사유재산제도의 결과라고 생각한다. 그러므로 다수의 사람이 행복한 생활을 하기 위해서는 사유재산제도를 철폐하고 재산을 평등하게 분배하는 공산제도의 사회라면 좋다고 말한 것을 알고 나도 그것에 공명하고 있습니다"는 기재에 따르면 피고인이 판시와 같이 공산주의에 공명하고 있다는 것을 인정하기에 충분하다는 바이고 또한 피고인이 판시 일시 장소에서 김병선(金炳善)과 판시와 같이 이야기하면서 동인과 사유재산제도를 철폐하고 공산주의사회의 실현을 목적으로 협의를 한 것은 피고인에 대한 사법경찰관 사무취급 피의자 제1회신문조서 중 피고인의 공술로서 "쇼와 5년(1930년) 6월 중순경 나는 부내 장사동 123번지의 1호에 김병선과 동거하고 있으므로 동인에 대해 종래 학생을 전위분자로서 여러 결사 등을 조직하여 제일선에 활동하게 하였으나 이러한 사실은 발각되어 실패의 원인이 되어 자신은 이 방법에 의하지 않고 학생을 '소부르주아지'로 인정하고 진정한 혁명운동을 위해서는 어떻게 하여도 '프롤레타리아'를 중심으로 운동하지 않으면 안되기 때문에 노동자 방면으로 향해 운동을 해야 한다고 생각하면서 목하 동 방면에는 관계가 희박하므로 당분간 학생들에게 마르크스주의를 주입하고 장래 이들로 하여금 공장에 들어가게 하여 노동자를 상대로 하여 운동을 일으켜야 한다고 생각하므로 자네도 이러한 의미에서 가능한 한 노력해 주길 바라며 먼저 부내 중등학교 생도 가운데 동향인 사람에게 부탁하여 점차 연구해

보자"고 말하자 김병선도 기뻐하며 이에 동의하여 이후 2인이 협력하여 실행한 적이 있다는 기재 및 원심 공판 조서 중 피고인의 공술로서 "나와 김병선과는 쇼와 5년(1930년) 1월경부터 경성부 장사동 123번지 이순남(李順男) 집에서 함께 하숙했던 것은 틀림없다"는 내용의 기재에 따라 의심하지 않는 바이고 그러므로 다음과 같은 판시사실은 모두 그 증명이 있는 것으로 한다.

해 제

이 문서는 1931년 3월 19일 김삼룡(金三龍, 22세)에 대한 치안유지법 사건에 대한 경성복심법원의 판결문으로 사건번호는 昭和6年刑控第102號이다. 이 사건에 관여한 판사는 재판장 조선총독부 판사 마츠히로(末廣淸吉), 판사 아라마키(荒卷昌之), 판사 마스무라(增村文雄) 등 3인이다.

김삼룡은 1908년 충북 충주 엄정면 용산리에서 소작인의 아들로 태어났다. 그는 고향에 있는 용산리 보통공립학교를 졸업하고 서울로 올라와 1928년 4월 경성고학당(苦學堂)에 입학했다. 고학당은 1923년 5월 이준열 등이 무산청년들을 위한 학교로 경성부 종로구 훈정동 2번지에서 설립하였으나 건물주의 건물 매각으로 이후 1923년 10월 숭인동 경성의학전문학교 부속실을 빌리거나 움집을 지어 교실로 사용하게 되었고, 학생들은 움막집을 지어 생활하거나 교실 천장이나 '갈돕회' 기숙사 혹은 '상조회' 기숙사를 이용하여 생활하였다. 1925년 학생 수가 300명에 다다르자 교실은 포화 상태에 이르렀고 신교사 건축을 계획한다. 신교사 건축을 위해 고학당의 선생님들과 학생들은 전국에 모금활동을 벌이게 된다. 모금활동 결과 숭인동에 300평 부지를 마련한다. 신교사에는

4개의 교실과 3개의 기숙사, 이발소, 사무실, 인쇄소, 취사장 등의 시설이 갖추어졌으며, 모두 학생들이 직접 관장하였다.

고학당에는 형편이 어려운 학생들이 많았는데, 대부분이 일과 공부를 병행하였다. 이에 고학당에서는 고학당 협회를 설립하여 고학당의 재정사업과 학생들의 숙식문제를 담당하게 하였다. 설립 초기에는 빵 공장을 설립하여 운영하기 시작하였으며, 방과 후에는 야시장을 운영하여 물건을 판매하였으나, 경험 미숙과, 미숙한 회계처리 등으로 이 사업들은 실패하여 재정난에 휩싸이게 된다. 고학당이 재정적으로 안정기에 들어선 것은 1925년 '서울고무공장'과 계약을 맺은 후다. 학생들이 공장에서 일을 시작하면서 숙식에 관한 재정문제는 해결되었기 때문이다. 이후 고학당은 안정적인 운영을 하게 된다.

고학당은 무산자 교육운동과 함께 항일운동에 앞장 섰다. 고학당의 학생이었던 정관진, 김태래, 이학종 등은 조선학생혁명당을 결성하여 무산자 운동을 강조하였고, 항일 학생투사들을 길러내는 데에 목적을 두었다. 또한 혁명당은 이후, 경신학교, 중동학교 학생들과 조선학생전위동맹을 결성하여 1929년에 일어난 광주학생운동을 경성으로 확대하는 데에 기여하였다. 그러나 일본 순사들의 수사로 지휘부 대부분이 검거가 되거나, 만주로 피신을 하게 되었다. 이후에도 1930년에 제2차, 3차 시위를 벌이려 했으나 일제에게 발각되어 지휘부 대부분이 검거가 된다. 일제 헌병대에 의해 '불순한' 노동자 교양기관으로 분류 된 고학당은 1930년에 이르러 그 탄압이 극에 달하기 시작하였다. 1930년 1월 20일 학교에 무기휴교령을 내렸으며, 그해 4월에는 다시 교문을 열 수 있었지만, 교내 집회와 학우회는 금지를 당한다. 1931년 4월경, 경기도 학무국은 고학당 측에 해산할 것을 통보하고, 이를 어길 시에는 무력을 통해 강제 해산을 할 것을 권고한다. 이에 고학당의 선생님들과 학생들은

1931년 7월 8일 해산식을 거행하였고, 약 10년간 운영되어 온 무산자 교육기관인 '고학당'이 문을 닫게 되었다.[6)]

이 판결문에서 언급되었듯이 김삼룡, 김병선은 1930년 무렵 고학당에 대한 일제의 탄압이 극심한 시기에 사회주의 독서회 등의 활동을 하다가 결국 1930년 11월 사회주의 독서회를 조직한 혐의로 서대문경찰서에 검거되었던 것이다.

1930년 11월 26일 경성 서대문경찰서장이 경무국장, 경기도경찰부장, 경성지방법원 검사정 등에게 보낸 문서 「공산주의실행운동자검거에 관한 건」[7)]에 따르면 관할 검사관의 의견을 청취하여 주모자 김삼룡, 김병선 2명을 1930년 11월 27일 치안유지법 제3조 해당자로서 유죄의견을 부쳐 송치할 예정이라는 내용이 보인다. 즉 김삼룡은 1930년 11월 서울에서 '공산주의실행운동자'로 서대문경찰서에 검거되어 1930년 11월 27일 경성지방법원 검사국에 송치되어 1931년 2월 23일 경성지방법원 형사부에서 치안유지법으로 유죄를 선고받았는데 이 판결에 대해 조선총독부 검사 사케미(酒見緻次)는 공소를 제기하여 1개월 후인 1931년 3월 19일 경성복심법원에서 김삼룡은 징역 1년을 선고받고 서대문형무소에서 복역을 하였다.

당시 김삼룡에게 적용된 법률사항은 "피고인의 판시 소위는 치안유지법 제2조에 해당하는 바 소정 형 중 징역형을 선택하여 피고인을 징역 1년에 처하는 것으로 하고 따라서 형사소송법 제401조 제1항"에 의거한 것이었다. 쇼와 6년(1931년) 3월 19일 경성복심법원 형사부의 구성은 재

6) 이준열 글, 이달호 편저, 『선각자 송강 이준열의 삶 : 3·1운동, 고학당교육, 광주학생운동, 대동사업의 증언』, 혜안, 2012 참조.

7) 京西高秘第8062號, 「共産主義者實行運動者檢擧ニ關スル件」, 京城西大門警察署, 1930.11.26.

판장 조선총독부 판사 마츠히로(末廣淸吉), 판사 아라마키(荒卷昌之), 판사 마스무라(增村文雄) 등 3인이었다.

1931년 여름 서대문형무소에서 김삼룡은 이후 경성트로이카의 책임자가 되는 이재유(李載裕)를 만났다. 당시 이재유는 1928년 3월 조선공산당 일본총국에 입당하여 동경 조선노동조합에 조직된 당 프랙션의 책임자가 되고 1928년 5월 고려공청 일본총국 선전부 책임자로 선정되어 활동하다가 일본경찰에 체포되어 국내로 압송되었고 경성지법에서 징역 3년 6월을 선고받았다.[8)]

1932년 2월 만기 출옥한 김삼룡은 고향으로 내려가 농사일을 하다가 그해 겨울 인천부두 하역인부로 취업하고 노동운동에 종사했다. 1934년 1월 인천에서 적색노동조합 조직준비회를 결성하여 활동하다가 일본경찰에 검거되었다. 이 사건으로 김삼룡은 1935년 8월 8일 경성지방법원 예심괘 예심판사 미소노오(御園生忠男)에 의해 공판에 부쳐져 1935년 12월 27일 경성지방법원 형사부 재판장 야마시타 히데키(山下秀樹)에 의해 징역 2년형을 선고받았다.

1939년 4월경 이관술(李觀述)과 무명의 공산주의자그룹을 결성했다. 1940년 3월 경성콤그룹에서 조직부와 노조부를 담당했다. 이 무렵 이순금(李順今)과 비밀리에 결혼했다. 이순금은 이관술의 누이동생으로 1929년 언양 공립보통학교를 졸업하고 경성에 올라와 동덕여자고등보통학교를 졸업한 인텔리 여성이었다. 1940년 12월 김삼룡은 다시 일본경찰에 체포되었다.

김삼룡은 1945년 8월 전주형무소에서 출옥하여 9월 조선공산당 조직국원으로 선출되었다. 그는 1945년 11월 전국인민위원회 대표자대회에

8) 강만길 · 성대경 엮음, 『한국사회주의운동인명사전』, 창작과비평사, 1996, 79 · 366쪽.

참석하여 조선공산당을 대표하여 축사를 했다. 그해 잡지 『민심』 주간을 지냈다. 1946년 2월 민주주의민족전선 결성에 참가하고 중앙위원으로 선출되었다. 11월 평양에서 열린 남북 좌익정치 지도자들의 비밀연석회의에 참석했고 12월에 남조선노동당 중앙정치위원 및 조직부장으로 선출되었다. 1948년 3월 남·북로당 합동정치위원회에 참석했고 그해 7월 남로당 최고책임자가 되었다. 1949년 5월 조국통일민주주의전선 결성준비위원으로 선정되었다. 1950년 3월 대한민국 경찰에 검거되어 6월 사형당했다.

3

경성제대 미야케 교수와 치안유지법 사건(1934년)

경성제대교수 미야케 시카노스케를 중심으로 한 조선내 적화공작 사건 검거에 관한 건(경고특 비제2401호, 1934년 8월 31일)
[城大教授三宅鹿之助ヲ中心トスル朝鮮內赤化工作事件検擧ニ關スル件(京高特秘第2401號, 昭和9年八月三十一日)]
미야케 시카노스케(三宅鹿之助) 판결문
(1934년 형공 제00호, 昭和9年刑公第00號, 京城地方法院)

이 문서는 1934년 8월 31일 경기도지사가 경무국장, 경보국장, 경시총감, 경성지방법원 검사정, 각 도지사, 각 파견원, 관하 각 경찰서장 앞으로 보낸 「경성제대 교수 미야케 시카노스케를 중심으로 한 조선적화공작 사건검거에 관한 건」[9]과 1934년 12월 27일 미야케 시카노스케(三宅鹿之助)에 대한 경성지방법원 형사부의 판결문이다.

먼저 첫 번째 문서인 「경성제대 교수 미야케 시카노스케를 중심으로 한 조선적화공작 사건검거에 관한 건」의 내용은 이 사건에 대해 상세히 그 전말을 소개 하고 있다. 그 내용을 살펴보면 다음과 같다.

관내 경성 서대문경찰서에서 검거 송치된 조선공산당 재건동맹 사건에 관한 수사를 하던 중 뜻밖에 이 사건과는 별개의 계통의 사실을 알게 되었다. 즉 상해국제공산당 원동부원(遠東部員) 김단야(金丹冶)의 지령을 받고 조선의 적화공작을 벌이던 중, 작년 7월 본도(本道)에서 검거 송치된 김형선(金炯善)과 긴밀한 관계를 유지하면서 활동하던 제4차 공산당 사건관계 출옥자 이재유(李載裕) 일당의 잔당이 각 학교와 공장에

9) 京城地方法院檢事局, 「城大教授三宅鹿之助ヲ中心トスル朝鮮內赤化工作事件檢擧ニ關スル件」, 1934.8.31(京高特秘第2410號).

마수를 뻗쳐 조직에 전념하고 한편으로 카네보(鐘紡), 서울 고무공장 등의 파업을 지도하고 있다는 사실이 판명되었다. 이에 관내의 각 경찰서를 독려하여 그 지도자 이재유의 체포에 전력을 기울인 결과, 금년 1월 21일 체포하게 되었다. 그러나 완강하게 취조를 거부하고 한마디 대답하지 않았다. 그리하여 취조의 기술상 그리고 지병인 폐환각기증(肺患脚氣症)의 악화 등을 고려하여 경성 서대문경찰서 훈수실(訓授室)에 급히 병실을 설치하고 격리수용하여 한 동안 반성을 촉구했으나, 이재유는 4월 14일 간수가 소홀히 한 틈을 타 도주하기에 이르렀다.

그리하여 그 후 수사의 사정상 이재유를 중심으로 한 사건은 당부(當部)에서 총괄하여 수사하기로 하고 4월 21일 관계자들의 신병을 인계받아 취조하게 되었다. 그리고 관계자에 대한 제2차 검거에서 경성제국대학 조수(助手) 정태식(鄭泰植)을 체포하게 되었다. 그에 대한 취조에서 이재유와는 별개로 모스크바 쿠트브(KYTB, 동방노력자공산대학) 속성과를 졸업한 함경남도 홍원 출신 권영태(權榮台)라는 자가 프로핀테른의 지령을 받고 조선에 들어와 활동하고 있다는 사실이 판명되었다. 또한 관내 경성 동대문경찰서에서도 금년 4월 30일 용산 다가와(田川)공작소에 살포된 메이데이 관련 삐라사건을 수사한 결과 권영태의 소행이라는 것이 판명 되었고 마침내 5월 19일 그를 체포하게 되었다. 한편, 앞서 당부(當部)에서 체포한 정태식을 취조한 결과 사상적으로 소문이 있어 미리 행동을 예의 주시하고 있던 경성제국대학 재정학 담당교수 미야케 시카노스케가 권영태 및 정태식을 지도하고 있다는 것이 판명되었다. 권영태의 진술도 이와 일치하여 사실을 의심할 여지가 없었다. 그러나 그것은 최고 학부인 경성제국대학 교수가 관계된 사건이었기에 경찰부장 자신이 신중히 취조를 하여 마침내 확신을 갖게 되었다. 그리하여 담당 검사정(檢事正)[검사장]과 상부의 의견을 듣고 (1934년) 5월 21일 아침, 경성지방법원 사상검사의 지휘하에 혼도(本道) 고등과장 이하를 미야케의 자택이 있는 경성부 동숭동 25번지의 대학관사에 임의 가택 수색을 벌이고 미야케를 동행, 취조한 바 미야케는 처음에는 입을 다물고 말을 하지 않았으나 그날 저녁에 마침내 위의 사실을 자백하였다. 다음날 22일에는 앞서 경성 서대문경찰서에서 도주한 이재유를 자신의 집 마루 밑에 자유롭게 움직일 수 있도록 커다란 웅덩이를 파고 숨겨주었다는 사실도 진술했다. 그러나 이미 이재유는 도주하여 소재를 감추었다.

그리하여 전기 미야케는 관할 검사국의 지시에 따라 다른 피의자와 분리하여 철야로 취조를 받아, 5월 24일 치안유지법과 출판법 위반 및 범인은닉죄로 기소의견을 붙여 송치했다. 그밖의 용의자에 대해서는 그 후 계속하여 취조를 진행했다. 그 결과 이재유는 전술한 바와 같이 쇼와 7년(1932년) 12월 만기출옥한 후 상해의 김단야에 의해 파견된 김형선과 연락을 취하며 활동했다. 그러던 중 작년 7월 김형선이 체포되자 교묘하게 도망쳐 계속하여 김형선의 뒤를 이어 경성을 중심으로 공장, 학교 등에 손을 써 적노(赤勞) 및 반제국주의동맹 결성에 전념했다. 또 영등포, 인천에는 적노를 양평, 여주군 내에는 적농(赤農) 조직을 결성하여 착착 공작을 진행시켜 나갔다. 한편 1933년 12월 말 경성제대 조교 정태식을 통하여 경성제대 교수 미야케 시카노스케와 연락하고 장래의 운동방침을 수립하기 위해 광범위한 각종 정세와 과거의 운동에 대한 토론 및 과거의 운동에 대한 비판 등을 해나갔다. 그러는 사이에 쇼와 9년(1934년) 1월 21일 이재유는 검거되기에 이르렀다. 이에 미야케는 정태식에게 이재유 검거의 사실 여부와 그가 공작해 놓은 잔재의 수습에 노력한바 의도하지 않게 전기(前記) 별개의 권영태의 선(線: 조직)과 충돌하게 되었다. 동인은 권영태가 공산대학을 졸업한 후 프로핀테른의 사명을 띠고 쇼와 8년(1933년) 1월 경성에 들어와 적노(赤勞)조직에 암약중이라는 것을 알게 되었다. 그리하여 정태식은 권영태를 미야케에게 소개하고 미야케는 권과 제휴하여 적화공작에 협력할 것을 약속했다. 그 후 여러 차례에 걸쳐 회합하고 대책을 논의하는 한편 삐라 팸플릿 등을 작성하여 살포 혹은 동지들에게 배포하는 등 활발한 활동을 전개했다. 그러는 동안 금년 4월 14일 이재유가 경성 서대문경찰서를 탈출하여 미야케의 집으로 피신하게 되었다. 그리하여 미야케는 양자의 사이에서 이들의 제휴를 획책한 결과 가까운 시일 내에 둘이 만나 직접 교섭을 갖기에 이르렀다. 그러나 그 직전에 일당을 검거하게 되었다. 그리하여 각 피의자는 각자의 죄질에 따라 별지와 같은 상당 의견을 붙여 치안유지법과 출판법으로 권영태 중심은 7월 9일, 이재유 중심(양평, 여주 제외)은 7월 27일, 양평 · 여주의 적농관계는 7월 31일 각각 사건을 송치했다. 취조의 상황은 다음과 같이 통보(통달)한다.

또한 본 사건은 신문게재를 금지하고 이미 기소되어 예심 계류 중인 것에 대하여 첨부한다.

〈범죄사실〉

1. 미야케 시카노스케의 경력 및 독일 유학중 독일공산당, 가타야마 센(片山潛)과의 관계

미야케 시카노스케는 타이완(臺灣) 타이페이(臺北) 중학교를 졸업한 후 제8고등학교(名古屋)를 거쳐, 1924년에 동경제국대학 경제학부를 졸업하고 사립법정대학(法政大學) 경제학부 강사가 되었다. 약 1년 후인 1926년 4월 경성제국대학 조교수로 임명되었고 1932년 3월 교수로 승진했다. 그 사이 1929년 2월부터 재외연구(在外硏究)를 위해 독일, 프랑스,

영국, 미국 등을 돌아본 후 1931년 4월 조선으로 돌아와 경성제국대학 법문학부에 근무하면서 재정을 담당하게 되었다. 제8고등학교 재학 중 가와카미(河上) 박사의 『社會問題硏究』가 발간되자 이를 구독하면서 상당한 자극을 받게 되었다. 그 후로도 계속하여 북종(北種) 방면의 연구에 열중했고 한편으로는 가정의 경제상의 어려움도 있고 하여 결국 완전히 공산주의에 공명(共鳴)하게 되었다. 당시 세계대전 후의 급격한 사회정세의 변화를 바라보면서 반드시 공산사회는 실현될 것이라고 믿고 독일 유학(遊學) 중에는 주로 공산주의운동에 관한 문헌을 섭렵하는 한편 독일공산당의 시위나 집회에 참석하여 체험을 쌓아나갔다. 이에 따라 이론과 실천은 변증법적으로 엄격히 통일되어야 한다는 굳은 신념을 가지게 되었고 독일 적색구원회(赤色救援會)에 가입했다. 한편 당시 재외(在外)연구 중 독일공산당에 관계했다 파면된 전(前)동경제국대학 조교수 구니자키 데이도(國崎定洞) 등 수명과 함께 재(在)베를린 일본인 혁명적인텔겐챠그룹을 조직하여 독일공산당의 지시를 받으며 일본과 조선의 객관적 정세, 공산운동의 현황 등을 독일공산당 기관지에 게재하는 동 긴밀한 관계를 유지했다. 1930년 독일공산당 대회 때에는 코민테른 국제공산당 집행위원 가타야마 센(片山潛)이 독일을 방문하자, 가타야마를 자택에 초대하여 간담하고 장래를 약속하는 등 미야케가 이번의 실천운동에 관련되기에 이른 것은 우연이 아님에 틀림없다.

2. 본 사건의 중심인물인 미야케(三宅), 권영태(權榮台), 이재유(李載裕), 정태식(鄭泰植)과의 관계

이재유는 경성을 중심으로 활동하던 중 정태식(경성제국대학 조수)의 정부(情婦) 김월왕(金月王)이 상당한 의식분자로서 뛰어난 활약을 하고

있다는 말을 듣고 1933년 10월경 김월왕을 찾아갔다. 거기서 우연히 정태식과 만나 알게 되었고 그 후 제휴하여 조선의 적화공작에 종사할 것을 약속하기에 이르렀다. 정태식은 미야케 교수가 이론과 실천은 통일되어야 한다는 주장을 하고 그 실천운동에 참여할 용의가 있다는 것을 알고 있었다. 이에 정태식은 이재유를 미야케에게 소개하기로 하고 먼저 이재유의 의향을 물어본 바

(1) 미야케 교수는 모든 프롤레타리아운동과의 관계에 있어서 실천운동에 참여할 수 있는가

(2) 다른 운동과 관계를 가지고 있는가

라는 2가지 사항을 알아본 후 소개하는 것이 좋을 듯하다고 했다. 그리하여 1933년 12월 말 미야케에게 이 2가지 사항에 대해 물은 후 이재유와의 만남을 요청하자 즉시 승낙하였다. 며칠 후 이재유를 동행하여 모임을 갖게 되었고, 그 후 미야케와 이재유는 완전한 제휴관계를 맺었다. 둘은 현 단계에 있어서의 조선공산운동의 근본적 대책을 마련하고자 내외정세와 과거의 운동에 대한 비판 및 장래의 운동방침 수립 등에 대하여 여러 차례 모임과 토의를 거듭했다. 그러나 그것이 완성되지 못한 상황에서 금년 1월 21일 이재유는 체포되게 되었다.

이리히여 미야케는 이재유의 체포에 관한 사실 여부를 확인하는 한편 이재유의 지도를 받은 잔당을 수습하여 운동을 계속하고자 정태식에게 지시하여 조직을 확인하도록 했다. 그러던 중 우연히 이재유의 공작과는 다른 세력으로 프로핀테른 극동부의 지령을 받고 1933년 1월 이후 경성을 중심으로 적색노동조합 조직에 열중하고 있던 쿠트브(동방노력자공산대학) 속성과 졸업생 권영태의 조직과 충돌하게 되었다. 이를 계기로 정태식은 권영태를 알게 되었고 그 내용을 미야케에게 보고하게 되었으며, 미야케의 요청에 의해 두 사람이 만나게 되었다. 정태식은 권

영태가 프로핀테른의 지령에 근거한 정통이라는 것은 알고 권영태와도 제휴하게 되었다. 그 후 미야케는 지도적 입장에서 문화부를 담당하여 활동하던 중 4월 14일 경성 서대문경찰서에 검거되었던 이재유가 탈출하여 갑자기 찾아오게 됨으로 그를 피신시켜 주게 되었다. 미야케와 정태식은 이재유와 권영태를 제휴케 하여 두 조직을 통합하고자 하였다 그 결과 점차 접근하여 5월 19일 경성의학전문학교 문 앞에서 둘이 만나기로 되었다. 그러나 그 직전인 5월 17일 정태식이 체포됨으로써 아직 완전한 제휴가 성립되지는 않은 상황에 있다.

3. 미야케 교수 검거에 이르기까지의 경위 및 취조 상황

(1) 검거의 경위

미야케 교수가 해외 유학에서 조선에 돌아온 이후의 움직임에 대해서는 일찍부터 소문이 있었으나 구체적인 사실을 발견할 수는 없었다. 그래서 그의 움직임에 엄중한 주의를 기울이던 중, 우연히 금년 5월 17일 경성제국대학 조교 정태식을 체포하게 되었다. 정태식은 체포, 연행 과정에서 경찰부 형사에게 5천 원을 줄 테니 풀어달라고 부탁한 사실이 있었다. 또 그 다음 날인 5월 18일 경성부내의 관훈동 33번지 정태식의 집에 경성제국대학 법문학부 미야케 교수가 학교 직원에게 부탁하여 전달한 "잡지를 정리해야 하니 즉시 출근할 것"이라는 편지를 가지고 있었다. 또 본 건과 전후하여 관내 경성 동대문경찰서에서 불온삐라 주모자로 체포된 권영태가 소지하고 있던 코민테른 집행위원회 제13회 플레남 테제의 원고는 이 테제의 인쇄가 권영태 및 정태식과 깊이 관련되어 있음에도 불구하고 그 필적은 두 사람 것이 아닐 뿐만 아니라 조선인의 번역이라고 볼 수 없는 등 몇 가지 수긍할 수 없는 점이 있어 미야케의

협의는 짙어졌다. 이에 대한 취조에 주력한 결과, 5월 20일 정태식은 드디어 사실을 은폐할 수 없음을 깨닫고 그 테제의 원고는 미야케가 번역하여 정태식을 통하여 권영태에게 전달했고 또 그 인쇄비로 35원이 정태식을 통하여 권영태에게 전달되었다는 사실 등을 진술하기에 이르렀다.

한편 권영태도 역시 이러한 사실을 인정하는 한편 정태식의 소개로 미야케와 여러 차례 모임을 갖고 운동에 관한 협의를 거듭한 후 가까운 시일 내에 조직될 경성공산주의자 그룹의 문화부 및 자금부를 담당하여 활동한다는 약속을 받았다는 사실 등을 진술했다. 이리하여 이제 사실을 의심할 여지가 없는 상황에 이르렀다. 그러나 그렇다고 하더라도 대학교수가 관계된 사건이었기에 철야로 경찰부장이 직접 권영태와 정태식을 취조하여 마침내 확신을 얻게 되었다. 그리하여 20일 밤 관할 경성지방법원 검사정과 상부에 보고하고 협의를 거쳐 검거절차를 결정했다. 그리고 5월 21일 아침 관할 검사국 사상검사 지도하에 혼도(本道) 고등과장 등이 미야케의 집이 있는 경성부 동숭동 25번지 대학관사에 대한 임의 가택수색을 하고 미야케를 연행하여 취조했다. 처음에는 애매모호한 대답을 하면서 사실을 자백하지 않았으나 그날 밤에 앞에서 설명한 범죄사실을 진술하기에 이르렀다. 다음날 22일 저녁 무렵에는 서대문경찰서를 탈출한 이재유를 자택 응접실 마루 밑에 숨기고 있었다는 사실을 진술했다.

그리하여 미야케의 신병에 관해서는 검사국으로부터의 지시에 따라 5월 24일까지 송치하기 위해 거의 철야로 취조를 계속했다. 그러나 단시일 동안에 모든 것을 규명했다고는 할 수 없으나 대체적인 내용은 다음과 같이 판명되었다.(부재중의 행동은 앞에서 진술한 바 이므로 생략)

(2) 조선에 돌아온 후의 행동

미야케는 전술한 바와 같이 독일에 유학할 때부터 실천운동에 대한 결의를 굳히고 있었다. 조선으로 돌아온 후로는 오로지 그 기초준비에 전념하고 자신의 지도하에 있는 경성제국대학 조교나 졸업생인 최용달(崔容達), 박문규(朴文圭), 이강국(李康國) 등에게 지시하여 조선내의 정세자료를 수집하게 하거나 이것을 재독일 공산당원 구니자키를 통하여 국제공산당 및 독일공산당에 보고했다. 1932년 2월 제자인 이강국이 베를린에 유학하고자 했을 때, 구니자키와의 연락 및 국외정세에 관한 자료를 수집하여 보내줄 것을 요청했다. 그 후 연락이 계속되어 앞에서 설명한 코민테른 제13회집행위원회 프레남 테제와 같은 것도 이강국으로부터 발송되어 왔고 스위스 발행 잡지 『룬트샤프』에 게재하게 되었다.

(3) 이재유와의 관계 범죄

미야케는 조선에 돌아온 후 자기의 지도하에 있는 정태식 최용달 박문규 등에게 여러 차례에 걸쳐 "이론과 실천은 통일되어야 한다"고 주장했다. 이로 인하여 정태식 같은 자는 별도로 기술하는 바와 같이 몰래 각 학교에 잠입하여 독서회 등을 조직하고 지도했다. 전술한 바와 같이 1933년 10월 우연히 이재유와 정태식은 서로 알게 되었다. 그리고 정태식을 통하여 같은 해 12월 미야케와 이재유가 만나게 되어 의견의 일치를 보고 마침내 미야케의 실천운동을 시작하려고 하는 단계까지 진전되었다. 그 후 여러 차례에 걸쳐 미야케의 집에서 모임을 갖게 되었고 그 사이 12월 말 마침 공판 중에 있던 간도공산당 사건 관계자에 대한 구원금으로 이재유를 통하여 20원을 제공하고 조선 적화운동방침 수립을 위해 별지 제1호와 같은 광범위한 국제정보와 조선 내의 정세 등을 토의 결정했다. 그리고 마지막으로 운동방침 수립에 대하여 토의하려고

히는 순간, 해결을 보지 못한 채 1월 21일 이재유는 경성 서대문경찰서에 검거되었다. 그래서 미야케는 앞서 토의 결정된 각종 정세에 관한 내용을 적은 것(별지 1호)이 타는 것을 막기 위해 접시로 덮어 화로 밑에 매장 은닉했다. 한편 이재유 체포에 관한 사실여부를 확인하고 또 이재유가 공작한 조직의 잔당을 수습하기 위해 정태식으로 하여금 방안을 모색하게 했다. 그러는 사이 권영태의 조직과 충돌하게 되었는데 이것도 지도해 나갔다. 그 후 4월 14일 이재유가 탈출하여 미야케의 집을 찾아와 당분간 숨겨줄 것을 요청하자 미야케는 즉시 정태식을 불러 셋이서 협의한 결과 미야케의 집에서 보호하게 되었다. 이틀간은 응접실에서 기거하였으나 마침 춘기 청결법(淸潔法)의 시행에 관한 통지가 있어 경찰의 검사를 받게 되자 발각될 것을 우려하여 이재유에게 이식용(移植用) 작은 삽을 주어 마루 밑에 숨도록 했다. 이재유는 이 삽으로 응접실 마루 밑에 세로 5척8촌(약 176cm), 가로 3척7촌(약 112cm), 깊이 3척4촌(약 103cm)의 커다란 웅덩이를 파고 기거하게 되었다. 또 응접실 판자에 송곳을 사용하여 작은 콩알만 한 크기의 구멍을 뚫고 통신문을 가늘게 접어 그 구멍을 통하여 서로 연락을 주고받았다(연락이 끝나면 그 구멍을 작은 나무로 막아 발각되는 것을 예방했다). 그동안 미야케 부부는 일상적인 식료품은 물론 침구 등 일체의 생활용구를 제공하고 비상시 도주 여비로 30원과 갈아입을 옷 및 금도금이 된 회중시계 한 개를 주어 5월 21일까지 숨겨주었다. 그러나 미야케는 당부에 연행되어 취조를 받을 때도 이재유가 잠복하고 있다는 것이 발견되지 않았다는 것을 눈치 채고 범죄사실이 분명해졌음에도 불구하고 애매모호한 말을 하면서 진실을 자백하지 않았다. 시간을 끌어 도주의 기회를 만들어 결국 이재유가 도주할 수 있게 했다.

(4) 권영태와의 관계 범죄

전기한 바와 같이 미야케는 정태식으로 하여금 이재유가 공작한 잔당을 찾던 중 금년 3월 중순에 우연히 권영태의 조직과 충돌하게 되었고 그 후 서로 알고 지내게 되어 의견을 나눈 결과 서로 일치점을 발견하고 제휴하여 조선 적화에 진력할 것을 약속하게 되었다. 이리하여 미야케는 곧 조직될 경성공산주의자 그룹의 한 부문을 담당하게 되었다. 그러나 지위 관계상 제1선에 나서는 것을 자제하여 각종 번역 및 출판 등 소위 문화부 및 자금부를 담당하고 사실상 배후에서 권영태를 지도했다. 그리고 당시 독일 체재 중이던 이강국으로부터 발송되어 오는 『룬트샤프』에 게재되었거나 코민테른 제13회 집행위원회 플레남 테제를 번역하여 넘기기도 했다.

그 후 권영태로부터 권영태 등이 작성에 관여한 『메이데이』라는 리플릿(4월 30일부 京城特秘 제1184호로 통보했기에 생략)을 미야케에게 전하고, 메이데이의 투쟁자금으로 100원을 요청하자 이를 약속했다. 이리하여 둘의 왕래 연락은 점차 빈번해졌다. 그러는 동안 전기 테제의 번역문을 권영태에게 넘겨주고 권영태로부터는 권영태 등이 새로 발행한 『프롤레타리아』라는 제목의 2장짜리 기관지를 받았다. 이어서 앞에서 한 약속에 따라 메이데이 투쟁자금으로 미야케로부터 정태식을 통해 35원을 받고, 권영태로부터는 전기 테제에 대한 인쇄물을 받았다. 권영태로부터 받은 인쇄물은 읽은 후 마루 밑에 있는 이재유나 박문규 등에게 넘겨주었다.

(5) 기타 범죄

앞서 전라남도에서 검거 송치된 형평사원의 치안유지법 위반사건 관계자 이남철(李南鐵)은 잡지 이러타社를 경영하던 중, 여러 차례에 걸쳐 투고를 요청한 적도 있고 하여 미야케와는 일찍부터 알고 지내는 사이였다. 1933년 3월경 일본공산당에 대한 1932년 테제의 강연요청이 있어 승낙했는데, 그달 모일(某日)에 사전 약속 없이 조송희(趙松熙) 외 1명의 조선인을 동반하고 찾아온 적이 있다. 이후 미야케와 조송희는 서로 알게 되어 금년 4월경까지 연락은 주고받았다. 그동안 작년 12월 초경 조송희로부터 자신은 이미 전남북 쪽에 상당한 조직을 결성하고 있으므로 일본공산당과의 연락을 알선해 달라는 요청을 받았다. 그러나 여러 가지 시정이 있어 이를 승낙하지 않은 사실이 있다.

4. 미야케(三宅)의 실천운동에 대한 장래의 포부

마르크스 이론에 근거한다면 세계 경제공황은 날이 갈수록 심각해져 가는 한편 세계 각국의 무력적 대립은 점점 노골화되었다. 특히 일본은 다가올 1935, 1936년의 위기를 앞두고 대소관계는 누란(累卵)과 같은 위험한 시점에 있었다. 이러한 시점에 프롤레타리아의 조국 소련의 옹호 및 조선의 적화혁명의 실현을 위해 당의 결성은 무엇보다도 시급한 일이었다. 이러한 의미에서 이재유 일파와 권영태 일파를 통일 병합하고 자신의 영향력하에 있는 박문규, 정태식, 최용달, 이명신, 백남운(白南雲), 손초악(孫初岳) 등을 동원하여 하나의 견고한 당조직을 만들어 금년 6월경까지는 조선지부로서 정식으로 국제공산당의 승인을 받아 제7회 대회에는 정식대표를 파견할 것을 계획하고 있었다. 만일 불행히 실현이 불가능하게 되었을 때는 독일에 유학중인 이강국을 옵서버로 파견할 생각으로 권영태 정태식 최용달 등과 협의를 계속했다.

다음 문서는 1934년 12월 27일 미야케 시카노스케(三宅鹿之助)에 대한 경성지방법원 형사부의 판결문으로서 그 내용을 살펴보면 다음과 같다. 먼저 판결결과는 다음과 같다.

죄명 : 치안유지법 위반, 범인장닉(檝匿)

형명, 형기 : 징역 3년

미결구류산입일수 : 60일

직업 : 휴직 경성제국대학교수

씨명 : 미야케 시카노스케(三宅鹿之助)

연령 : 36세

범죄사실은 다음과 같다.

피고인은 오사카(大阪)시에서 출생하여 유년시절 부모를 따라 타이완(臺灣) 신죽주(新竹州) 도원청도원가(桃園廳桃園街)에 이주하여 성장하였으며 타이페이 중학교 제8고등학교를 거쳐 다이쇼(大正) 9년(1920년) 9월 동경제국대학 경제학부에 입학하여 다이쇼 13년(1924년) 4월 동 대학을 졸업하고 곧 사립 호세이대학(法政大學) 경제학부 전임강사가 되고 다이쇼 14년(1925년) 4월 교수로 되었는데 쇼와 2년(1927년) 4월 경성제국대학 조교수에 임명되어 조선에 건너가 쇼와 3년(1928년) 4월에 동 대학에 재정학강좌가 창설되자 이 담당을 명령받고 그 후 쇼와 4년(1929년) 2월 조선총독부로부터 재외연구를 명받아 독일 프랑스 영국 미국에 유학하고 쇼와 6년(1931년) 4월 조선에 돌아와 쇼와 7년(1932년) 3월 동 대학 교수에 임명된바, 고등학교 재학 중 사회사상에 관한 서적을 탐독하고 자기의 학우에 비해 현저히 혜택을 받지 못한 물질적 생활 및 사회사상에 자극받아 사회문제에 대해 흥미를 느끼고 있는 바, 그 무렵 세계대전의 영향을 받아 경제계에 발생한 상당한 빈부의 격차에 대해 의문을 품고 있었는데 대학에 진학할 무렵부터 마르크스 경제학을 연구하여 그 의문을 해결하려고 생각하고 마르크스 경제이론에 경도되면서 서서히 그 연구를 마르크스 철학 및 정치이론에까지 나아가는 결과 자본주의 국가는 필경 자본가 계급의 공동사무를 처리하고 노동자계급에 대한 자본가계급의 경제적 착취를 유지 확대하는 것을 직분으로 하는 것이라면 계급에 의한 계급의 지배의 지양(止揚)은 자본주의국가의 지양에 있고 또 자본주의 국가의 지양은 오로지 정치혁명에 의해서만 수행된다는 이론에 따라 사회문제의 해결은 현존 자본주의국가를 타도하고 과도적으로 프롤레타리아트 독재체제를 수립하여 계급을 절멸한 연후 공산주의사회를 건설해야 한다는 사상을 포회(抱懷)하기에 이르렀다. 재외연구 중 독일 베를린에서 독일공산당의 열렬한 시위 및 군드게븐그 등을 직적 보거나 참가하여 공산주의운동의 와중에 봄을 투신할 것을 결의하고 그 무렵 동지에서 독일적색구원회(로데히르페)에 가입했다. 또 재외연구원 동경제국대학 의학부 조교수 구니자키 데이도(國崎定洞) 외 수명과 함께 '재베를린 일본혁명적 인텔리켄차'라는 단체를 조직하고 독일에서 사회운동의 실상을 우리나라로 통신 혹은 우리나라에서 사회운동의 상황을 독일에 소개했다. 조선에 돌아온 후 쇼와 7년(1932년) 초 무렵 당시 경성제국대학 법문학부 조수인 최용달, 이강국 및 박문규로 하여금 조선 현하의 정치 경제 법률제도에 관한 일반 정세에 대해 보고서를 작성하게 한 다음 재베를린의 구니자키 데이도에게 송부하는 등 실천운동을 계속하고 있는 바

제1. 쇼와 8년(1933년) 12월 중순경 경성제국대학 법문학부 학생 정태식의 소개로 경성부 동숭동 25번지 동 대학관사에서 이재유와 회견하고 서로 제휴하여 조선에서 공산주의운동을 할 것을 종용받고 응락하고 동

인으로부터 현재 조선에서 공산주의운동의 당시 중요 임무는 전조선적으로 공장을 중심으로 적극적으로 전개되는 공산주의운동을 통일하는 것, 즉 공산당의 재건설에 있고 따라서 이를 위해서는 전조선적 정치운동 방침을 확립할 것과 전조선적인 정치신문을 발행하는 것 및 투쟁 장소에서의 경험을 재료로 하여 선전 선동을 위한 출판활동을 왕성하게 할 것을 요구하고 그 가운데 전조선적인 정치운동방침의 확립을 가장 긴급사항으로 할 것을 제안하여 찬동하였다. 또 이후 쇼와 9년(1934년) 1월 15일, 16일경까지의 사이 6, 7회에 걸쳐 앞의 동 장소에서 이재유와 회합하고 전조선적인 정치운동방침의 확립에 대해서 국제정세의 분석, 조선정세의 분석, 과거 운동의 비판 및 당면 임무를 결정할 것의 4대 항목을 포함하는 플랜을 결정하고 이에 기초하여 서로 초안을 작성하여 각자 모아 토론을 한 결과 (1) 국제정세의 분석에 대해서는 코민테른집행위원회 제12회 플래남테제에 기준을 두고 여기에 신정세를 참작한다 (2) 조선정세의 분석에 대해서는 경제정세와 정치정세로 구별하고 모두 1928년 12월 코민테른의 「조선문제에 관한 테제」 및 1930년 9월 프로핀테른의 「조선좌익노동조합운동에 관한 테제」를 기초로 한다. 또 이에 그 후에 전개되는 구체적 신정세를 참작한다 (3) 혁명의 전망에 대해서는 앞의 「12월테제」에 준거하여 각 성안을 만든다 (4) 과거 운동의 비판에 대해서는 파벌의 점을 제거하는 데 의견의 일치를 보았고 파벌에 대해서는 상당 신중한 고려를 필요로 하고 또 후일 검토를 기한다. (5) 당면 임무에 대해서는 아직 검토 연구하지 않은 바, 이러함으로써 조선의 독립 및 공산화를 목적으로서 그 목적 사항의 실행에 대해 협의를 하고

제2. 쇼와 9년(1934년) 4월 초순경 앞의 정태식의 소개로 전게 피고인의 주거에서 당시 모스크바 동방노력자공산대학을 졸업하고 프로핀테

른으로부터 경성의 공장지대에서 적색노동조합을 조직할 사명을 받고 조선에 들어와 활동 중인 권영태와 회견하고 조선에서 적색노동조합운동의 기초방침 및 적색노동조합운동과 당 재건운동과의 관계에 대해 설명을 받고 서로 제휴하여 적색노동조합 조직을 위해 활동하고 외국문서의 번역 또는 이론문제의 연구 등과 같이 일반문화적 활동 및 자본 방면의 원조를 수락하였는데 그 후 동월 중순경 여러 차례 前 동소에서 회합하고 조선에서 공산주의운동의 노선 통일의 이론을 심화한 다음 피고인이 문화적 방면의 구체적 활동으로서 (1) 조선의 농업문제를 철저적 근본적으로 연구할 것과 조선의 제 신문지상에 나타난 사회민주주의 및 민족개량주의를 철저하게 비판할 것과 당시 조선인 사이에 이상한 충동을 야기한 백남운 저『조선사회경제사』를 철저하게 비판할 것의 세 임무를 부담할 것을 협청하고 (2) 공산주의운동의 자료로서 독일어문「코민테른집행위원회 13회 플레남테제」를 피고인이 번역하고 이를 권영태에게 제공할 것을 협정 실행함으로써 조선의 독립 및 공산화를 목적으로서 그 목적 사항의 실행에 대해 협의를 하고

제3. 전게 제2항 소재와 같이 쇼와 9년(1934년) 4월 중순경 피고인이 문화적 방면의 구체적 활동을 부담할 무렵 자금 방면의 원조로서 매월 얼마정도의 운동자금을 갹출하는 외에 절박한 메이데이를 기하여 권영태에게 전개할 공산주의 선전선동의 출판활동자금을 갹출할 것을 허락하고 스스로 20원을 지출하고 또 앞의 최용달로 하여금 15원을 지출하게 하여 합계 35원을 경성제국대학 경제연구실에서 앞의 정태식에게 교부하고 동인에게 동월 22일 이를 권영태에게 교부함으로써 동인으로 하여금 조선에서 공산주의 실현의 선전 선동을 할 것을 목적으로서 금원(金員)을 공여하고

제4. 앞의 이재유가 전게 제1항 소재의 범죄 후 경성부 서대문 경찰서에서 검거되자 쇼와 9년(1934년) 4월 14일 새벽 동서를 도주하여 피고인 집에 와서 사정을 설명하자 은닉시켜 줄 것을 의뢰하자 피고인은 이를 승낙하고 동인을 2일간 전기 주거 응접실에 기거시켜 그 후 동인에게 이식삽을 주고 그 마루 밑에 굴을 파서 동년 5월 21일 아침까지 동소에 잠복시켜 스스로 혹은 처 미야케 히데로 하여금 음식물 의류 기타 일용품 등을 차입하고 또 도주 여비로서 금 30원을 공여함으로써 벌금 이상의 형에 해당하는 범인을 장닉(藏匿)시킨 것이다.

이상의 소위 중 협의의 점은 범의 계속에 관계하는 것이다.

해 제

이 문서는 1934년 8월 31일 경기도지사가 경무국장, 경보국장, 경시총감, 경성지방법원 검사정, 각 도지사, 각 파견원, 관하 각 경찰서장 앞으로 보낸 「경성제대 교수 미야케 시카노스케를 중심으로 한 조선적화공작 사건검거에 관한 건」[10]과 1934년 12월 27일 미야케 시카노스케(三宅鹿之助)의 치안유지법 사건에 대한 경성지방법원 형사부의 판결문(사건번호는 昭和9年刑公第00號)이다.[11] 이 사건에 관여한 판사는 경성지방법원 판사인 재판장 조선총독부 판사 야마시타 히데키(山下秀樹) 등 3인이다.

당시 경성지방법원 형사부 재판장 야마시타 히데키 등 조선총독부

10) 京城地方法院檢事局, 「城大教授三宅鹿之助ヲ中心トスル朝鮮內赤化工作事件檢擧ニ關スル件」, 1934.8.31(京高特秘第2410號).

11) 이 판결문은 朝鮮總都府 高等法院 檢事局 思想部, 『思想彙報』 2號, 1935.5, 33~38쪽에 수록되어 있다.

판사는 이 사건에 대해 다음과 같이 법률적용을 하였다.

> "법률에 따라 피고인의 판시 소위중 제1, 제2의 점은 각 치안유지법 제2조[12]에, 제3의 점은 동법 제5조[13]에, 제4의 점은 형법 제103조에 각 해당하는 바, 앞의 세 개는 연속으로 관계됨으로써 형법 제55조[14]를 적용하여 협의의 일죄(一罪)로서 하고 위 제4의 범인 은닉은 동법 제45조 전단의 병합죄임으로 양자에 대해서는 각 징역형을 선택하고 동법 제47조를 적용하여 더욱 중한 협의죄로 정하는 형으로 법정 가중을 하고 동법 제47조 단 판결의 제한 내에서 주문의 형을 양정(量定)하여 동법 제21조에 따라 주문 게기 미결구류일수를 본형에 산입한다. 주문 게기(揭記)의 증 제57, 58호 문서는 제1의, 증 제19호 문서는 제2의 각 범행에 진술한 물건으로 하여 어느 것이던 범인 이외의 것에 속함으로써 동법 제19조 제1항 제2호, 제2항에 따라 각 몰수하는 것으로 한다."

당시 미야케 시카노스케 교수의 이 사건에 대해 조선총독부 고등법원 검사국 사상부에서는 "이 사건은 쇼와 8년(1933년) 12월 이래 쇼와 9년(1934년)까지의 사이에 경성에서 공산주의자 이재유와 함께 조선의 독립 및 공산화를 목적으로 그 실행에 관해 협의를 하고 또 모스크바 동방노력자공산대학 출신 권영태와 함께 경성을 중심으로 적색노동조합을 조직함을 협의하고 또 전기 이재유를 약 40일간 관사의 마루 밑에

12) [昭和 3년 6월 29일 긴급勅令(129호)에 의하야 개정] 치안유지법 제2조 前條 제1항이나 제2항의 목적으로써 그 목적인 事項의 실행에 관하야 협의를 한 자는 7년 이하의 징역이나 금고에 처함.

13) 치안유지법 제5조 ① 제1조 제2항 及 前3條의 죄를 범하게 함을 목적하고 금품 기타의 재산상 이익을 제공하거나 그 申込(請願) 혹 약속을 한 자 5년 이하 징역이나 금고에 처함 ② 情을 알고 供與를 밧거나 그 요구 혹은 약속을 한 자도 또한 동일함.

14) 형법 제55조 "연속한 수개의 행위로 동일 죄명에 觸할 때는 一罪로서 이를 처단한다."라고 규정되어 있다.

잠복시켜 범인을 은닉[15]"한 사건으로 언급하고 있다.

1934년 5월 21일 경기도 경찰부에 의해 검거된 미야케는 '철야취조'를 받고 5월 24일 경성지방법원 검사국에 송국되어 6월 4일부터 8월 27일까지 경성지방법원에서 예심을 받았다. 미야케 교수는 1934년 12월 중순 경성지방법원에서 '치안유지법 위반, 출판법 위반, 범인은닉 피고사건'으로 공판에 부쳐져 12월 27일 징역 3년(구형 4년)의 판결을 받았다.[16]

미야케의 공소사실은 "1933년 12월 이래 1934년 5월경까지 경성에서 공산주의자 이재유와 함께 조선의 독립 및 공산화를 목적으로 그 실행에 관해 협의하고 또한 모스크바 동방노력자공산대학 출신인 권영태와 함께 경성을 중심으로 하여 적색노동조합을 조직할 것을 협의하고 또한 전기 이재유를 약 4개월간 관사의 마루 밑에 잠복시켜 범인을 은닉"[17] 하였다는 것이었다.

일본의 이노우에(井上學) 씨는 미야케에 대한 한 연구[18]에서 미야케 교수 사건의 「예심종결서」에 해당하는 「城大教授三宅鹿之助ヲ中心トスル鮮内赤化工作事件検挙ノ件」(이하 '三宅적화공작 사건')과 판결문인 「三宅教授の赤化運動事件」(이하 '三宅사건')에서 언급된 내용을 구체적으로 비교하여 다음과 같이 차이점을 지적하고 있다.[19]

첫째, '三宅적화공작 사건'에 있었던 권영태와의 '제휴'에서 '문화부자금부'란 명칭은 '三宅사건'에서는 명시되지 않고 있다. '문화부자금부' 등

15) 朝鮮總都府 高等法院 檢事局 思想部, 『思想彙報』 2號, 1935.5, 33쪽.

16) 京城地方法院檢事局, 「城大教授三宅鹿之助ヲ中心トスル朝鮮内赤化工作事件檢擧ニ關スル件」, 1934.8.31(京高特秘第2410號).

17) 京城地方法院, 「三宅教授の赤化運動事件」, 『思想彙報』 2, 1935.5, 33쪽.

18) 井上學, 「一九三〇年代日朝共産主義者の邂逅－三宅鹿之助と李載裕－」, 『昭和史－社会運動史の語られざる断面』, 白順社, 2006 참조.

19) 井上學, 위의 글 참조.

‘경성공산주의그룹’의 조직체계는 아직 ‘플랜’이었다. 따라서 미야케가 ‘지도적(指導的) 입장에서 문화부자금부를 담당’했다는 기술은 무리가 있다는 것이다.

둘째, ‘三宅적화공작 사건’에서 언급된 5월 19일 미야케와 정태식이 이재유와 권영태를 ‘회합’시키려 했고, 1933년 3월 전라남도 이남철로부터 일본공산당의 「32년테제」의 강의 의뢰를 받아 이를 승낙했다는 것인데 ‘三宅사건’에는 이에 대한 언급이 없다는 것이다.

셋째, 이재유, 권영태그룹과 ‘자기 영도하’의 조교, 학생을 ‘일환으로 한’ ‘당조직’을 만들어 ‘1934년 6월경까지는’ 코민테른의 정식승인을 얻어 ‘다가올 제7회 대회에는 대표를 파견할 것을 기도’하고 ‘협의계획’했다는 ‘三宅적화공작 사건’의 기술도 ‘三宅사건판결문’에는 언급되지 않았다는 것이다.

이노우에 씨는 구체적 정황을 비교검토하면서, 미야케와 일본공산당과의 관계, 코민테른과의 관계는 사실무근임을 지적하고 특히 미야케와 권영태그룹과의 관계는 ‘관헌자료의 허상’이라고 비판하고 있다. 그러나 이노우에 씨는 “미야케가 전 생활을 걸고 ‘은닉’한 이재유는 실로 그 후 3년간 과감한 투쟁을 계속한 것이다. 미야케의 ‘결단’은 높이 평가되어야 한다”[20]고 휴머니즘적으로 평가하고 있다.

또한 이노우에 씨는 1966년 후루야(古屋貞雄), 와타나베(渡部學) 등과의 좌담에서 미야케가 언급한 이재유에 대한 ‘기억’ 즉 “어느 날 알지 못하는 조선인이 나의 집에 뛰어들어와서…‘숨겨주기 바란다’고 하는 것입니다” 하여 “나는 일체의 사정을 굳이 듣지 않은 채, 숙소를 마련하여 주었는데 그 사이에 경찰에서 나의 집으로 도망쳐 들어온 것으로 예상하

20) 井上學, 위의 글.

였는지 사복이 나의 집을 하루 종일 감시하게 되었습니다. 그러나 확증이 없었는지 좀처럼 무단으로 들어오지는 않았습니다" 또한 "지금도 이름도 모릅니다. 무엇보다도 전연 물어볼 생각이 없었습니다…이후 검사국 쪽에서 이재유(?)라는 공산당원이라고 들었습니다만…"[21]이라는 부분을 언급하면서 일제 관헌의 '기록'과 미야케의 '증언'의 결정적 차이를 말하였다.

즉 이노우에는 미야케가 조선공산주의운동에 깊게 관여했다는 관헌측의 논거의 타당성의 문제를 제기하면서, 예심종결서인 '三宅적화공작사건'에는 '22일 저녁무렵'에 미야케는 이재유의 은닉사실을 말했다는 것인데 미야케의 훗날 회고에는 "경관이 계속 교대로 들어와서 회유하거나 여러 가지 방법으로 몇일간 조사받았습니다. 제가 경찰에 연행되어 몇일을 경과되었기 때문에 이미 괜찮겠다고 생각하여 예의 남자의 사실을 이야기 하였습니다"라고 하고 있었다.

이노우에 씨는 관헌이 '22일'이라고 한 것은 미야케 검거 직후 이재유의 소재를 추적한 것을 보여주려는 관헌 측의 '조작'이라는 것이다. 따라서 관헌 측 논거와 미야케의 '기억'을 비교해 볼 때 두 번이나 이재유를 놓친 관헌측이 그를 숨겨준 미야케에게 사실관계를 과장한 측면이 있다는 것이다. 또 이노우에 씨는 1966년 미야케의 '증언'이 "이재유와의 관계를 은폐할 필요가 전혀 없는 시점"에서 되었던 것을 볼 때도 미야케의 조선공산주의운동과의 관계는 과장되었다고 언급하였다.

이에 대해 필자는 이노우에 씨의 실증적 연구에 많은 시사점을 받았지만 몇 가지 의문을 제기한 바 있다.[22] 첫째, 미야케와 이재유와의 관

---

21) 三宅鹿之助, 「座談 : 暗黒下の日朝人民の連帯－昭和初期日本人先覚者の体験を聞く－」, 『朝鮮研究』 53, 1966年 8月号, 6~7쪽.

22) 전명혁, 「1930년대 초 코민테른과 미야케(三宅鹿之助)의 정세인식」, 『역사연구』 16호,

계이다. 예심종결서에 따르면 미야케는 "1933년 12월 말 정태식을 통해 이재유와 회견, 이후 1934년 1월 21일 이재유가 체포될 때까지 '조선공산주의운동의 근본적 방책'의 토의를 거듭"[23]했다고 하고 그 증거자료로 「別紙 第1號 : 三宅, 李載裕ノ協議決定セル各種情勢討議」(이하 '정세토의')[24]를 제시하고 있다. 필자의 분석에 따르면 '정세토의'의 내용 중 세계대공황에 따른 정세분석, 사민주의의 사회파시즘론, 소연방의 사회주의체제확립 등에 대한 인식부분은 앞서 살펴본 코민테른 제12차 확대집행위원회 총회(플레남)에서 채택된 「국제정세와 코민테른 각지부의 임무에 관한 테제」(1932년 9월)와 상당히 유사하였다.

특히 '정세토의' 가운데 "독일에서는 사회민주당 및 중앙당(카톨릭당)에 의해 길을 개척한 파시스트적 독재로의 이행은 내부적 및 외부적 제모순의 격화와 더불어 완성되어 바야흐로 명실 공히 순연한 나찌스의 파시스트적 정부가 수립되기에 이르렀다"[25]는 부분에서 '중앙당(카톨릭당)' 등의 표현은 독일의 사정에 밝은 미야케가 아니면 구사할 수 없는 표현이라고 생각된다.

그렇다면 "이재유와의 관계를 은폐할 필요가 전혀 없는 시점"에서 행한 1966년 '좌담회'에서 이재유의 이름조차 알지 못했다라고 한 미야케의 '구술'은 어떻게 이해해야 할 것인가? 미야케가 훗날 "인텔리는 나약하기 때문에 섣불리 알고 있으면 잡혀서 가족으로부터 격리되면 무의식

2006.12 참조.

23) 京城地方法院檢事局, 「城大教授三宅鹿之助ヲ中心トスル朝鮮内赤化工作事件檢擧ニ關スル件」, 1934.8.31(京高特秘第2410號).

24) 위의 「城大教授三宅鹿之助ヲ中心トスル鮮内赤化工作事件檢擧ニ關スル件」(1934.8.31)에 '別紙 第1號'로 첨부되어 있는데, 원본을 일본어로 번역, 필사한 것으로 여겨진다. 이 자료는 '화로 속에 은닉되었기 때문에 일부 소각된 부분'이 있어…으로 표시되었다.

25) 「別紙 第1號 : 三宅, 李載裕ノ協議決定セル各種情勢討議」, 174쪽.

중에 말을 해서 운동에 지장을 주게 됩니다. 그러므로 묻지 않았다. 묻지 않으면 알 수 없기 때문에 말할 수가 없습니다. 결국 자기의 일 밖에 말하지 않는다는 것이 저의 주의이므로"[26]라고 한 '구술'은 오히려 '묻지 않아도 되는 동지적 관계'를 의미하는 것이 아닐까? 그가 이재유를 38일간(4.14~5.21) "서재 밑 마루판을 뜯어 그 속에 돗자리를 넣어 비밀의 방을 급조"[27]하여 그를 숨겨주었던 것이다.

이와 관련하여 약간의 비약을 해보면, 미야케의 제자 이강국이 박헌영과 관련하여 1956년 처형당한 사실이 그에게는 정치적 부담이 아니었나 하는 생각도 든다. 1932년 5월 '제2차 태로사건'으로 구속된 이소가야 스에지의 "미야케 교수는 조선민족에 대한 일본의 식민지지배의 죄를 보상하고 싶은 생각으로, 한 사람의 조선인 사상범을 특고경찰의 마수로부터 지키려고 집에 은닉하여 처벌받았던 것이다. 전쟁 후 북한은 교수 앞으로 한 개의 메달을 증여하였다고 한다"[28]는 기록과 "돌아오면서(1931년 4월 베를린에서－인용자) 만주사변이 시작되고 잠시 후에 만주의 상황을 시찰하려고 해서 북만지방을 걸어 특히 만주의 간도지방에서의 김일성 수상을 중심으로 하는 운동의 지역을 보러 갔던 것입니다"[29]라는 미야케 자신의 구술기록을 통해 볼 때, 미야케는 자신이 조선 국내의 사회주의운동에 깊숙이 관여하였다는 것이 이 무렵 오히려 부담스러웠던 것은 아니었을까.

둘째, 권영태와의 관계이다. 이노우에가 언급하였듯이 '三宅적화공작

26) 三宅鹿之助, 「座談：暗黒下の日朝人民の連帯－昭和初期日本人先覚者の体験を聞く－」, 『朝鮮研究』 53, 1966年 8月号, 6~7쪽.
27) 三宅鹿之助, 위의 「좌담」.
28) 이소가야 스에지, 김계일 옮김, 『우리청춘의 조선』, 사계절, 1988, 159쪽.
29) 三宅鹿之助, 「座談：暗黒下の日朝人民の連帯－昭和初期日本人先覚者の体験を聞く－」, 『朝鮮研究』 53, 1966年 8月号.

사건'의 '조직계통도'에는 권영태의 '경성공산주의자그룹'의 문화자금부 책임자로 미야케를 그리고 있다. 문화자금부는 문화부(최용달, 정태식, 박문규), 자금부(최용달, 정태식, 박문규)로 구성되어 있는데 모두 미야케의 제자들이었다. 최용달은 이강국과 함께 1932년 4월 조교직을 사임하고 이강국은 베를린으로 최용달은 유진오의 도움으로 보성전문학교에 출강하였다. 정태식과 박문규는 당시 조교직을 맡고 있었다. 또 이 '조직계통도'는 미야케를 권영태와 이재유 윗선으로, 또한 구니자키(國崎定洞, 독일공산당)－이강국－미야케의 계통도를 그리고 있다. 이러한 조직계통도는 당시 일제 관헌 측에 의해 미야케와 구니자키(國崎定洞), 이강국과 경성제대 조교그룹들을 '친소관계'와 정황상 묶어버렸음을 추정케 한다.

그러면 권영태와 미야케는 아무런 관계가 없는 것일까? '三宅적화공작 사건'은 "미야케는 정태식으로 하여금 금년 3월 중순에 우연히 권영태의 조직과…제휴하여…경성공산주의자그룹의 한 부문을 담당하게 되었다. 그러나 지위 관계상 제1선에 나서는 것을 자제하여 각종 번역 및 출판 등 소위 문화부 및 자금부를 담당하고, 사실상 배후에서 권영태를 지도했다. 그리고 당시 독일 체재 중 이강국으로부터 받은 '룬트샤우'에 게재된 '코민테른 제13회 집행위원회플레남테제'를 역출하여 건네주고…권영태 등이 작성한 '메－데' 선전물을 정태식을 통해 받고, '메데투쟁자금'으로 '백 원의 출자를 약속'(후에 35원을 출자)했다. 권영태 등이 발행한 기관지 '프롤레타리아'를 받았다. 권영태 등에 의해 인쇄된 '메데'를 받고 은닉한 이재유와 박문규에게 건네주었다"[30]고 기록하고 있다.

30) 京城地方法院檢事局, 「城大教授三宅鹿之助ヲ中心トスル朝鮮内赤化工作事件檢擧ニ關スル件」, 1934.8.31(京高特秘第2410號).

미야케의 회고 중에 “1928년(쇼와 3년)에 코민테른에서 조선에 관한 테제(소위 12월테제)가 나왔습니다. 이 테제는 일본제국주의하 조선의 정치 · 경제 사회정세 등을 분석하고 조선에서 민족해방투쟁 특히 조선공산당의 운동에 관하여 여러 가지 각도에서 비판을 가하고 그 정확한 존재방식에 관하여 쓰여진 것이었는데, 어떤 조선인이 인프레콜(International press corespondence, 인프레콜에는 영 독 불어판 등이 있고 물론 러시아판도 있었다고 생각합니다. 당시 일본에는 영독 양국어판이 밀수입되고 있었다. 여기에는 코민테른의 중요회의 의사록 제결의 기타 국제공산주의운동의 중요문서가 게재되고 바르가의 유명한 세계 정치 경제연구가 4반기마다 게재되어 있었습니다) 그것을 가지고 와서 앞의 테제를 일본어로 번역하여 줄 것을 의뢰하여 며칠인가 걸려 역문을 만들어 그 사람에게 건네줌과 더불어 그 사람과 테제에 관하여 연구한 것을 기억하고 있습니다”[31]라고 한 부분이 있다. 이것은 미야케가 이강국이 독일에서 보내온 ‘13차 플레남테제’를 권영태의 권유에 의해 번역한 것 이외에, ‘12월테제’를 번역, 연구하였음을 알 수 있다.

셋째, 미야케와 이남철과의 관계이다. ‘三宅적화공작 사건’에는 “전라남도에서 검거 송치된 형평사 회원의 치안유지법 위반사건 관계자 이남철은 잡지 이러타사를 경영하던 중, 여러 차례에 걸쳐 투고를 요청한 적도 있고 하여 미야케와는 일찍부터 알고 지내는 사이였다. 1933년 3월경 일본공산당에 대한 ‘1932년테제’의 강연요청이 있어 승낙”했다는 부분이 있는데 여기서 이남철은 이종률이다. 이 부분은 틀림없는 사실로 판명된다. 이종률은 1933년 7월 31일 ‘형평청년전위동맹 사건’으로 광주

31) 三宅鹿之助, 「座談：暗黒下の日朝人民の連帯－昭和初期日本人先覚者の体験を聞く－」, 『朝鮮研究』 53, 1966年 8月号.

경찰서에 체포되었고 『이러타』사를 경영하였다.[32] 그는 1936년 11월 25일 미야케보다 1개월 앞서 출옥하는데 미야케의 부인 미야케 히데에게 2,000원이 든 봉투를 전하였다고 회고하였다.[33]

훗날 미야케 교수는 이재유를 자신의 관사에 숨겨주는 정황에 대하여 다음과 같은 회상을 남기고 있다.[34]

"어느 날 알지 못하는 조선인이 나의 집에 뛰어들어와서 '실은 자기는 경찰에 쫓기고 있다. 숨겨주기 바란다'고 하는 것입니다. 나는 일체의 사정을 굳이 듣지 않은 채, 숙소를 마련하여 주었는데 그 사이에 경찰에서 나의 집으로 도망쳐 들어온 것으로 예상하였는지 사복이 나의 집을 하루 종일 감시하게 되었습니다. 그러나 확증이 없었는지 좀처럼 무단으로 들어오지는 않았습니다.

어쨌든 주의하지 않으면 안된다고 처음에는 마루방에서 가족과 함께 있었습니다만, 위험하게 되었기 때문에 서재 밑 마루판을 뜯어 그 속에 돗자리를 넣어 비밀의 방을 급조하여 식사는 아내가 만들어 넣게 하여 수일간 바깥의 상황을 살폈습니다만 밖의 경계는 갈수록 엄중하게 되었습니다. 그 사이 며칠인가 되어 그 사람이 다른 곳에 나가려한다는 이야기가 된 것이 아닐까 생각합니다. 게다가 옷이 필요하다고 하여 그 조달을 학생이었던 정태식(제6회생－경성제대)이라는 매우 우수한 학생이었는데, 이 남자에게 옷 조달을 의뢰한 것입니다. 혹은 그렇지 않고 누군가에게 연락할 필요가 있어 그 연락을 부탁한지도 모릅니다. 그런데 운 나쁘게 정군이 붙잡혀 버렸어요. 경찰은 기다렸다는 듯이 내 집을 수색하러 들어왔습니다. 샅샅이 조사하여 여러 가지

32) 전명혁, 「산수 이종률의 민족해방운동과 민족통일전선론」, 『사림』 제24호, 2005.12, 323쪽.

33) 이종률, 「民族自主統一運動小史片言」, 산수이종률선생기념사업회 엮음, 『山水 李鍾律 著作資料集』 第2輯, 들샘, 2001, 488쪽; 전명혁, 위의 글 참조.

34) 三宅鹿之助, 「座談：暗黒下の日朝人民の連帯－昭和初期日本人先覚者の体験を聞く－」, 『朝鮮研究』 53, 1966年 8月号, 6~7쪽.

발행금지, 수입금지의 서적을 압수했는데 예의 남자는 마루 밑에 있었으므로 발견되지 않았습니다. (그 사람은 마루 밑에서 독서를 하는 이외에 내가 차입해준 작은 손삽으로 마루 밑의 흙을 파서 바깥으로 도망하는 통로를 팠다고 하는 것을 그 후 경찰로부터 들었습니다.)

정군(정태식－필자)에 대해 묻고 싶어서 경찰에 출두하라고 하여 경찰 자동차에 억지로 올라탔습니다. 정군에 대해서 조사받았지만 특별한 것 없이 조사는 오로지 예의 마루 밑 남자의 행방에 집중되었습니다. 당시 경찰의 취조는 일본 내지에서도 그렇다고 생각하지만, 그것은 가혹한 것이었습니다. 가혹한 고문이었지요. 저의 경우는 정말이지 고문은 없었습니다만, 옆방에서 죽도를 휘두르며 고문을 하는 분위기가 느껴졌습니다. 경관이 계속 교대로 들어와서 회유하거나 여러 가지 방법으로 며칠간 조사받았습니다. 제가 경찰에 연행되어 며칠을 경과되었기 때문에 이미 괜찮겠다고 생각하여 예의 남자의 사실을 이야기 하였습니다. 예상대로 그 남자는 도망쳐버려 이미 없었습니다만 그 뒤 큰 일이었습니다. 경찰이 추적하고 있는 조선인을 숨겨주는 것은 허용할 수 없는 것으로 조선의 해방운동에 관계가 있다고 하여 치안유지법에 걸어 또 범인은닉죄라는 파렴치죄, 양방으로 기소되어 2년 이상 감옥에 갇혔습니다.

사토(佐藤) : 선생이 숨겨준 조선인은 어떤 사람이었습니까?

미야케(三宅) : 지금도 이름도 모릅니다. 무엇보다도 전연 물어볼 생각이 없었습니다. 인텔리는 나약하기 때문에 섣불리 알고 있으면 잡혀서 가족으로부터 격리되면 무의식중에 말을 해서 운동에 지장을 주게 됩니다. 그러므로 묻지 않았다. 묻지 않으면 알 수 없기 때문에 말할 수가 없습니다. 결국 자기의 일 밖에 말하지 않는다는 것이 저의 주의이므로, 이후 검사국 쪽에서 이재유(?)라는 공산당원이라고 들었습니다만…”

이와 같이 미야케는 베를린 유학 중 동경제대 의학부 교수로서 독일 공산당 당원으로 활동 중이던 구니자키 데이도(國崎定洞), 그리고 코민테른 집행위원인 가타야마 센(片山潜) 등과 프랑크푸르트에서 열린 국제반제동맹대회에 참여하는 등 교류하면서 조선의 객관적 정세와 공산주의운동의 상황 등을 전하였다. 조선으로 돌아온 이후에는 그의 제자이며 독일 유학생인 경성제대 출신 이강국을 통하여 코민테른의 주요 문건 등을 전달받고 이를 조선공산주의운동 그룹들에게 번역, 소개하는 활동 등을 하였다.

그는 1933년 12월 그의 제자인 경성제대 법문학부 조교 정태식을 통해 이재유와 만나면서 이재유그룹과 밀접한 관계를 가지게 되었다. 이재유가 탈옥하여 미야케의 동숭동 대학관사에서 40일 가까이 은거할 수 있었던 이유는 이러한 '동지적 관계'가 아니면 설명될 수 없을 것이다. 또한 그는 1934년 3월 권영태그룹과도 관계를 하며 '13차 플레남테제'를 번역하고 메이데이투쟁격문을 이재유그룹, 권영태그룹과 공동으로 작성하였다.

그가 이재유와 협의하였던 '정세토의', 경성공산주의자그룹의 기관지 『프롤레타리아』 그리고 그가 체포된 이후 재판관에게 보낸 「상신서」와 「감상록」 등을 볼 때 그는 기본적으로 맑스주의 역사유물론에 기초하여 사회를 인식하고 있었고, 그의 정세인식은 당시 코민테른의 제12차 플레남테제, 제13차 플레남테제의 정세인식에 기반하고 있었음을 확인할 수 있었다. 그러나 「32년테제」에 대한 그의 해석을 볼 때 일본 천황제에 대한 그의 인식은 당시 코민테른 주류의 인식과는 약간의 차이가 있지 않았나 생각된다.

미야케는 실천적 지식인으로서 일본인이라는 국적을 넘어 조선 혁명을 위해 자신의 신념에 따라 '이론과 실천의 변증법적 통일'을 실현하기 자신의 청춘을 과감히 던졌지만, 그에게 돌아온 것은 치안유지법과 범인은닉죄에 의한 징역 3년의 형벌이었다. 그는 만기를 11개월 남기고

1936년 12월 25일 출옥하였는데 그날은 우연히도 이재유가 체포된 날이었다. 출옥 이후 그는 일본으로 송환되었지만 보호관찰대상으로 어려운 생활을 하다가 1945년 종전 이후 다시 대학에 돌아갈 수 있었다.[35)]

35) 전명혁, 「1930년대 초 코민테른과 미야케(三宅鹿之助)의 정세인식」, 『역사연구』 16호, 2006.12 참조.

4

권영태그룹의 사회주의운동과 치안유지법(1934년)

권영태(權榮台) 등 34인 예심종결결정(豫審終結決定) (1934년 예 제54,60,62,85호, 昭和9年豫第54,60,62,85號) 권영태 등 34인 판결문(1935년 형공 제1230,1231,1232,1233호, 昭和10年刑公第1230,1231,1232,1233號, 京城地方法院)

이 문서는 1935년 8월 8일 권영태 등 34인에 대한 경성지방법원 예심과의 예심종결결정과 1935년 12월 27일 권영태 등 34인에 대한 경성지방법원 형사 제2부의 판결문이다. 먼저 예심종결결정문[36]을 살펴보면 다음과 같다.

본적 함경남도 홍원군 주익면 장형리 41번지
주소 경성부 인의동 164-1번지 김희자 집
무직 권영태(權榮台, 28세) 또는 이정남(李正南), 박재욱(朴在郁), 쿠리모프

본적 충청북도 진천군 진천면 읍내리 386번지
주거 경성부 관훈동 33번지
무직 (전 경성제국대학 법문학부 조수) 정태식(鄭泰植, 25세)

본적 함경남도 함주군 주서면 상구리 38번지

36) 권영태 등 예심종결결정문은 朝鮮總都府 高等法院 檢事局 思想部에서 발간한『思想彙報』제4호, 1935.9를 저본으로 하고『동아일보』1935.8.24~1935.9.4에 게재된 「권영태등34명 예심결정전문」(1-9)를 참조하였다.

주거 경성부 무교정 86-6번지

무직 (전 경성법학전문학교 생도) 한육홍(韓六洪, 29세) 또는 한제상(韓齋相)

본적 전라북도 고창군 상하면 용정리 776번지

주거 경성부 종로6가 89번지

무직 (전 경성법학전문학교 생도) 김대용(金大容, 23세) 또는 김영용(金寧容)

본적 전라북도 금산군 군북면 내부리 669번지

주거 경기도 고양군 숭인면 신설리 132-29번지

천북(川北) 전기주식회사 직공 김진성(金晉成, 23세)

본적 경기도 광주군 서부면 초일리 235번지

주거 경성부 적선동 68번지 강희문 집

보성전문학교생도 안병윤(安秉潤, 22세)

본적 함경남도 홍원군 학천면 풍산리 84번지

주거 경성부 인의동 164-1번지 김희자 집

무직 안종서(安鍾瑞, 26세) 또는 김혁수, 안이균, 김일수, 안토

본적 전라남도 무안군 현경면 현화리 624번지

주거 경성부 인의동 164-1번지 김희자 집

무직 박정두(朴鼎斗, 25세) 또는 민학철(閔學哲), 변무한(邊武漢)

본적 함경남도 홍원군 용원면 중호리 136번지
주거 경성부 적선동 170번지
경성기독교청년학교 생도 서승석(徐升錫, 22세)

본적 충청남도 대덕군 류천면 탄방리 404번지
주거 경기도 고양군 숭인면 돈암리 458번지 7-27 류교재 집
무직 이명신(李明新, 28세)

본적 경성부 종로 6가 12번지
주거 동소
무직 최경옥(崔慶玉, 22세) 또는 옥이

본적 경상북도 김천군 부항면 류촌리 157번지
주거 경기도 시흥군 영등포읍 경성방직주식회사 기숙사
여공 이원봉(李元奉, 27세) 또는 이원선, 이운애, 강순이, 이원봉(李元鳳)

본적 강원도 철원군 동송면 관우리 452번지
주거 경성부 청엽정 3가 121-45번지
여공 허마니아(許馬尼阿, 32세) 또는 노봉익, 노봉희, 허마리아, 허정옥, 허균

본적 경기도 용인군 내사면 식금리 108번지
주거 경성부 중림동 131번지
가정교사 안병춘(安炳春, 26) 또는 박동렬(朴東烈)

본적 경성부 봉익동 56번지
거주 경기도 시흥군 영등포읍 영등포리 101번지
직공 이병기(李丙驥, 30세) 또는 이순복(李淳福)

본적 경상남도 김해군 진영면 의전리 272번지
주거 경기도 시흥군 영등포읍 신길리 박대영 집
직공 안삼원(安三遠) 또는 장두욱(張斗旭)

본적 경상남도 울산군 범서면 입암리 257번지
주거 경성부 익선동 33-17번지
무직 이순금(李順今, 24세)

본적 전라남도 제주도 대정면 가파리 342번지
주거 경기도 시흥군 서이면 안양리 조선직물주식회사 합숙소
여공 이경선(李景仙, 22세)

본적 경상북도 칠곡군 왜관면 왜관동 271-19번지
주거 경성부 연건동 195번지
조선일보배달부 정칠성(鄭七星, 28세) 또는 정낙(鄭洛)

본적 전라북도 금산군 군북면 외부리 116번지
주거 경성부 원동 9번지
과물상 이현상(李鉉相, 30세)

본적 경상북도 대구부 봉산정 74번지

주거 경성부 낙원동 87번지
경성전기학교 2년생 최소복(崔小福, 25세) 또는 최정식(崔鼎植)

본적 경성부 당주동 74번지
주거 동소
배재고등보통학교 생도 변우식(邊雨植, 21세)

본적 경상북도 대구분 명치정 2가 87번지
주거 경성부 재동 60번지
잡지 『신계단』 기자 남만희(南萬熙, 25세) 또는 채명식(蔡明殖)

본적 전라북도 고창군 고창면 월곡리 276번지
주거 전라북도 전주군 전주읍 청수정 46번지
무직 임택재(任澤宰, 24세)

본적 충청남도 공주군 계룡면 금대리 375번지
주거 동소 365번지
농업 정용산(鄭龍山, 29세)

본적 함경북도 경성군 어랑면 하남동 249번지
주거 경기도 인천부 화정 1가 10번지
부두인부 이백만(李百萬, 27세) 또는 강수일(姜水一)

본적 충청북도 충주군 엄정면 용산리 470번지
주거 경기도 인천부 우각리 25번지

노동 김삼룡(金三龍, 26세) 이상철(李相喆)

본적 경기도 양평군 갈산면 양근리 304번지
주거 경성부 팔판동 419번지
무직 변홍대(卞洪大, 24세)

본적 경기도 양평군 갈산면 대흥리 638번지
주거 동소
농업 김원경(金元經, 25세) 또는 김돌산(金乭山)

본적 경기도 양평군 갈산면 양근리 441번지
주거 동소
조선일보 양평지국장 이성출(李星出, 25세) 또는 이정환(李正煥)

본적 경기도 양평군 강상면 세월리 141번지
주거 동도 동군 갈산면 신애리 279번지
정미업 심승문(沈承文, 25세)

본적 경기도 여주군 금사면 궁리 107번지
주거 동도 동군 개군면(介軍面) 하시포리(下柴浦里) 290번지
면서기 최영창(崔永昌, 27세)

본적 경기도 여주군 금사면 외평리 31번지
주거 동도 동군 동면 이포리 27번지
조선일보 이포분국장 겸 잡화상 박수창(朴壽昌, 26세)

위 권영태 정태식 안종서 박정두 김희진 최경옥 이원봉에 대한 치안유지법 위반 및 출판법 위반 기타 각 피고인에 대한 치안유지법 위반 피고사건에 대하여 다음과 같이 예심을 결정한다.

주문(主文)

본 건을 경성지방법원의 공판에 부친다.

이유(理由)

조선에서 공산주의운동의 동향은 쇼와 4년(1929년) 이래 국제공산당의 소위 조선 문제에 관한 12월테제에 기초하여 민중의 대부분을 점하는 무지몽매한 노동자 빈농을 계급의식으로 각성시켜 이를 기초로 하여 전개하는 것과 순진한 학생층에 반제(反帝) 사상을 고취시켜 이를 토대로 하여 대중의 획득을 기도하고 있다. 그러나 이 책원지(策源地)는 상해, 북평, 포렴(浦鹽, 블라디보스톡), 간도 등 국제공산당의 직접 또는 간접 경유의 것, 동경으로부터의 것 및 조선 내 자발적인 것이 있지만 본 건은 쇼와 7년(1932년) 말 프로핀테른 극동책임자로부터 경성지방의 공장지대에서 적색노동조합 조직을 위한 기초준비공작을 하는 취지의 지령을 받고 입선(入鮮) 활동한 국제노선에 입각한 피고인 권영태를 중심으로 하는 활동선과 조선공산당 일본총국 사건에 연좌(連坐), 입감하여 쇼와 7년 겨울 무렵 출감한 이재유를 중심으로 하고 이에 전 경성제국대학 법문학부 조수 피고인 정태식을 배속한 활동선을 주로 하고 여기에 상해 재주(在住) 김단야(金丹冶)의 명(命)에 의해 선내 적화공작을 위해 입선, 활동 중인 김형선(金炯善)의 활동선 및 경기도 양평 여주 양

군(兩郡)에서 순수한 농민활동 기타 2-3의 작게 허용되는 운동이지만,

피고인 권영태는 본적지인 홍원공립보통학교 졸업 후 동지에서 그 형과 과수원을 경영하고 있었지만 쇼와 6년(1931년) 1월 29일 함흥지방법원에서 폭력행위 등 처벌에 관한 건 위반에 의해 징역 6월, 4년간 집행유예의 판결을 받고 쇼와 9년(1934년) 칙령 제19호에 의해 그 형을 징역 4월 15일로 변경되었는데 이에 앞서 쇼와 6년(1931년) 4월 함흥거주 이상희(李相熙)의 권유로 입로(入露), 모스크바에 가서 동년 5월 하순 동지 동방노력자 공산주의대학 속성과에 입학하여 다음해인 쇼와 7년(1932년) 5월 이를 졸업하고 동년 12월 상순 프로핀테른 극동책임자로부터 전기 지령을 받고 동지를 출발하여 동년 12월 말경 입선한 자인바,

제1. 쇼와 8년(1933년) 1월 8일경 동향의 관계상 미리부터 알고 있는 피고인 안종서를 경기도 양평군 숭인면 성북리 주거에 방문하여 동인과 동거하게 되자 그 무렵 동처에서 조선의 공산화를 목적으로 동인에 대하여 전기 자기의 사명을 알리고 노동자의 소개를 의뢰함과 더불어 서로 제휴하여 적색노동조합 조직을 위한 준비활동을 할 뜻을 종용하여 그 찬동을 득하여 그 목적 사항의 실행에 관하여 협의하고

제2. 쇼와 8년(1933년) 5월경부터는 경성부 연지동에서 피고인 안종서 당시 경성 사립중동학교 생도인 동 박정두 당시 경성보성고등보통학교 생도인 동 서승석 등과 동거하고 박정두, 서승석 등의 학자금으로서 자취생활을 하게 되었는데 피고인 안종서로부터 경기도 고양군 숭인동 신설리 종연방적회사 공장에서 동지를 획득했다는 내용의 보고를 받게 되자 우선 위 공장에서 전기 운동의 확대를 도모하고자 앞서와 같은 목적으로써 그 무렵 동처에서 동 피고인에 대해 공장 내에서는 1인의 오르

그를 획득하고 이로 하여금 직장 그룹(Group)을 결성하게 하고 이를 원동력으로 하여 공장 내 모든 합법조직을 이용하여 노동자 지도에 노력하고 수개 공장에 위와 같은 그룹의 결성을 볼 때는 이를 기초로 하여 산업별 적색노동조합을 조직할 기획하에 공산운동에 종사할 것을 종용하여 그 찬동을 얻고 그 목적 사항 실행에 관해 협의하고

제3. 쇼와 8년(1933년) 6월경 전기 연지동 주거에서 전기와 같은 목적으로서 피고인 안종서와 함께 누차 피고인 서승석에 대해 경성보성고등보통학교 생도 등에 대해 공산주의적 교양을 시행하여 학생운동을 왕성하게 하도록 할 것을 종용하고 그 찬동을 얻어 그 목적 사항의 실행에 관해 협의하고

제4. 쇼와 8년(1933년) 11월경 경성부 임정(林町) 피고인 안종서, 동 박정두 등과의 동거 집에서 전과 같은 목적으로써 피고인 박정두에 대해 자본주의사회에 불평을 갖는 자를 동지로 하여 획득할 것을 종용하여 그 찬동을 얻어 그 목적 사항의 실행에 관해 협의하고

제5. 쇼와 9년(1934년) 1월경 경성부 청엽정(青葉町) 소화제사회사(昭和製絲會社) 공장 여공 김인숙(金仁淑)의 주거에서 피고인 박정두의 소개로 알게 된 동녀에 대해 전과 같은 목적으로서 위 공장 내에서 동지를 획득할 것을 종용하여 그 찬동을 얻음으로써 그 목적 사항의 실행에 관해 협의하고

제6. 그 무렵부터 쇼와 9년(1934년) 3월경까지 사이에 김인숙의 소개로 경성부 숭인동 조선제사회사 공장의 여공 전태임(田泰任), 동 이종숙

(李鍾淑), 동부 청엽정 소화제사회사 공장의 여공 권인순(權仁順), 동 유기순(俞基順), 동 임병렬(林炳烈), 동 최순이(崔順伊) 및 피고인 이원봉(李元奉) 등을 알게 되고 또 피고인 이원봉의 소개로 동부 강기정(岡崎町) 경성고무회사(京城護謨會社) 공장 여공 원순봉(元順鳳), 동부 중림동 대륙고무회사(大陸護謨會社) 공장 여공 윤경희(尹慶姬) 등을 알게 되어 위 자 등에 대해 공산주의적 교양을 시행하고 그 공산의식의 양양에 노력하였는데 동년 4월 상순경 동부 청엽정 김인숙 및 피고인 이원봉의 동거 집에서 전과 같은 목적으로써 동인 등 및 전기 권인순, 유기순, 임병렬, 최순이 등에 대해 러시아와 같이 행복한 사회를 실현하기 위해 기회를 보아 파업을 단행할 것을 종용하여 그 목적 사항의 실행에 관해 협의하고

제7. 쇼와 9년(1934년) 3월 하순경 피고인 이원봉의 소개로 피고인 정태식을 알게 되고

1) 그 무렵 경성부 종로 6정목 15번지 정인자(鄭仁子) 집에서 피고인 정태식에 대해 전과 같은 목적으로써 러시아 제2차5개년계획의 진척됨에 대해 설파하여 코민테른 선상에서 공산운동을 행할 것을 종용하여 그 찬동을 얻고

2) 동년 4월 상순경 위 정인자 집에서 피고인 정태식에 대해 전과 같은 목적으로서 공산운동에 있어서는 파벌투쟁을 배척할 것, 공산운동을 하는 조직은 종국에서 경성적색노동조합을 결성하고 프로핀테른과 피차 연락을 하기에 이를 때까지 공장세포에서 순차 커다란 조직에로 조직을 진행할 것을 교시하고 해 운동방침에 기초하여 공산운동에 종사할 것을 종용하여 그 찬동을 얻음으로써 각기 목적 사항의 실행에 관해 협의하고

제8. 쇼와 9년(1934년) 4월 상순경 피고인 정태식의 소개로 경성부 동숭동 25번지 경성제국대학 교수 미야케 시카노스케(三宅鹿之助)[37]의 관사에서 동인과 회견하고 그 무렵 동처에서 동인과 함께 전과 같은 목적으로써 양명(兩名) 제휴하여 적색노동조합 조직을 위해 활동할 것, 미야케에게 외국문서의 번역 또는 이론문제 연구와 같은 일반적 문화적 활동을 하고 운동자금의 원조를 할 것, 문화적 방면의 구체적 활동으로서는

1) 조선에서 농업문제를 철저히 연구하고 조선의 제 신문지상에 나타난 사회민주주의[38] 및 민족개량주의를 철저히 비판하고 당시 조선인 간에 이상한 충동을 제기한 백남운 저 『조선사회경제사』를 철저히 비판하고

2) 공산주의운동의 자료로서 독일어문의 국제공산당집행위원회 제13회 총회 테제를 번역하고 이를 피고인에게 교부할 것 등(을) 협의 결정함으로써 그 목적 사항의 실행에 관해 협의하고

제9. 쇼와 9년(1934년) 3월 하순경 당시 주거인 경성부 인의동 164번지의 1 김희자 집에서 동거인인 피고인 안종서, 동 박정두와 전과 같은 목적으로써 적색노동조합 조직 촉진을 위해 무허가로서 국헌을 문란하고 안녕질서를 방해하는 내용의 문서를 저작, 인쇄하고 이를 노동자, 획득한 동지 등에게 반포하여 그 목적 사항의 실행을 선동할 것을 공모하고 피고인이 저작을 담당하고 인쇄 반포는 피고인 3명과 협력하여 이를

37) 당시 『동아일보』에 게재된 「예심종결서」에는 미야케의 이름이 ○○으로 처리되었다.

38) 『동아일보』에는 사회주의로 표기되었는데 당시 코민테른6차대회 이래 '사회민주주의'에 대한 비판이 제기된 것으로 보아 사회민주주의가 올바른 표기이다.

행하기로 내정하고

1) 동년 4월 초순경 위 주거에서 허가없이 피고인이 메이데이의 역사, 세계 각국의 과거 메이데이 투쟁 상황, 조선의 해 투쟁의 부진한 상황 등에 대해 논술한 후 금년의 메이데이에는 노동자, 농민, 학생 및 일반 근로대중은 자본가, 지주에 대해 집회, 격문, 동맹파업, 시위운동 등의 무기로써 강력히 투쟁하지 않으면 안된다는 취지를 강조한 국헌을 문란하고 안녕질서를 방해할만한 불온한 내용의 『메이데이』라는 소책자 원고를 작성 저작하고 피고인 및 피고인 안종서가 피고인 박정두, 동 권영태 등이 소유한 등사판, 룰러, 잉크, 철필, 여판(鑢板), 원고지(昭和 9년 押 第1196호의 證 第37 내지 43호) 등을 사용하여 위 원고지로부터 해 소책자 약 50부(동 증 제420, 59, 61, 62, 75, 77, 81호는 그 일부)를 등사 인쇄하고 그 무렵 동부에서 허가를 얻지 않고 피고인은 피고인 정태식에게 5, 6부, 동 이원봉 및 김인숙에게 5, 6부, 동 이명신(李明新)에게 3부, 이종숙, 전태임 등에게 각 1부를, 피고인 안종서는 탁재필(卓在弼) 및 윤순달(尹淳達)에게 각 2부를, 피고인 박정두는 박동규(朴東珪), 피고인 김희진에게 각 1부, 고종규에게 2부, 윤완모에게 6부를 각각 교부하여 반포하고

2) 동년 4월 하순경 위 주거에서 피고인 및 피고인 안종서는 허가 없이 피고인이 전기 미야케(三宅)로부터 교부받은 「파시즘전쟁의 협박 및 공산당의 제임무」라는 제목으로 (1) 파시즘과 혁명적 위기의 성숙 (2) 제국주의의 새로운 세계전쟁준비 (3) 공산당의 제임무의 3항으로 나누어 공산당의 제임에 대해서는 부르주아지가 그 독재를 공고히 하기 위하여 대중의 분노, 불만, 격앙을 팟쇼화와 전쟁의 궤도로 끌어드리려고 시도하고 있다. 이 세계의 혁명적 위기의 성숙된 제 관계에서 공산주의자의 주요 임무는 대중운동을 착취자계급의 독재를 도괴(倒壞)시키기 위한

투쟁을 향하고 있다고 모두(冒頭)하고 ① 파시스트적 이데올로기에 대한 투쟁 ② 부르주아국가권력의 팟쇼화 및 전쟁에 대한 투쟁 ③ 사회민주주의 반대, 아래로부터의 통일전선으로 ④ 대중활동과 그 강화의 영역에 있어 공산당의 제임무 ⑤ 위기로부터의 혁명적 탈출, 소비에트권력을 위해 등의 여러 절로 나누어 논술한 전과 같은 불온한 내용의 국제공산당 집행위원회 제13회 총회테제의 일본어역 원고에 의해 전기 등사판 등을 사용하여 위와 같은 표제의 소책자 약 50부(동 증 제22, 24, 28, 35, 55, 65, 68, 71호는 그 일부)를 등사 인쇄하고 그 무렵 동 부내에서 허가없이 피고인은 피고인 정태식에게 5, 6부, 동 이명신에게 3부, 동 이원봉 및 김인숙, 김성배(金成培)에게 각 1부를, 피고인 안종서는 탁재필 및 윤순달에게 각 2부를 피고인 박정두는 피고인 김희진에게 1부, 고종규에게 2부, 윤완모(尹完模)에게 6부를 각각 교부하여 반포하고

3) 동년 4월 하순경 위 주거에서 허가를 받지 않고 피고인은 노동자, 농민, 학생 및 일체의 피압박근로대중제군! 전 세계의 프롤레타리아트가 자본의 착취와 압박에 반대하고 사회주의건설에 매진하기 위한 투쟁력과 전투적 의의를 총동원하여 시위하는 날 메이데이는 온다, 일본제국주의의 압제하에서 신음하는 전조선피압박근로대중제군은 궐기하라, 일본제국주의자, 조선토착착취계급 및 일체의 반동분자에 대항하여 싸우자는 취지의 전과 같은 불온한 내용을 격(檄)하는 제목의 격문의 원고를 작성 저작하고 피고인 및 피고인 안종서는 전기 등사판 등을 사용하여 위 원고에 의해 위 격문 약 1000부(동 증 제14, 21, 29, 50, 63, 66, 69, 73, 82호는 그 일부)를 등사 인쇄하고 그 무렵 동부 내에서 허가를 받지 않고 피고인은 피고인 정태식에게 5, 6부, 동 이명신에게 3부, 동 이원봉 및 김인숙, 이종숙, 전태임, 김성배 등에게 각 1부를 피고인 안종서는 탁재필에게 2, 3부를 피고인 박정두는 박동규, 고종규에게 각 1부

를 각각 교부하고 또 피고인 박정두는 피고인에게 경성의 공장지대에 살포할 것을 의촉(依囑)받아 약 600부를 피고인 김희진에게 위 공장지대에 살포하도록 의촉하여 교부하고 동인은 또 그 무렵 그 3, 4백 매를 피고인 최경옥에게 동부 용산 한강통 전천공작소(田川工作所)에 살포하도록 의촉하여 교부하고 동인으로 하여금 동 공작소에 살포하게 하였다.

4) 동년 5월 초 무렵 위 주거에서 허가를 받지 않고 피고인에게 창간선언으로서 '경성공산주의자그룹'은 근로대중의 격분, 불만, 격앙의 대중적 혁명성을 일본제국주의 지배권력을 전복하기 위한 혁명투쟁으로 집중시킬 것을 현재의 임무로 하고 이 임무의 선전 선동, 조직 수행에서 중요한 역할을 수행할 신문, 프롤레타리아를 백색테러의 억압하에서 프롤레타리아트의 혁명적 요구에 의해 창간한다는 취지를 기재하고

(1) 메이데이 투쟁, 전쟁 반소 반대와 제국주의 타도의 규성(叫聲), 코민테른 코스의 깃발 아래로 노동자 농민 및 일체 근로대중은 집결하라 (2) 메이데이 투쟁을 우리 공장에서는 집회에서 (3) 제국주의적 식민지 신분할전쟁 절대반대, 일본제국주의의 반혁명전쟁준비에 조선민족개량주의적 부루주아지는 적극적으로 참가하라 (4) 노동자의 혁명화에 겁먹고 메이데이의 휴업선언 등의 제하로 자설을 논술한 전과 같은 불온한 내용의 '경성공산주의자그룹' 기관지 『프롤레타리아』라는 제목의 소책자의 원고를 작성 저작하고 피고인 및 피고인 안종서에게 전기 등사판 등을 사용하여 위 원고에 의하여 위와 같은 표제의 소책자 약 50부(동 증 제13, 19, 23, 25, 56, 60, 64, 67, 78, 83호는 그 일부)를 등사인쇄하고 그 무렵 동부 내에서 허가를 받지 않고 피고인은 피고인 정태식에게 5, 6부, 동 이명신에게 3부, 미야케에게 2부, 피고인 이원봉 및 김인숙, 김성배, 이종숙, 전태임에게 각 1부를 피고인 안종서는 탁재필에게 2, 3부

를 피고인 박정도는 박동교 고종규 및 피고인 김희진에게 각 1부를 교부 반포하고

위 각 불온문서의 반포에 의해 전기 목적 사항의 실행을 선동하고

제10. 쇼와 9년 4, 5월경 경성부내에서 미리 피고인 정태식의 소개로 알게 된 피고인 이명신으로부터 서울고무공장에서 동지를 획득할 뜻의 보고를 받고 전과 같은 목적으로써 동인에 대해 전기 메이데이 소책자 3책을 교부한 위에 이를 위 공장의 동지에게 배포하여 공산주의적 의의를 주입함과 더불어 위 공장에서 다수의 동지를 획득할 것을 종용하고 또 그 무렵 동처에서 전과 같은 목적으로써 동인에 대해 위 목적 달성을 위해 출판 계획있는 고무산업의 공장, 신문을 위해 적당한 제목을 잡아 투고할 것을 종용하여 그 찬성을 얻음으로써 그 목적 사항의 실행에 관해 협의하고

피고인 정태식은 본적지의 공립보통학교, 청주공립고등보통학교를 거쳐 쇼와 4년(1929년) 4월 경성제국대학에 입학하고 쇼와 9년(1934년) 3월 동 대학 법문학부 법학과를 졸업하고 동월 31일 동 대학의 조수(助手)가 되고 동년 5월 16일 의원 면본관(依願免本官)의 처분을 받게 된바

제1. 쇼와 8년(1933년) 여름경 이래 공산주의자 이재유와 교유를 계속했는데 동년 12월 중순 경성부 관훈동 그 주거에서 이재유로부터 위 대학 내에서 일상투쟁을 일으키고 학생을 좌익적으로 지도하고 동지를 획득할 뜻을 종용하자 조선의 공산화를 목적으로 하여 이를 수락함으로써 그 목적 사항의 실행에 관해 협의하고

제2. 위 공산주의자 이재유를 경성제국대학의 좌익 교수 미야케 시카노스케(三宅鹿之助)와 회견 연락케 하고 조선의 공산운동의 촉진을 도모할 것을 기획하여 쇼와 8년(1933년) 12월 중순경 동인 등이 위에서 서술한 운동에 대해서 협의할 것을 숙지하면서 위 이재유를 경성부 동숭동 25번지 위 미야케의 관사에 동반하여 미야케를 소개하고 동인 등이 그 무렵부터 쇼와 9년(1934년) 1월 중순경까지 사이에 동처에서 전과 같은 목적으로서 양명 제휴하여 조선에서 공산주의운동을 할 것, 전선적으로 공장을 중심으로 하여 전개되는 공산주의운동을 통일하기 위하여 전선적인 정치운동방침을 확립할 것, 전선적인 정치신문을 발행할 것, 선전 선동을 위한 출판활동을 왕성하게 할 것 등을 협의 결정, 위 목적의 실행에 관해 협의하는 범죄의 방조를 하고

제3. 쇼와 8년(1933년) 12월경 이재유로부터 경성법학전문학교 생도 한성택(韓成澤)을 지도할 것을 종용받고 이미 잘 알고 있는 동교 생도인 피고인 한육홍 및 동교 생도로부터 한육홍의 소개에 의해 알게 된 피고인 김대용과 함께 공산운동을 할 것을 기도하고

1) 쇼와 9년(1934년) 2월 초순 경성부 종로 6정목 피고인 김대용의 주거에서 위 한성택, 피고인 한육홍, 동 김대용 등에 대해 전과 같은 목적으로써 위 법학전문학교 내에서 적극적으로 학생운동을 전개할 것, 법률 및 경제학 연구를 빙자하여 친교가 있는 동교생도를 집합시켜 부르주아 법률 및 경제이론에 대해 프롤레타리아 법률 및 경제이론을 소개하고 이를 좌익적으로 지도하여 동지로서 획득할 것을 종용하여 그 찬동을 얻고

2) 동년 5월 중순 동부 무교정 피고인 한육홍의 하숙에서 전기 한성택 및 피고인 한육홍, 동 김대용 등에 대해 전과 같은 목적으로써 장래

의 학생운동은 실천운동으로 전개될 것으로 이를 위해서는 의식분자로써 문화, 구원, 반제 등의 부문을 설치할 필요가 있다고 역설하고 이러한 조직 촉진을 도모하기 위하여 동지의 획득에 노력할 뜻을 종용하여 그 찬동을 얻음으로써 각기 목적 사항의 실행에 관해 협의하고

제4. 쇼와 9년(1934년) 2월 초순 위 미야케로부터 그 무렵 서대문 경찰서에 검거되어 소식이 없는 위 이재유의 안부를 조사할 것을 의뢰받아 이미 알고 있던 피고인 허마리아 및 허마리아의 소개로 알게 된 피고인 이원봉 등을 거쳐 위 조사를 진행하고 있던 중 동년 3월 하순 피고인 권영태를 알게 되어

1) 피고인 권영태의 범죄사실 제7의 1)항 적시의 일시 장소에서 동 피고인으로부터 동항 적시와 같이 코민테른 선에 있어 공산운동을 행할 뜻을 종용받고 전과 같은 목적으로써 이를 수락하고

2) 피고인 권영태의 범죄사실 제7의 2)항 적시의 일시 장소에서 피고인 권영태로부터 동항 적시의 운동방침에 기초하여 공산운동을 행할 것을 종용받고 전과 같은 목적으로 이를 수락함으로써 각 그 목적 사항의 실행에 관해 협의하고

제5. 피고인 권영태를 전기 미야케와 회견 연락시켜 조선의 공산화운동의 촉진을 도모할 것을 기도하고 동년 4월 상순경 동인 등이 위에서 서술한 운동에 대해 협의할 것을 숙지하면서 위 권영태를 전기 미야케의 관사에 동반하여 미야케에게 소개하고 동인 등이 그 무렵 동처에서 전과 같은 목적으로써 피고인 권영태의 범죄 사실 제8항 적시와 같이 위 목적 실행에 관해 협의하여 범죄의 방조를 하고

제6. 쇼와 9년(1934년) 1월 중 서대문 경찰서에 검거되어 동년 4월 중순 동서에서 탈출하여 전기 미야케의 관사에 잠복한 이재유로부터 변장용 의복 및 도망용 금품의 준비 조달 방법을 의뢰받자 동인으로 하여금 조선의 공산화운동을 하게 하려는 목적으로서 이를 수락하고 동월 하순경 경성부내에서 피고인 안병윤, 동 한육홍, 동 김대용 등에 대해 궁지에 빠진 동지에게 제공하는 사정을 설명하여 금품 제공을 의촉하여 동인 등의 승낙을 얻어 각각 동인 등과 공모하여 안병윤으로부터 금(金) 약 6원 한육홍으로부터는 흑색 양복 1벌 및 흑색 양화 1족, 김대용으로부터는 중절모 1개를 각 수취하여 그 무렵 위 미야케 관사에서 동인 또는 그 처를 소개하여 이를 위 이재유에게 교부 공여하고

제7. 쇼와 9년(1934년) 4월 중순경 이미 알고 있던 피고인 허마리아를 통해 피고인 김진성을 알게 되자 그 무렵부터 동년 5월 중순경에 이르기까지 사이에 경기도 고양군 숭인면 신설리 동 피고인 집에서 동 피고인 전과 같은 복적으로써 동 피고인이 직공으로 근무하는 경성부 태평통 천북(川北)전기주식회사 직공 등에 대해 공산주의적 의식을 주입시킬 뜻을 종용하여 그 찬동을 얻음으로써 그 목적 사항의 실행에 관해 협의하고

제8. 쇼와 9년(1934년) 5월중 당시 경성보성전문학교 생도이고 경성부 적선동 주거 피고인 안병윤 집에서 동인 및 피고인 김대용의 소개로 알게 된 동교 생도 오남근(吳南根)에 대해 전과 같은 목적으로써 학내에서 동지를 획득할 때는 연구회 등을 통해 의식 향상을 계획하고 의식분자로써 문화, 교수, 반제 등 부문을 설치할 필요가 있음을 역설하고 이러한 조직 촉진을 위해 동지 획득에 노력할 것을 종용하고 그 찬동을

얻음으로써 그 목적 사항의 실행에 관해 협의하고

제9. 쇼와 9년(1934년) 5월 초 피고인과 정교 관계에 있는 김월옥(金月玉)의 우인으로 하여금 경성전매지국 의주통 공장의 여공인 이종철(李鍾喆)의 소개로 동 공장 여공 오부전(吳富田)을 알게 되고 그때부터 동월 중순경까지 사이에 전 신설리 피고인 김진성 집, 경성 광화문통 이정철집, 동부 무교정 피고인 한육홍 집 등에서 위 오부전에 대해 전과 같은 목적으로써 위 공장 내에서 그룹을 조직하기 위해 여공 등에 대해 공산주의적 의식을 주입할 것을 종용하고 그 찬동을 얻음으로써 그 목적 사항의 실행에 관해 협의하고

제10. 쇼와 9년(1934년) 4월 중순경 피고인 권영태로부터 메이데이 투쟁 자금의 모집 의뢰를 받자 동인으로 하여금 조선의 공산화운동을 시킬 것을 목적으로 하여 이를 수락하고 그 무렵 피고인 한육홍, 동 이명신 및 한성택, 김월옥 등으로부터 金 약간을 모집하고 자기도 수원을 지출하여 메이데이 투쟁 자금 10원을 만들고 또 동년 4월 21일 전기 미야케로부터 동인이 전과 같은 목적으로써 권영태에게 교부하려는 정을 알면서도 금 35원을 수취하여 다음 날인 22일 위 金 합계 45원을 경성부 관훈동 자택에서 권영태에게 교부함으로써 스스로 현금을 공여하고 미야케가 이를 공여하는 행위를 방조하고

제11. 쇼와 9년(1934년) 5월경 피고인 권영태로부터 수회에 걸쳐 동 피고인의 범죄 사실 제9항 적시와 같이 등사판의 국제공산당집행위원회 제13회 총회 테제의 일본어역『메이데이』라는 제목의 소책자,『프롤레타리아트』라는 제목의 소책자, 격한다는 제목의 메이데이 격문 각 수

부를 수취하자 위 각 문서가 동항 적시와 같이 내용 불온한 무허가 출판물임을 알면서 조선을 공산화할 목적으로써 위 각 문서를 반포하여 공산주의적 의식을 주입시킬 것을 기도하고 그 무렵 경성부내에서 허가 없이 피고인 한육홍, 동 김대용, 동 김진성, 동 안병윤 및 이종옥, 헌성택, 오부전, 김혁철, 오남근 등에 대해 위 출판물 수종을 각각 교부하고 또 김월옥으로 하여금 경성부 용곡여학교 생동 이승의, 노숙인, 강정신 등에 대해 그 수종을 각각 교부함으로써 위 출판물을 반포함과 더불어 위 목적 사항의 실행을 선동하고

피고인 한육홍, 동 김대용. 피고인 한육홍은 함경북도 혜산진 공립보통학교 함흥공립고등보통학교 졸업 후 쇼와 3년(1928년) 6월 경성전매지국 원산출장소 고원(雇員)이 되어 쇼와 6년 12월 퇴직하고 쇼와 7년 4월 경성법학전문학교에 입학하고, 피고인 김대용은 본적지인 고창공립보통학교 사립고창고등보통학교를 거쳐 쇼와 7년(1932년) 4월 경성법학전문학교에 입학하여 동교 재학 중인 바

제1. 위 피고인 양명은

1) 피고인 정태식의 범죄사실 제3의 1)항 적시의 일시 장소에서 동 피고인으로부터 동항 적시와 같이 경성법학전문학교 내에서 학생운동을 전개하고 동지를 획득할 것을 종용받자 조선의 공산화를 목적으로 이를 수락하고

2) 피고인 정태식의 범죄사실 제3의 2) 적시 일시 장소에서 동 피고인으로부터 동항 적시와 같이 조직 촉진을 도모하기 위해 동지 획득에 노력할 것을 종용받자 전과 같은 목적으로써 이를 수락함으로써 각 그 목적 사항의 실행에 관해 협의하고

제2. 위 피고인 양명은 피고인 정태식의 범죄 사실 제6항 적시의 일시 장소에서 동 피고인으로부터 곤경에 빠진 동지에게 공여할 양복, 구두, 모자 등의 제공을 의뢰받자 그 동지로 하여금 장래의 계속 될 조선의 공산화운동을 할 것을 목적으로 피고인 한육홍은 양복 및 구두를 피고인 김대용은 모자를 제공할 것을 수락하여 각각 정태식과 위 목적하에서 위 동지에게 위 물품을 공여할 것을 공모하고 그 무렵 경성부내에서 피고인 한육홍은 양복(黑セル背廣三揃) 1벌, 구두 1족을 피고인 김대용은 중절모 1개를 각각 위 정태식에게 교부하여 동인으로 하여금 이를 동항 적시의 이재유에게 교부하게 하여 이를 공여하고

피고인 김진성은 쇼와 3년(1928년) 3월 본적지 금산공립보통학교를 졸업하고 동년 4월 오사카시립제미(濟美)제사(第四) 심상소학교 제6학년에 입학하여 다음해인 쇼와 4년(1929년) 3월 동교를 졸업하고 동년 4월 오사카부립 이마미야(今宮)직공학교 본과 전기과에 입학하여 쇼와 8년 3월 동교를 졸업, 귀선하고 동년 7월경부터 경성에서 중앙일보사 배달을 하고 동년 11월 경성부 대평통 천북전기주식회사 임시직공으로 채용되어 쇼와 9년 1월 해고되고 동년 4월 다시 위 회사에 채용된 바 쇼와 9년 4월 중순 이미 알고 있는 피고인 허마리아를 통해 피고인 정태식을 알게 되고 피고인 정태식의 범죄사실 제7항 적시 일시 장소에서 동 피고인으로부터 동항 적시와 같이 위 천북전기주식회사의 직공 등에 대해 공산주의적 의식을 주입할 것을 종용받자 조선의 공산화를 목적으로 하여 이를 수락함으로써 그 목적 사항의 실행에 관해 협의하고

피고인 안병윤은 쇼와 3년 3월 본적지인 광주(廣州) 공립보통학교를 졸업하고 동년 4월 경성제일공립고등보통학교에 입하하여 쇼와 8년

3월 동교를 졸업, 동년 4월 경성공립직업학교 전수과 토목과에 입학하여 동년 9월 이를 졸업한 후 쇼와 9년 4월 경성보성전문학교 법과에 입학함으로서 쇼와 8년 7월경 이래 공산주의자 이재유로부터 공산주의적 교양을 받고 있던 바

제1. 피고인 정태식의 범죄사실 제6항 적시와 같이 경성법학전문학교 생도 한성택의 소개로 알고 있던 피고인 정태식으로부터 곤경에 빠진 동지에게 공여할 금 20원의 제공을 의뢰받자 그 동지로 하여금 장래 계속될 조선의 공산화운동을 할 것을 목적으로서 이를 수락함으로서 정태식과 위 목적하에서 위 동지에게 금품을 제공하는 것에 공모하고 동년 4월 하순경 경성부에서 약 6원을 위 정태식에게 교부하여 동인으로 하여금 이를 동항 적시 이재유에게 교부하게 하여 이를 공여하고

제2. 피고인 정태식의 범죄사실 제8항 적시의 일시 장소에서 동 피고인으로부터 동항 적시와 같이 보성전문학교 내에서 동항 적시의 조직을 촉진하기 위해 동지의 획득에 노력할 것을 종용받자 그 석상에서 동일하게 종용받은 동교생도 오남근과 함께 조선의 공산화를 목적으로 하여 이를 수락함으로써 그 목적 사항의 실행에 관해 협의하고

피고인 안종서는 본적지인 학천(鶴泉)사립보통학교를 졸업하고 농업에 종사 중 쇼와 6년 봄경 홍원농민조합 사건 관계자로서 홍원경찰서에서 검거 취조 받다가 석방된 바 있고 쇼와 7년 1월경 경성에 와서 도로 공사인부 등 자유노동에 종사하고 있는 자로서

제1. 쇼와 7년 11월경 경기도 고양군 숭인면 성북리 주거에서 동항 관

계상 이미 알고 있던 경성보성고등보통학교 생도인 피고인 서승석에 대해 조선의 공산화를 목적으로서 위 학교 내에서 장래 반제반 또는 공청반으로 전개할 독서회를 조직할 것을 권유 설득하고 교사하여 동 피고인으로 하여금 위 학교 내에서 동 피고인의 범죄사실 제1항 적시와 같이 독서회를 조직하게 하고

제2. 피고인 권영태의 범죄사실 제1항 적시의 일시 장소에서 동향 관계상 이미 알고 있던 동 피고인으로부터 동항 적시와 같이 노동자의 소개 의뢰를 받고 또 서로 제휴하여 적색노동조합 조직을 위한 준비활동을 할 것을 종용받고 전과 같은 목적으로써 이를 수락하여 그 목적 사항의 실행에 관해 협의하고

제3. 피고인 권영태의 범죄사실 제2항 적시 일시장소에서 동 피고인으로부터 동항 적시와 같이 공장에서는 산업별 적색노동조합을 조직할 기획하에 공산운동에 종사할 것을 종용받자 전과 같은 목적으로서 이를 수락하여 기 목적 사항의 실행에 관해 협의하고

제4. 피고인 권영태의 범죄사실 제3항 적시의 일시에서 피고인 권영태와 함께 전과 같은 목적으로 피고인 서승석에 대해 보성고등보통학교 생도 등에 대해 공산주의적 교양을 시행함으로써 학생운동을 왕성하게 할 것을 종용하여 그 찬동을 얻어 그 목적 사항의 실행에 관해 협의하고

제5. 피고인 권영태의 범죄사실 제9항 적시의 일시 장소에서 피고인 권영태 동 박정두 등과 함께 전과 같은 목적으로써 무허가로 동항 적시와 같이 불온문서의 저작, 인쇄, 반포를 하여 그 목적 사항의 실행을 선

동할 것을 공모하여 동항 적시와 같은 역할을 내정하고 동항 1) 2) 3) 4) 적시와 같이 이를 실행, 행위를 하고

피고인 박정두는 본적지인 공립보통학교 졸업 후 경성사립 보성고등보통학교에 입학하였으나 재학 2년에 퇴학, 귀향하고 쇼와 7년 4월 경성사립 중동학교 제3학년에 입학하였으나, 재학 1년 만에 퇴학한 자로

제1. 쇼와 8년 8월경 경성부 연지동에서 피고인 권영태, 동 안종서 등과 동거 중 그 향리의 실부로부터 제2학기 학자금으로서 금 2백 원의 송부를 받자 위 피고인 등에게 장래 조선의 공산화운동을 계속할 목적으로서 그 약 3분의 2를 피고인 등의 생활비로 충당함으로써 이를 공여하고

제2. 피고인 권영태의 범죄사실 제4항 적시의 일시 장소에서 동 피고인으로부터 동항 적시와 같이 현대 자본주의사회에서 불평을 갖는 자를 동지로서 획득할 것을 종용받자 조선의 공산화를 목적으로서 이를 수락하고 그 목적 사항의 실행에 관해 협의하고

제3. 쇼와 9년 3월경 경성부 종로 6정목 피고인 김희진 집에서 당시 동부 죽첨정 경성 자동차공장의 직공이었던 동인에 대하여 전과 같은 목적으로서 조선에서 재래의 공산운동은 파쟁 때문에 진전되지 않는 사정을 말하고 위 공장에서 올바른 선(線, 코민테른 선)에서 활동하여 동지를 획득할 것을 종용하여 그 찬동을 얻음으로서 그 목적 사항의 실행에 관해 협의하고

제4. 피고인 권영태의 범죄사실 제9항 적시의 일시 장소에서 피고인 권영태, 공 안종서 등과 함께 전과 같은 목적으로써 무허가로 동항 적시와 같은 불온문서의 저작, 인쇄, 반포를 하여 그 목적 사항의 실행을 선동할 것을 공모하여 동항 적시와 같은 역할을 내정하고 동항 1) 2) 3) 4) 적시와 같이 이를 실행, 행위를 하고

피고인 서승석은 본적지인 용원(龍源) 공립보통학교 졸업 후 경성보성고등보통학교에 입학하여 쇼와 6년 중국공산당 동만지부 조선공작위원회에 가맹하고 반제동맹 보성고등보통학교 반조직부원이 되어 활동 중 위 가맹의 점에 대해 동대문 경찰서에서 검거되어 쇼와 7년 4월 경성지방법원 검사국에서 기소유예 처분에 부쳐져 그 후 계속하여 동교에 재학하고 있던 자로서

제1. 피고인 안종서의 범죄사실 제1항 적시의 일시 장소에서 이미 동향의 관계상 알고 있던 동 피고인으로부터 보성고등보통학교 내에서 조선의 공산화를 목적으로서 반제반 또는 공청반으로 전개될 독서회를 조직할 것을 교사(教唆)받자 해 교사에 기초하여 쇼와 7년 11월경 경성부 소격동에 거주하는 동교생도 이창길 집에서 동인 및 동교생 강문영 등과 함께 같은 목적으로써 공산주의연구를 기획하는 동교 독서회 3년 A반을 조직하였고 그 후 수명의 동지를 획득한 후 동교생도 이만창(李萬昌)을 교사하여 동인으로 하여금 동년 12월 상순경 경성부 화동 동인 집에서 동교생도 김재영(金載榮), 김송경(金松經) 등과 함께 위와 같은 목적 기획을 갖는 동교 독서회 3년 B반을 조직하게 하고 다음 쇼와 8년 2월 하순경 경기도 고양군 숭인면 성북리 동교생도 서재갑 집에서 동인 및 동교생도 서정붕 등을 교사하여 동인 등으로 하여금 위와 같은 목적

기획을 갖는 동교 독서회 2년반을 조직시켰는데 위 회원 중 검거된 자가 있어 위 독서회의 정체가 폭로되어 그 활동이 민활하지 못하게 되었고

제2. 피고인 권영태의 범죄사실 제3항 적시의 일시 장소에서 피고인 권영태 및 동 안종서로부터 동교 생동에 대해 공산주의적 교양을 시행하고 학생운동을 왕성하게 할 것을 종용받자 전과 같은 목적으로써 이를 수락함으로써 그 목적 사항의 실행에 관해 협의하고

피고인 이명신은 본적지인 대전 제일보통학교 대전중학교 졸업 후 쇼와 3년 4월 경성제국대학에 입학하여 쇼와 8년 3월 동 대학 법문학부를 졸업하고 동년 4월 동 대학 조수가 되어 쇼와 9년 3월 퇴직한 자인바

제1. 피고인 권영태의 범죄사실 제10항 적시의 일시장소에서 동 피고인으로부터 동항 적시와 같이 『메이데이』란 소책자를 서울고무공장 동지에게 배포하여 공산주의적 의식 주입, 동지 획득에 노력하고 고무산업의 공장신문에 투고할 것을 종용받자 조선의 공산화를 목적으로서 이를 수락하고 그 목적 사항의 실행에 관해 협의하고

제2. 쇼와 9년 4~5월경 피고인 권영태로부터 수회에 걸쳐 동 피고인의 범죄사실 제9항 적시와 같이 등사판쇄인 『메이데이』라는 제목의 소책자 및 『프롤레타리아』라는 제목의 소책자 각 3부를 수취하자 위 각 문서가 동항 적시와 같이 내용 불온한 무허가 출판물임을 알면서 전과 같은 목적으로 위 각 문서의 반포에 의해 공산주의적 의식의 주입을 할 것을 기도하고 그 무렵 수회에 걸쳐 경성부내에서 허가를 얻지 않고 위 소책자 각 2부를 서울고무공장여공 맹계숙(盟桂淑)에게 교부 반포하여

그 목적 사항의 실행을 선동하고

피고인 김희진은 경성부 어의동 공립보통학교 졸업 후 쇼와 6년 3월 경성제2공립고등보통학교에 입학하여 쇼와 7년 3월 학생맹휴 사건에 관계하고 퇴학처분을 받고 동년 4월 30일 동교 영어교사에게 면회를 강요하고 폭행을 하여 동대문경찰서에서 구류 10일에 처해지고 쇼와 9년 3월경부터 경성 죽첨정 3정목 경성자동자회사 공장 직공으로서 일하고 있는 자로서

제1. 피고인 박정도의 범죄사실 제3항 적시의 일시 장소에서 피고인 박정두로부터 동항 적시와 같이 위 자동차공장에서 동지를 획득할 것을 종용받고 조선의 공산화를 목적으로서 이를 수락함으로써 그 목적 사항의 실행에 관해 협의하고

제2. 쇼와 9년 4월 중순경 경성부 종로 6정목 그 주거에서 당시 경성부 동대문 밖 창신동 동아자동차회사 동장의 직공이었던 피고인 최경옥에 대해 전과 같은 목적으로써 조선에서 재래의 공산운동은 파쟁 때문에 진전되지 않는다는 사정을 말하고 위 올바른 코민테른 선에서 활동하여 위 공장에서 동지를 획득할 것을 종용하고 그 찬동을 얻음으로써 목적 사항의 실행에 관해 협의하고

제3. 피고인 권영태의 범죄사실 제9의 3)항 적시와 같이 쇼와 9년 4월 하순경 피고인 박정두로부터 경성의 공장지대에 살포하도록 의촉받은 동항 적시와 같은 격문 약 6백 매를 수취하자 위 문서가 동항 적시와 같은 내용 불온한 무허가 출판물임을 알면서 전과 같은 목적으로써 위 문

서의 반포에 의해 공산주의적 의식의 주입을 할 것을 기도하고 그 무렵 경성부내에서 허가를 받지 않고 위 중 3~4백 매를 피고인 최경옥에게 대해 경성부 용산 한강통 전천공작소에서 살포하도록 의촉받고 교부하여 동인으로 하여금 그 무렵 이를 위 공작소에 살포하도록 하여 반포함으로써 그 목적 사항의 실행을 선동하고

피고인 최경옥은 쇼와 4년 경성부 어의동 공립보통학교를 졸업하고 쇼와 7년 3월경부터 동부 동대문 밖 창신동 동아자동차회사 공장 직공으로 있던 자로서

제1. 피고인 김희진의 범죄사실 제2항 적시 일시 장소에서 동 피고인으로부터 동항 적시와 같이 코민테른 선에서 활동하고 위 공장에서 동지를 획득할 것을 종용받자 조선의 공산화를 목적으로서 이를 수락함으로써 그 목적 사항의 실행에 관해 협의하고

제2. 피고인 김희진의 범죄사실 제3항 적시와 같이 쇼와 9년 4월 하순경 피고인 김희진으로부터 경성부 용산 한강통 전천공작소에서 살포하기 위해 의촉받은 피고인 권영태의 범죄사실 제9의 3) 적시의 격문 3~4백 매를 수취하자 위 문서가 동항 적시와 같은 내용 불온한 무허가 출판물임을 알면서 전과 같은 목적으로서 위 문서의 반포에 의해 공산주의적 의식의 주입을 할 것을 기획하고 그 무렵 허가를 받지 않고 이를 위 공작소에 살포하여 반포함으로써 그 목적 사항의 실행을 선동하고

피고인 이원봉은 경상북도 금천군 지례공립보통학교 졸업 후 쇼와 2년 9월 경성부 숭인동 고학당에 입학하여 제4학년 재학 중 학생전위동맹

사건에 관여하여 쇼와 6년 4월 2일 경성지방법원에서 치안유지법 위반으로 징역 1년 6월, 미결구류일수 120일 통산의 판결언조를 받고 쇼와 7년 6월 10일 그 형의 집행을 마친 자인바

제1. 쇼와 7년(1932년) 12월 중순경 경성부 종로 6정목 12번지 이재곤의 집에서 혼다(本田視男), 박종대 및 그 내연의 남자 양성호와 함께 조선의 공산화를 도모할 목적으로 공산주의결사의 조직 활동을 지도할 '오거나이저'(Orgernizer) 양성을 기도하는 사회과학연구회를 조직하고 그 후 수차 회합하였지만 종종 고장이 있어 연구회의 실시를 보지 못하던 중 위 사건에 관하여 쇼와 8년 1월 검거되어 동년 3월 경성지방법원 검사국에서 기소유예 처분을 받고

제2. 쇼와 9년(1934년) 1월경 경성부 경정(京町) 오리엔탈 고무공장의 여공으로 근무하고 동부 오카자키정(岡崎町) 경성고무공장 여공 김복녀와 동부 청엽정 3정목에서 동거 중 해 동거집에서 동녀 및 위 경성고무공장 여공 전순덕(全順德)과 회합할 즈음 피고인 이순금(李順今)[39]으로

39) 1912년 경남 울산 출신으로 이관술(李觀述)의 동생이다. 언양공립보통학교를 졸업했다. 1929년 4월 서울 실천여학교(實踐女學校)에 입학하고 1년 뒤 동덕여자고등보통학교로 전학했다. 반제동맹 동덕여고보 책임자를 지냈다. 1932년 3월 졸업했다. 5월 '경성학생알에스(RS)협의회 사건'에 연루되어 검거되었으나 불기소 처분을 받았다. 1933년 1월 '오르그연구회'에 참여했다. 2월경 일본경찰에 검거되어 3월 경성지법 검사국에서 기소유예 처분을 받았다. 그 후 이재유와 비밀리에 결혼했고, 경성고무공장 여공들을 동지로 획득하여 적색노동조합을 조직하기 위해 노력했다. 1934년 1월 일본경찰에 검거되어 1935년 12월 경성지법에서 징역 2년을 선고받았다. 1937년 7월 만기출옥했다. 출옥 후 운동자금 조달 혐의로 일본경찰에 검거되었으나 1938년 6월 경성지법에서 예심 면소되었다. 1939년 경성콤그룹에 참여했다. 1941년 9월 일본경찰의 수배를 받았으나 소재불명으로 기소 중지되었다. 이후 박헌영(朴憲永)과 함께 전남 광주로 피신하여 은둔하면서 경성콤그룹 조직원들 간의 연락활동에 종사했다. 1945년 8월 조선공산당재건준비위원회 결성에 참여했다. 9월 조공 중앙서기

부터 적색노동조합 조직 활동을 하기 위해서는 산업별 조직이 필요함을 교시받고 또 각자의 소송 공장에서 동지를 획득할 것을 종용받고 전과 같은 목적으로써 위 김복녀, 전순덕 등과 함께 이를 수락하여 그 목적 사항의 실행에 관해 협의하고

제3. 피고인 권영태의 범죄사실 제6항 적시와 같이 쇼와 9년 1, 2월경 경성부 청엽정 소화제사회사공장 여공 김인숙의 소개로 피고인 권영태를 알게 되자 동 피고인에 대해 전기 경성고무회사동장 여공 원순봉, 경성부 중림동 대륙고무회사공장 여공 윤경희 등을 소개하고 동녀 등과 함께 동 피고인으로부터 공산주의적 교양을 받고 있었던바 동년 4월 상순경 동부 청엽정 위 김인숙 및 피고인의 동거집에서 동항 적시의 여공 등이 회합할 무렵 동 피고인으로부터 러시아와 같이 행복한 사회를 실현하기 위해 기회를 보아 파업을 단행할 것을 종용받고 전과 같은 목적으로 그 석상에 있는 다른 자들과 함께 이를 수락함으로써 그 목적 사항의 실행에 관해 협의하고

제4. 쇼와 9년 4월중 경성부내에서 피고인 권영태로부터 동 피고인의 범죄사실 제9항 적시와 같이 『메이데이』라는 소책자 5, 6부를 동지에게 배포하기를 의촉 받고 수취하고 위 문서가 동항 적시와 같은 불온한 무허가 출판물임을 알면서 조선을 공산화할 목적으로써 위 문서의 반포에

국원이 되었고, 조선인민공화국 노동부원으로 선정되었다. 1946년 2월 민주주의민족전선 결성대회에 참석하여 중앙위원으로 선출되었고, '조공 중앙 및 지방동지 연석간담회'에 참석했다. 8월 조선부녀총동맹 결성에 참여하여 조직부에 소속되었다. 11월 남조선노동당 중앙위원으로 선출되어 부녀부에 소속되었다. 남조선민주여성동맹에 가입하여 조직부원을 지냈다. 1955년 박헌영 재판에 증인으로 참석했다(강만길 · 성대경 엮음, 『한국사회주의운동인명사전』, 창작과비평사, 1996 참조).

의해 공산주의적 의의를 주입할 것을 기도하고 그 무렵 동부 내에서 허가를 얻지 않고 윤경희, 원봉순, 권인순, 김성배 등에게 교부, 반포하여 위 목적 사항의 실행을 선동하고

피고인 허마리아는 충청남도 당진군 합덕면 합덕리 사립구괴(玖瑰)학교(보통학교정도) 제3학년 재학 중 중도 퇴학하고 쇼와 4년 4월 경성에 와서 경성부 숭인동 사립 고학당 고등 제1학년에 입학하고 얼마 안 되어 근우회 동경지부원, 중앙청년동맹 북부지부 집행위원이 되고 쇼와 5년 8월 학자금이 궁해서 고학당을 중도 퇴학하고 일단 귀향한 후 쇼와 7년 9월 다시 경성에 와서 경기도 고양군 숭인면 신설리 서울고무회사 공장, 경성부 중림동 대륙고무회사공장 등에서 여공으로서 일하고 있었는데 그 사이에 사상범죄를 감행한 혐의를 받고 수차례 경성부내의 경찰서, 철원경찰서 등에 검속된 일이 있고 쇼와 8년 1월 21일에는 경성지방법원 검사국에서 치안유지법 위반으로 기소되어 집행유예 처분에 부쳐진 적도 있던 자로서

제1. 쇼와 8년 7월 중순경 전기 서울고무회사 공장의 여공이었을 때 경성부 황금정 6정목 전차정류장 부근에서 전기 중앙청년동맹원이었던 당시 알게 된 피고인 변홍대로부터 위 공장 내에서 우수한 동지를 획득하여 공장그룹을 만들어 직공에게 불평 불만이 있을 때는 파업을 단행하고 실천투쟁을 통해 노동대중을 교양하고 그 의식의 향상을 도모하고 산업별 적색노동조합을 조직하는 방침으로 노동운동을 할 것을 종용받고 조선의 공산화를 목적으로서 이를 수락함으로써 그 목적 사항의 실행에 관해 협의하고

제2. 쇼와 9년 4월 초순경 피고인 정태식으로부터 공산주의적 의식있는 동지의 소개 의뢰를 받고 동인을 피고인 김진성과 회견 연락케 하고 조선의 공산화운동의 촉진을 도모할 것을 기획하고 동인 등이 위에서 서술한 운동에 대해 협의할 것을 숙지하면서 그 무렵 위 양명(兩名)을 경기도 고양군 숭인면 신설리 경마장 앞 연지(蓮池) 부근에서 연락 회합하게 하여 동인 등이 그 무렵부터 동년 5월 중순에 이르기까지 사이에 위 신설리의 김진성의 집에서 전과 같은 목적으로써 피고인 정태식의 범죄사실 제7항 적시와 같이 위 목적 실행에 관해 협의한 범죄의 방조를 하고

제3. 쇼와 9년 9월경 경성부 청엽정 3정목 공산주의자 안창대의 동거택(同居宅)에서 동인과 함께 전과 같은 목적으로써 상호 공장 내에서 동지를 획득하고 동맹파업을 발발시키어 실천투쟁을 통해 우수한 지도자를 구하고 그 지도하에서 공산주의운동에 매진할 것을 협정함으로써 그 목적 사항의 실행에 관해 협의하고

피고인 안병춘은 쇼와 3년 3월 영등포 공립보통학교 졸업 후 경성부 수하동 공립상업실습학교, 경성기독교중앙청년학관에 입학하였다가 모두 중도 퇴학하고 쇼와 8년 3월 용산공작주식회사 영등포공장 직공이 된 자로서

제1. 쇼와 8년 9월 상순 경기도 시흥군 영등포공립보통학교 뒷산에서 조선의 공산화를 목적으로 공산주의자 이재유를 통해 알게 되고 피고인의 진력으로 전기 영등포 공장의 직공이었던 피고인 이병기 및 동 안삼원 등에 대해 위 공장 내에서 공산운동의 전개를 계획하기 위해 우선

공장의 자본계통, 노동자수, 노동임금, 노동자의 연령, 직장별 노동자수를 조사하고 각자 직장을 분담하여 동지를 획득할 것을 종용하고 그 각 찬동을 얻어 그 목적 사항의 실행에 관해 협의하고

제2. 동년 9월 중순경 경기도 시흥군 영등포읍 부근의 한강연안에서 피고인 이병기 및 동 안삼원에 대해 전과 같은 목적으로써 위 공장의 직공 등은 공장의 대우에 대해 불평을 가지고 있었으나 파업을 단행하는데 필요한 조직이 없다는 사정을 말하고 직공을 공산주의적으로 훈련시켜 공장 내에서 위와 같은 조직을 설치하고 위해 동지를 획득할 것을 종용하고 그 각 찬동을 얻어 그 목적 사항의 실행에 관해 협의하고

피고인 이병기, 동 안삼원. 피고인 이병기는 그 출생지인 경상북도 안동군 예안면 부포동의 사숙(私塾)에서 한문을 배우고 그 후 대구부에서 실부가 경영하는 여관 영업을 돕고 쇼와 8년 3월경부터 영등포 기타에서 자유노동에 종사하고 동년 8월경부터 용산공작주식회사 영등포공장 직공이 되었고, 피고인 안삼원은 본적지인 김해공립보통학교 졸업 후 경성휘문고등보통학교에 입학하여 쇼와 3년 동교 제4학년 재학 중 공산주의연구를 목적으로 하는 'ㄱ단'이란 결사에 관계하여 쇼와 5년 4월 25일 경성지방법원에서 치안유지법 위반 및 보안법 위반으로 징역 3년 미결구류일수 350일 통산의 판결 언도를 받고 그 형의 집행을 마치고 쇼와 7년 5월 10일 서대문형무소에서 출소하고 쇼와 8년 9월 상순부터 용산공작주식회사 영등포공장의 직공이 된 자로서

제1. 위 양 피고인은 피고인 안병춘의 범죄사실 제1항 적시의 일시 장소에서 동 피고인으로부터 위 영등포 공장에서 공산운동의 전개를 계

획하기 위해 또 각자 직장을 분담하여 동지를 획득할 것을 종용받고 조선의 공산화를 목적으로 하여 이를 수락하고

제2. 위 양 피고인은 동 제2항 적시의 일시 장소에서 피고인 안병춘으로부터 동항 적시와 같이 위 공장 직공을 공산주의적으로 훈련시켜 공장 내 조직을 설치하기 위해 동지를 획득할 것을 종용받자 전과 같은 목적으로써 이를 수락함으로써 각 그 목적 사항의 실행에 관해 협의하고

피고인 이순금은 본적지인 언양공립보통학교 졸업 후 쇼와 4년 4월 경성부 사립실천여학교에 입학하고 동부 사립동덕여자고등보통학교에 전학하고 동교 재학 중부터 동교 교사인 실형 이관술(李觀述)로부터 공산주의적 교양을 받고 쇼와 7년 3월 동교 졸업 후 쇼와 8년 3월 반제동맹 사건에 관계하고 경성비방법원 검사국에서 기소 유예 처분에 부쳐진 자로서

제1. 쇼와 8년 8월경 경성부 익선동 그 주거에서 그 무렵 알게 된 공산주의자 이재유로부터 공장의 직공 등에 대해 공산주의적 의식을 주입할 것을 종용받고 조선의 공산화를 목적으로서 이를 수락함으로써 그 목적 사항의 실행에 관해 협의하고 그 후 경성고무공장 여공 김복녀(金福女), 나금복(羅今福), 전순덕 등을 공산주의적으로 교양시키었고

제2. 동년 11월경 경성부 동숭동 위 이재유의 주거에서 피고인으로부터 여공 교양에 관해 위와 같은 활약을 했다는 것을 알게 된 동인으로부터 여공 등에 대해서는 산업별 적색노동조합을 조직할 것 즉 각 공장에서 노동자를 획득하고 이를 공산주의적으로 훈련하여 화학조직, 섬

유, 금속 등 산업별로 부문을 나눠서 적색노동조합을 조직할 것 등을 교양시킬 것을 종용받고 전과 같은 목적으로써 이를 수락하여 그 목적 사항의 실행에 관해 협의하고

제3. 피고인 이원봉의 범죄사실 제2항 적시의 일시 장소에서 동항 적시의 여공 이원봉, 김복녀, 전순덕 등에 대해 전과 같은 목적으로써 동항 적시와 같이 산업별 조직의 필요를 역설하고 각자의 소속 공장에서 동지를 획득할 것을 종용하고 그 각 찬동을 얻어 그 목적 사항의 실행에 관해 협의하고

피고인 이경선은 본적지인 공립보통학교 졸업 후 경성 사립동덕여자고등보통학교에 입학하고 좌익 교사 이관술의 지도 감화를 받아 쇼와 7년 10월경부터 동년 12월경까지의 사이 동인의 지도하에서 좌익서적을 연구했기 때문에 쇼와 8년 1월 종로서에 검거, 취조를 받은 일이 있고 동년 3월 위 학교를 졸업한 자인바

제1. 쇼와 8년 10월경 경성부 창성동 그 주거에서 동년 6월경 알게 된 공산주의자 이재유로부터 경성부내 여학교의 지인들과 함께 공산주의 연구의 독서회를 조직할 것을 종용받고 조선의 공산화를 목적으로서 이를 수락하여 그 목적 사항의 실행에 관해 협의하고

제2. 그 무렵 동부 다옥정에 있는 숙명여자고등보통학교 3년생 김주원(金周媛)의 주거에서 전과 같은 목적으로서 동녀 및 동교 4년생 신진순(申進順), 동교 3년생 방봉근(方奉根) 등에 대해 다른 사립학교와 달리 일본교육을 하고 있는 동교에서는 공산주의연구가 점점 더 필요함을

설명한 위에 그 연구를 할 것을 종용하고 동녀 등의 찬동을 얻어 그 목적 사항의 실행에 관해 협의하고 그 후 동녀 등과 회합하고 자본주의의 구조(カラクリ)의 연구를 하고

피고 정칠성은 본적지의 공립보통학교 졸업 후 농업에 종사하다가 쇼와 6년경 신간회 경북 칠독지회에 입회하고 쇼와 8년 4월 경성에 와서 조선일보 배달부가 되었던 자로서

제1. 쇼와 8년 5월 10일경 경기도 고양군 한지면 신당리의 그 주거에서 그 무렵 알게 된 피고인 변홍대로부터 노동 방면에서 공산주의의 실천운동을 할 것을 종용받고 조선의 공산화를 목적으로 이를 수락하고

제2. 동년 6월 중 경성부 동숭동 경성제국대학 앞에서 그 무렵 알게 된 이재유로부터 공산운동을 하기 위해 실천을 통해 동지 획득에 협력할 것을 종용받고 조선의 공산화를 목적으로 이를 수락하여 그 목적 사항의 실행에 관해 협의하고

제3. 동년 9월 20일경 경기도 고양군 숭인면 신설리 종연방적회사 경성제사공장에서 동맹파업이 발발하자 동월 21일경 동부 창덕궁 육교부근에서 피고인 변홍대와 함께 전과 같은 목적으로써 위 파업을 지도하고 직공 간에 공산주의적 의식을 주입하고 그들을 선동하여 공산주의 실현운동을 할 것을 협정하여 그 목적 사항의 실행에 관해 협의하고

제4. 그 무렵 경기도 고양군 숭인면 신설리의 천변(川邊)에서 피고인 변홍대, 동 이현상과 회합하고 동인 등과 함께 전과 같은 목적으로써 위

파업 지도에 관해 변홍대는 스트라이크위원회를 조직하고 또 이재유와 연락을 도모할 것, 이현상은 변홍대와 협력할 것, 피고인은 직공을 소집하여 '아지프로' 할 것 등을 협정하여 그 목적 사항에 관해 협의하고

피고인 이현상[40]은 본적지인 금산 공립보통학교 졸업 후 다이쇼 12년 4월 고창사립고등보통학교에 입학하여 다이쇼 14년 4월 경성 사립중앙고등보통학교에 전교(轉校)하고 쇼와 2년 동교 제4학년 과정 수료 후 퇴

40) 이현상(李鉉相, 1906~53) 전북 금산에서 부농의 다섯째 아들로 태어났다. 1920년 금산공립보통학교를 졸업했다. 고창고등보통학교를 중퇴하고 서울중앙고보를 다녔다. 1926년 6월 중앙고보 재학 중 6·10만세운동 참가로 경찰에 체포되어 경성지법 검사국에서 기소유예 처분을 받았다. 1927년 4월 보성전문학교 법과에 입학했다가 상해(上海)로 가서 한인청년회에 가입했다. 1928년 4월 서울에 있던 조선학생과학연구회 서무부장이 되었고 조선공산당에 입당했다. 5월 고려공산청년회에 가입하고 제1학생야체이까 책임자가 되었다. 보성전문 독서회를 조직하고 책임자가 되었고, 경성청년동맹 준비위원으로 창립대회에 참가했다. 6월 경신학교, 양정학교, 휘문고보, 여자상업학교 및 함흥고보 맹휴가 발생하자 '노예적 정책에 대항하여 전조선 학생은 학교대표자회를 조직하라' '함흥고보 맹휴사건에 관하여' 등의 격문을 배포했다. 같은 달 근우회(槿友會) 전국대회 금지와 『조선일보』 정간 처분에 대하여 '전조선 피압박대중 제군에게 격한다'라는 격문을 배포했다. 9월 '제4차 조공 검거사건'으로 검거되어 징역 4년을 선고받고 1932년 출옥했다. 1933년부터 이재유(李載裕)의 지도하에 서울 동대문·용산 지역을 중심으로 적색노동조합을 조직하기 위한 준비활동을 전개했다. 11월 이재유에게서 인계받은 동대문 지역 섬유공장 노동자 대표들과 동대문 적색노조조직준비회를 개최하고 당면 운동정세 등을 교육했다. 그 해 말 '이재유그룹 검거사건'에 연루되어 7년간 복역했다. 1940년 경성콤그룹에 참가하여 인민전선부를 맡았다. 10월 체포되어 2년간 미결에 있다가 병으로 보석된 후 지하활동을 했다. 1945년 9월 조공 결성에 참여하고 조직국 위원이 되었다. 12월 전국농민조합총연맹 결성대회 및 조선국군준비대 전국대표자대회에 참석하여 조공을 대표해 축사를 했다. 1946년 2월 민주주의민족전선 결성에 참가하고 중앙위원으로 선출되었다. 같은 달 '조공 중앙 및 지방동지 연석간담회'에 출석하여 당중앙의 입장을 옹호했다. 12월 남조선노동당 결성에 참여하고 중앙상무위원 및 노동부장이 되었다. 1948년 남로당의 군사정치학교인 강동정치학원에서 3개월간 교육을 받았다. 그해 당의 결정에 따라 지리산으로 들어가 빨치산투쟁을 지도했다. 1951년 5월 남한 6도 도당위원장 회의를 주재하고 남한 빨치산 총책임자가 되었다. 1953년 9월 지리산 빗점골에서 토벌대에게 사살되었다(강만길·성대경 엮음, 『한국사회주의운동인명사전』, 창작과비평사, 1996 참조).

학하고 쇼와 3년 5월경 고려공산청년회에 가입하고 이 때문에 쇼와 5년 4월 25일 경성지방법원에서 치안유지법 위반 및 보안법 위반으로 징역 3년 미결구류일수 350일 통산을 판결 언도를 받고 그 집행을 마치고 쇼와 7년 5월 10일 서대문형무소에서 출소하여 향리에서 농업에 종사하였으며 쇼와 8년(1933년) 6월부터 동년 10월경까지 경성에서 세탁업을 경영하고 있던 자로

제1. 쇼와 8년 9월 초 무렵 경성부내에서 이미 알고 있던 이재유로부터 경성부 숭인동 조선견직회사 공장의 여공 이정숙(李晶淑), 동 이정현(李貞賢), 동 김남겸(金南鎌)을 소개받고 동녀 등을 통해 공장 방면의 공산주의운동을 지도할 것을 종용받고 조선의 공산화를 목적으로 이를 수락

제2. 그 무렵 경성부내에서 전과 같은 목적으로 위 공장의 대우에 대해 불평을 품고 있던 위 여공 3명에 대해 위 공장 내에서 동지를 획득하여 파업을 단행할 것을 종용하여 그 찬동을 얻고

제3. 동년 9월 20일경 경기도 고양군 숭인면 신설리 종연방적회사 경성제사공장에서 동맹파업이 발발하자 그 무렵 경성부 가회동 그 주거에서 전기 이재유로부터 위 파업을 지도하여 공산주의운동을 할 것을 종용받고 전과 같은 목적으로 이를 수락하고

제4. 피고인 정칠성의 범죄사실 제4항 적시의 일시 장소에서 피고인 변홍대, 동 정칠성 등과 함께 전과 같은 목적으로 위 파업 지도에 관해 동항 적시와 같이 협정을 하고

제5. 동년 10월 20일경 경성부 동숭동 경성제국대학 앞에서 위 이재유로부터 위 종방회사공장의 파업은 실패하고 동지는 체포되었으므로 이제 조선견직회사공장의 여공 이정숙 조선제사회사공장의 여공 김복금과 연락하여 운동을 할 것을 종용하자 전과 같은 목적으로 이를 수락하고

제6. 동년 11월 5일경 경기도 고양군 한지면 신당리 오성녀(吳姓女) 집에서 경성부 숭인동 소재 조선제사회사 공장 여공 김복금(별명 金鉉) 동소 조선견집회사 공장 여공 이정숙 동 부내 동수제사회사(同水製絲會社)공장 여공 박소재(朴小在), 동 부내 성표(星標)고무회사공장 여공 2명에 대해 전과 같은 목적으로 각자 공장 내에서 우선 2인의 동지를 획득하고 그 동지로 하여금 또 다른 동지에게 활동하게 하여 공장 전체로 조직을 확대시켜 각 공장에서 대표자를 선출, 대표자회에서 운동 방침을 결정하게 하는 등 각자 그 소속 공장에서 공산운동을 할 것을 종용하고 그 찬동을 얻음으로써 각 그 목적 사항의 실행에 관해 협의하고

피고인 최소복은 경상북도 칠곡군 왜관면 공립보통학교 졸업 후 대구공립고등보통학교에 입학하여 제4학년 재학 중 동교 단식동맹 사건(ハンスト)에 관계하여 퇴학 처분을 받고 쇼와 7년 5월 경성고등예비학교 제5학년에 입학, 쇼와 8년 졸업 후 경성부내 전기학교에 입학하여 동교에 재학 중인 자로

제1. 쇼와 8년 8월경 경성부 남산공원 경성 신사 뒷산에서 그 무렵 피고인 정칠성의 소개로 알게 된 공산주의자 이재유로부터 각 학교에 먼저 1인의 오르그(オルグ)를 만들고 그 오르그로 하여금 동지를 획득하

게 하여 이를 평소 의식적으로 훈련하여 두고 학내에서 투쟁이 야기되는 경우에는 그 결과를 강고히 하여 동지의 결합의 강화를 도모하는 방침하에 학생운동에 종사할 것을 종용하자 조선의 공산화를 목적으로 하여 이를 수락하고

제2. 그 2일 후 경성부 동소문 부근에서 위 이재유의 연락에 의해 회견한 경성보성고등보통학교 생도 이인행과 함께 동 부내 낙타산(駱駝山, 낙산)에 올라 동처에서 동인에 대해 전과 같은 목적으로써 전항 적시의 방침에 따라 학생운동에 종사할 것을 종용하고 그 찬동을 얻고

제3. 동년 9월 하순 동부 조선신궁 경찰관 파출소 부근에서 피고인 변우식에 대해 전과 같은 목적으로써 제1항 적시의 방침에 따라 학생운동에 종사할 것을 종용하고 그 찬동을 얻고

제4. 그 무렵 동 부내 총독부 뒷산에서 피고인 변우식 및 전기 이인행(李仁行)과 회합하고 전과 같은 목적으로써 경성부내의 각 학교에서 학생운동의 전개를 기하기 위해 우선 각 학교의 정세, 내용 등을 조사 연구할 것을 협정하고

제5. 동년 11월 20일경 경기도 고양군 용강면 아현리 아현공립보통학교 뒷산에서 피고인 변우식 및 전기 이인행과 함께 전과 같은 목적으로써 학생운동을 하는데 있어 피고인은 보성고등보통학교, 배재고등보통학교, 중동학교, 이인행은 경신학교, 중앙고등보통학교, 양정고등보통학교, 피고인 변우식은 경성공업학교의 각 학생운동을 담임할 것, 각 학교에 책임자 1인을 획득하고 이를 통해 생도 등을 활동하게 하여 동지를

획득하고 학내 조지그이 완성에 매진할 것 등을 협정하고

제6. 동년 12월 초 경성부 봉익동의 그 주거에서 피고인 변우식 및 전기 이인행과 회합하고 각자 전항 적시 담임 학교에서 동지 획득 상황에 대해 보고한 후 전과 같은 목적으로써 획득한 동지를 통해 학생운동을 일층 민활하게 할 것을 협정함으로써 그 목적 사항의 실행에 관해 협의하고

피고 변우식은 경성부 수송동 공립보통학교 졸업 후 쇼와 3년 4월 제일공립고등보통학교에 입학하여 동교 제4학년 재학 중 공산주의연구독서회를 조직했기 때문에 쇼와 7년 3월 퇴학처분을 받고 동년 가을경 반제동맹 사건에 관계하고 쇼와 8년 3월경 검거되어 경성지방법원 검사국에서 기소유예 처분에 처해지고 동년 9월 배재고등보통학교에 입학한 자인바

제1. 쇼와 8년 9월경 경성부 동소문 부근에서 피고인 이순금의 연락에 의해 회견한 공산주의자 이재유로부터 학생 방면에서 동지를 획득하고 공산주의운동을 할 것을 종용받고 조선의 공산화를 목적으로 이를 수락하고

제2. 피고인 최소복의 범죄사실 제3항 적시의 일시 장소에서 동 피고인으로부터 동항 적시와 같이 학생운동에 종사할 것을 종용받고 전과 같은 목적으로써 이를 수락하고

제3. 피고인 최소복의 범죄사실 제5항 적시의 일시 장소에서 피고인

최소복 및 이인행과 회합하고 동인 등과 함께 전과 같은 목적으로써 동항 적시와 같이 경성부내의 각 학교의 정세, 내용 등의 조사연구를 할 것을 협정하고

제4. 피고인 최소복의 범죄사실 제5항 적시의 일시 장소에서 동 피고인 및 이인행과 함께 전과 같은 목적으로써 동항 적시와 같이 각 학교의 학생운동을 담임하고 학내조직의 완성에 매진할 것을 협정하고

제5. 피고인 최소복의 범죄사실 제6항 적시의 일시 장소에서 동 피고인 및 이인행과 함께 전과 같은 목적으로써 동항 적시와 같이 학생운동을 일층 민활하게 할 것을 협정하고

피고 남만희는 쇼와 3년(1928년) 대구공립고등보통학교 제4학년 재학중 동교의 맹휴사건에 관계하여 퇴학처분을 받고 쇼와 4년(1929년) 내지로 도항하여 동경에서 자유노동에 종사하면서 고학중 쇼와 5년(1930년) 5월 1일 메이데이 가두운동에 참가한 혐의를 받고 츠키지(築地) 경찰서에서 동년 7월에는 희생자 적색구원회 사건에 관계한 혐의를 받고 미타(三田) 경찰서에 동년 8월에는 관동노동조합 사건에 관계한 혐의를 받고 도리이자카(鳥居坂) 경찰서에서 각각 검속 취조를 받고 동년 10월 귀선한 후에서도 쇼와 6년(1931년) 1월에 대구공산당 사건에 관계한 혐의를 받고 대구경찰서에서 쇼와 7년(1932년) 11월에는 반제동맹 사건에 관계한 혐의를 받고 경기도 경찰부에서, 쇼와 8년(1933년) 3월에는 김도엽(金度燁) 일파의 반제동맹 사건에 관계한 혐의를 받고 동대문 경찰서에서 각각 검속 취조를 받은 적이 있고 쇼와 7년(1932년) 가을경부터는 잡지『新階段』에 관계하고 있는 자인바

제1. 쇼와 7년 10월경 경성부 익선동의 피고인 임택재의 주거에서 동인 및 박일형(朴日馨)에 대해 조선의 공산화를 목적으로서 피고인은 노동 방면에, 임택재는 학생 방면에서 각 활동하기로 하고 박일형은 위 양자 사이에서 책임자적 입장에 서서 반제운동에 종사할 것을 종용하고 그 찬동을 얻고

제2. 동년 11월 초 경기도 고양군 숭인면 성북동 피고인의 주거에서 위 박일형 및 공산주의자 김도엽 등과 함께 전과 같은 목적으로써 동년 12월 동경에서 개최되는 태평양연안제국 반제동맹대표자회의에 대표자를 파견할 것을 협정하고

제3. 쇼와 8년 7월 중순경 경성부 종로 2정목 끽다점 본나미에서 피고인 임택재, 동 정용산과 회합하고 동인 등과 함께 전과 같은 목적으로써 서로 제휴하여 반제활동을 할 것을 협정하고 이어 그 수일 후 동부 가회동 취운정(翠雲停)에서 위 양명과 회합하고 동인 등과 함께 전과 같은 목적으로써 임택재는 동덕여학교 생도인 여동생 임순득을 통해 동교 생도 중에서 동지를 획득할 것, 피고인은 경성농업학교 생도인 그 지인을 통해 동교 생도 중에서 동지를 획득할 것, 정용산은 남만희가 소개할 적당한 인물을 지도할 것으로 하여 위 활동을 전개할 것을 협정하고

제4. 위 협정에 기초하여

1) 쇼와 8년 7월 중순 경성부 밖 청량리역 부근의 지나 요리집 덕순관(德順館)에서 경성농업학교 생도 신해갑에 대하여 전과 같은 목적으로써 위 학교 내 독서회에 의한 학생운동을 반제 또는 반전활동으로 전환할 것을 종용하여 그 찬동을 얻고

2) 그 무렵 위 신해갑이 위 농업학교의 맹휴사건에 관계하여 퇴학을 받게 되자 동인을 대신하여 학생운동을 할 동교 생도 김양선(金良仙)에 대해 전과 같은 목적으로써 위 1)항 적시와 같이 종용하여 그 찬동을 얻음으로써 각 그 목적 사항의 실행에 관해 협의하고

피고인 임택재는 본적지인 고창공립보통학교, 고창고등보통학교 졸업 후 쇼와 4년 야마구치(山口) 고등학교에 입학하고 쇼와 6년 7월 여름방학 귀성 중에는 전라북도 금산군 야소교 성결교회에서 설교방해 사건에 관계한 혐의를 받아 금산경찰서에서 검속 취조를 받은 적이 있고 쇼와 7년 1월경에는 불온 격문을 야마구치현 고노다초(小野田町)에 살포하여 동년 2월경 동교에서 퇴학을 받고 동년 5월경 야마구치 지방재판소 검사국에서 기소유예 처분을 받은 적이 있고 본적지에 돌아온 후에도 쇼와 8년 1월 적색독서회 사건에 관계한 혐의를 받고 종로경찰서에 검속 취조를 받고 동년 2월에는 와다(和田獻仁) 일파의 반제동맹 사건에 관계한 혐의를 받고 동대문서에서 검속 취조를 받은 적이 있는 자로

제1. 피고인 남만희의 범죄사실 제1항 적시의 일시 장소에서 동 피고인으로부터 동항 적시와 같이 서로 제휴하여 반제운동에 종사할 것을 종용받자 그 석상에서 동일한 종용을 받은 박일형과 함께 조선의 공산화를 목적으로 이를 수락하고

제2. 피고인 남만희의 범죄사실 제3항 적시의 일시 장소에서 동 피고인 및 피고인 정용산과 함께 전과 같은 목적으로써 동항 적시와 같은 반제활동에 종사하고 그 전개를 도모할 것을 협정하고

피고인 정용산은 본적지인 공주공립보통학교 제4학년 과정 수료 후 공주공립고등보통학교에 입학하여 제4학년 재학 중 중도퇴학하고 쇼와 3년 7월 동경에 건너가 니혼대학(日本大學) 법과에 입학하고 쇼와 4년 6월경 퇴학 귀선하여 농업에 종사하고 쇼와 8년 경성에 와서 잡지 신계단을 위해 기고하고 있던 자로

제1. 피고인 남만희의 범죄사실 제3항 적시의 일시 장소에서 동 피고인 및 피고인 임택재와 함께 조선의 공산화를 목적으로 동항 적시와 같이 반제활동에 종사하고 그 전개를 도모할 것을 협정하고

제2. 위 협정에 기초하여 쇼와 8년 8월경 경성 총독부 뒷산 및 동소문 성벽 부근에서 그 무렵 피고인 남만희로부터 소개받은 경성공립여자고등보통학교 생도 편청자(片淸子)에 대해 전과 같은 목적으로써 동교 내에서 공산주의연구의 동지를 획득할 것을 종용함으로써 각 그 목적 사항의 실행에 관해 협정하고

피고인 이백만 동 김삼룡. 피고인 이백만은 본적지인 공립보통학교 졸업 후 농업에 종사하고 쇼와 4년 11월경 신간회 어수(漁洙)지회에 입회한 일이 있고 쇼와 5년 11월경 원산에 가서 부두인부가 되었다가 쇼와 7년 3월경 인천에 가서 토목국 인부, 부두인부가 된 자이고

피고인 김삼룡은 본적지의 공립보통학교 졸업 후 경성에 와서 사립 고학당에 입학하여 면학 중 공산주의에 공명하고 쇼와 6년 3월 19일 경성복심법원에서 치안유지법 위반으로 징역 1년 미결구류수 23일 산입의 판결언도를 받고 그 집행을 마치고 쇼와 7년 2월 25일 서대문형무소에서 출소, 귀향하여 농업에 종사하고 쇼와 8년 봄 인천에 와서 동년 겨

울경부터 인천 부두인부가 된 자로

위 피고인 양명은 쇼와 9년 1월 상순경 인천부 금곡리 변전소 부근 이상기 집에서 인천부두노동자 이석면(李錫冕)과 함께 조선의 공산화를 목적으로 인천의 부두노동자를 규합하여 적색노동조합을 조직할 것, 그 조직의 촉진을 위해 노동자의 기본 조사를 하고 또 출판물 발행, 강좌개설 등에 의해 노동자 교양을 할 것 등을 협정함으로써 그 목적 사항의 실행에 관해 협의하고

피고인 변홍대는 쇼와 2년 3월 본적지인 양평공립보통학교를 졸업하고 쇼와 3~4년경 재경성 서울청년회에 가입하고 쇼와 4년 10월경 피고인 김원경, 동 이성출 외 수명과 함께 경기도 양평군 양평청년동맹을 조직하고 쇼와 5년 4월경 위 서울청년회 후신 중앙청년동맹에 가입하고 동 동맹북구지부위원장이 된 자인바

제1. 쇼와 6년 3월 중순경 경기도 양평군 양평읍내 위 양평청년동맹회관에서 개최된 동 동맹 집행위원회는 신간회, 근우회, 청년동맹 등 쁘티부르주아에 의해 조직된 단체를 해소하고 노농대중에 의한 신조직을 완성할 것이라는 당시의 사조에 따라 동 동맹의 해소를 결의함과 더불어 양평에서 농민조합을 조직하기 위해 즉일 그 창립준비위원회를 조직하고 해 위원회에서는 그 창립에 이르기까지 그 준비활동을 할 것을 결의하였으나 위 창립대회의 개최는 경찰 당국에서 이를 금지함에 의해

1) 쇼와 6년 7월경 위 양평청년동맹회관에서 피고인 김원경, 동 이성출 및 김영두, 이귀동 등과 회합하고 동인 등과 함께 조선의 공산화를 목적으로서 비합법적으로 양평적색농민조합을 조직할 것을 협정함으로

써 그 목적 사항의 실행에 관해 협의하였으나 그 조직방법에 대해 피고인은 비합법적으로 각 부락에 적색농민조합의 반을 각 면에 그 지부를 설치하고 그 지부를 합하여 전양평적색농민조합을 조직할 것을 주장하고 피고인 이성출은 합법적으로 농민계를 조직하고 그 계원을 좌익적으로 지도하고 의식의 향상을 도모한 위에 이를 적색농민조합으로 조직할 것을 주장하여 서로 양보하지 않았는데

2) 쇼와 6년 10월 초경 피고인 이성출집에서 피고인과 같은 양평군 내에 거주하는 동인, 피고인 김원경 및 김영두, 이귀동 등 경기도 여주군 내에 거주하는 피고인 최영창 및 망 엄주언 등과 함께 전과 같은 목적으로써 위 양 군의 좌익운동을 합류 통일하여 그 확대강화를 도모하기 위해 해 운동의 지도기관인 대표자회를 조직할 것, 해 대표자회에서 피고인 및 피고인 이성출 사이의 전기 논쟁의 해결을 도모할 것을 결의함으로써 그 목적 사항의 실행에 관해 협의하고

3) 전게 피고인 및 피고인 이성출 사이의 논쟁에 대해서는 동지 간에서도 찬부 양논으로 나뉘어 쉽게 결정되지 못하고 각자 그 주장에 따라 위 운동의 진전을 도모하는 수밖에 없고

(1) 쇼와 6년 12월경 양평군 갈산면 공흥리 홍기동 집에서 동년 가을 양평읍 내에서 홍완식으로부터 입도(立稻)의 차압을 받은 동인, 위 공흥리 농민 정성용(鄭聖龍) 및 안광용(安光龍) 등에 대해 전과 같은 목적으로써 소작 농민의 이익을 도모하기 위해 적색농민조합을 조직할 것을 종용함으로써 그 목적 사항의 실행에 관해 협의하고

(2) 쇼와 6년 12월경 양평군 강상면 세월리 윤영섭(尹寧燮) 집에서 동인에 대해 전과 같은 목적으로써 중앙에는 적색농민조합 조직위원회를 설치하고 면에는 그 지부, 부락에는 그 반을 설치하고 이를

전조선적색농민조합으로 발전시키는 운동을 계획하고 있는 사정을 알리고 양평군 강상면 농민운동책임자로서 활동할 것을 종용하고 그 찬동을 얻음으로써 그 목적 사항의 실행에 관해 협의하고

4) 쇼와 7년 4월 중순경 양평읍 내의 피고인 집에서 피고인 김원경 및 김영두, 이귀동과 함께 전과 같은 목적으로써 피공인 이성출을 제외하고 피고인의 적색농민조합 조직론에 따라 4명으로 양평군 내의 농민을 좌익적으로 지도하고 양평적색농민조합 조직에 매진할 것을 협정함으로써 그 목적 사항의 실행에 관해 협의하고

5) 쇼와 7년 8월 상순 양평군 양평읍내의 도로상에서 피고인 심승문에 대해 그 양평적색농민조합 조직론을 설파하여 전과 같은 목적으로써 위 논지에 따라 위 조합조직에 협력할 것을 종용하고 그 찬동을 얻어 그 목적 사항의 실행에 관해 협의하는 등 실천운동을 계속하였는데

제2. 쇼와 8년 2월경 경성에서 노동운동에 종사하도록 피고인 김원경, 동 심승문, 김영두, 이귀동 등에게 전기 운동을 인계하기 위해 출발하여 동지에서 공산주의자 김형선, 동 이재유를 알게 되어

1) 쇼와 8년 2월 하순경 경성부내에서 위 김형선으로부터 인천부두에서 노동하면서 노동자를 중심으로 동지를 획득한 위에 이를 공산주의적으로 훈련하고 적색노동조합 조직을 위해 활동하도록 할 것을 종용받고 전과 같은 목적으로 이를 수락하여 그 목적 사항의 실행에 관해 협의하고

2) 쇼와 8년 4월 상순 위 김형선과 함께 인천에 가서 인천부 사정(寺町) 보통학교 뒤 송봉기(宋奉起) 집에서 김형선으로부터 송봉기와 제휴하여 전항과 같은 활동을 할 것을 종용받고 송봉기와 함께 전과 같은 목적으로써 이를 수락하여 그 목적 사항의 실행에 관해 협의하고

3) 피고인 정칠성의 범죄사실 제1항 적시의 일시 장소에서 위 이재유로부터 소개받은 피고인 정칠성에 대해 전과 같은 목적으로써 동항 적시와 같이 노동 방면에서 실천운동을 하도록 종용하여 그 목적 사항의 실행에 관해 협의하고

4) 피고인 허마리아의 범죄사실 제1항 적시의 일시 장소에서 동 피고인에 대해 전과 같은 목적으로써 동항 적시와 같이 산업별적색노동조합을 조직하는 방침에 의하여 노동운동을 할 것을 종용하여 그 찬동을 얻어 그 목적 사항의 실행에 관해 협의하고

5) 쇼와 8년 7월경 경성제국대학 법문학부 뒷산에서 피고인 및 피고인 이성출로부터 동인 등 사이에 양평적색농민조합 조직 방법에 대해 전계와 같은 이론의 대립이 있음을 청취하고 위 이재유로부터 피고인 이성출에게 계론(稧論)을 청산하고 위 양명이 서로 제휴하고 피고인의 소설에 기초하여 양평적색농민조합 조직 촉진을 위해 활동할 것을 종용하자 피고인 이성출과 함께 전과 같은 목적으로써 이를 수락하고 동년 8월 위 장소에서 피고인 이성출에 대해 전과 같은 목적으로써 동인이 여주(驪州)에서 획득한 동지와 피고인이 양평에서 획득한 동지를 합류시켜 공산운동의 통일을 도모할 것을 종용하여 그 찬동을 얻어 그 목적 사항의 실행에 관해 협의하고

6) 쇼와 8년 8월 중순경 경기도 고양군 숭인면 신설리 이재유 소유의 鉎丹屋에서 위 이재유로부터 적색노동조합 조직에 대한 금속, 화학, 섬유, 일반 사용인 노동, 출판 등 산업별 부문을 나누어 이를 각 부문으로 책임자 1인을 두고 동지를 획득하고 이를 조직할 때까지 발전시키고 또 지역적 분류도 필요하다는 교시를 받고 용산 방면에서 노동운동에 종사할 것을 종용받고 전과 같은 목적으로써 이를 수락하고 그 목적 사항의 실행에 관해 협의하고

7) 피고인 정칠성의 범죄사실 제3항 적시의 일시 장소에서 동 피고인과 전과 같은 목적으로써 동항 적시와 같은 종방공장의 파업을 지도하여 직공 간에 공산주의적 의식을 주입하고 그들을 선동하여 공산주의 실현 운동을 할 것을 협정하여 그 목적 사항의 실행에 관해 협의하고

8) 피고인 정칠성의 범죄사실 제4항 적시의 일시 장소에서 동 피공인, 동 이현상과 함께 전과 같은 목적으로 동항 적시와 같이 위 파업지도방법에 대해 협정하여 그 목적 사항의 실행에 관해 협의하고

피고인 김원경은 쇼와 2년 3월 본적지 양평 공립보통학교 졸업 후 동년 5월 양평공립농잠실습학교에 입학했으나 수개월 재학할 뿐 퇴학하고 쇼와 4년 10월경 피고인 변홍대, 동 이성출 외 수명과 함께 경기도 양평군 양평청년동맹을 조직한 바가 있는 자로

제1. 피고인 변홍대의 범죄사실 제1항 모두 적시와 같이 양평농민조합 창립대회 개최를 경찰 당국에서 금지하자 동 제1의 1)항 적시의 일시 장소에서 피고인 변홍대, 동 이성출 및 김영두, 이귀동 등과 함께 조선의 공산화를 목적으로서 비합법적으로 양평적색농민조합을 조직할 것을 협정하여 그 목적 사항의 실행에 관해 협의하고

제2. 피고인 변홍대의 범죄사실 제1의 2)항 적시의 일시 장소에서 피고인과 같은 양평군애에 거주하는 피고인 변홍대, 동 이성출 및 김영두 이 귀동 등 경기도 여주군 내에서 거주하는 피고인 최영창 및 亡 엄주언 등과 함께 전과 같은 목적으로 동항 적시와 같이 양군의 좌익운동의 지도기관인 대표자회를 조직할 것, 해 대표자회의에서 피고인 변홍대 및 동 이성출 사이에 존재하는 양평적색농민조합 조직방법에 관한 논쟁

의 해결을 도모할 것을 결의하고 그 목적 사항의 실행에 관해 협의하고

제3. 위 피고인 변홍대 및 동 이성출 간의 논쟁에 대해서는 동지 사이에서도 찬부양론으로 나뉘어져 쉽게 결정되지 못하여 피고인 변홍대의 범죄사실 제1의 4)항 적시의 일시 장소에서 피고인 변홍대 및 김영두, 이귀영 등과 함께 전과 같은 목적으로 동항 적시와 같이 피고인 이성출을 제외하고 4명으로 양평적색농민조합 조직에 매진할 것을 협정하여 그 목적 사항 실행에 관해 협의하고

피고인 이성출은 본적지인 양평공립보통학교 졸업 후 와세다 중학강의록으로 공부하고 쇼와 3~4년경 경성부 다옥정 신우사(新友社)의 사무원이 되고 서울청년회에 가입하여 청년회가 중앙청년동맹으로 개칭되자 그 상무집행위원이 되고 신간회 경동지회에 가입하여 그 집행위원이 되어 쇼와 4년 10월경 피고인 변홍대, 동 김원경 외 수명과 함께 경기도 양평군 양평청년동맹을 조직할 일이 있는 자로

제1. 피고인 변홍대의 범죄사실 제1항 모두 적시와 같이 양평농민조합창립대회의 개최를 경찰당국에서 금지되자 동 제1의 1)항 적시의 일시 장소에서 피고인 변홍대, 동 김원경 및 김영두, 이귀동 등과 함께 조선의 공산화를 목적으로서 비합법적으로 적색농민조합을 조직할 것을 협정하여 그 목적 사항의 실행에 관해 협의하였으나 그 조직방법에 대해 피고인 및 피고인 변홍대 사이에 동항 적시와 같이 논쟁이 일어나 서로 양보치 않던 중인데

제2. 피고인 변홍대의 범죄사실 제1의 2)항 적시의 일시 장소에서 피

고인과 같은 양평군에서 거주하는 피고인 변홍대, 동 김원경 및 김영두, 이귀동 등 경기도 여주군 내에 거주하는 피고인 최영창 및 망 엄주언 등과 함께 전과 같은 목적으로써 동항 적시와 같은 양군의 좌익운동의 지도기관인 대표자회를 조직할 것과 해 대표자회에서 피고인 및 피고인 변홍대 사이에 있는 전게 논쟁의 해결을 도모할 것을 결의하여 그 목적 사항의 실행에 관해 협의하고

제3. 전게 피고인 및 피고인 변홍대 사이의 논쟁에 대해서는 동지 사이에 있어서도 찬부 양론으로 나뉘어 쉽게 결정하지 못하고 각자 그 주장에 따라 위 운동의 진전을 도모하는 밖에는 없는 줄 알고

1) 쇼와 7년 1월 하순경 여주군 금사면 이포리 여서협동조합 사무소에서 피고인 최영창, 동 박수창 및 엄주언 등과 회합하고 동인 등에 대해 전과 같은 목적으로써 농민조합조직의 준비로서 우선 부락을 중심으로 하고 상당 다수의 동지를 획득한 후 부락계를 조직하고 부락계를 결합하여 면계를 조직하고 면계를 결합하여 여서농민계를 조직할 것을 종용하여 그 찬동을 얻어 그 목적 사항의 실행에 관해 협의하고

2) 쇼와 7년 3월경 위 사무소에서 피고인 최영창에 대해 전과 같은 목적으로서 여주군 금사면 이포공립보통학교의 동창회원을 동지로서 획득하고 동인 등으로 농민 야학에서 농민계조직의 필요를 역설하게 하고 그 조직 촉진에 기여할 것을 종용하여 그 찬동을 얻어 그 목적 사항의 실행에 관해 협의하고

3) 쇼와 8년 7월 하순경 조선일보 평양지국에서 양평군 갈산면 양근리 김성대에 대해 전과 같은 목적으로 위 양근리에서 정성복, 강정봉 등과 같이 반제 및 구원운동을 할 것을 종용하고 동년 10월 양평군 강상면 세월리 윤영섭 집에서 동인에 대해 양평에서 반제운동을 할 것을 종

용하여 각자 그 목적 사항의 실행에 관해 협의하고

제4. 피고인 변홍대의 범죄사실 제2의 5)항 적시의 일시 장소에서 이 재유로부터 동항 적시와 같이 피고인에게 계론을 청산하고 피고인 변홍대의 소설에 기초하여 이와 제휴하여 양평적색농민조합 조직 촉진을 위해 활동할 것을 종용받고 피고인 변홍대와 함께 전과 같은 목적으로 이를 수락하고 이어 동년 8월 위 장소에서 피고인 변홍대로부터 동항 적시와 같이 공산운동의 통일을 도모할 것을 종용받고 전과 같은 목적으로써 이를 수락하여 그 목적 사항의 실행에 관해 협의하고

피고인 심승문은 본적지인 양평공립보통학교 졸업 후 경성공립농업학교에 입학하여 3학년 재학 중 중도 퇴학하고 쇼와 5년 동경에 가서 동경시립 후카가와(深川)실습학교, 명치대학 부속 상업학교, 동경상업학교 등에 재학한 바 있지만 모두 중도 퇴학하고 쇼와 7년 7월 귀향한 자로서

피고인 변홍대의 범죄사실 제1의 5)항 적시의 일시 장소에서 피고인 변홍대로부터 동항 적시와 같이 양평적색농민조합 조직에 협력할 것을 종용받고 조선의 공산화를 목적으로 이를 수락하여 그 목적 사항의 실행에 관해 협의하고

피고인 최영창은 본적지인 이포공립보통학교를 졸업한 후 경성 남대문 상업학교에 입하하여 제3학년 재학 중 중도퇴학하고 쇼와 3년 7월까지 충청북도 괴산군 임시고원, 동년 8월부터 쇼와 3년 2월까지 동군 도안면서기, 쇼와 3년 2월부터 쇼와 5년 11월까지 경기도 여주군 금사면서기로 봉직하고 있던 자로

제1. 쇼와 5년 12월경 경기도 여주군 금사면 외평리 망 엄주언 집에서 동인으로부터 협동조합을 조직하고 농민을 결하하여 이를 좌익적으로 지도하고 내부의 우량분자로써 적색농민조합을 조직하여 공산혁명을 행할 필요가 있음을 교시받고 위 취지에 따라 협동조합을 조직할 것을 종용받고 조선의 공산화를 목적으로 그 석상에서 동일하게 종용받은 피공인 박수창 및 지옥성, 박광린 등과 함께 이를 수락하여 그 목적 사항의 실행에 관해 협의하고 그 후 동군 금사면, 개군면, 대신면, 흥천면 등에서 조합원을 모집하고 쇼와 6년 1월경 동군 금사면 이포리 이포공립보통학교에서 여서협동조합을 조직하고

제2. 피고인 변홍대의 범죄사실 제1의 2)항 적시의 일시 장소에서 피고인과 같이 위 여주군 내에서 거주하는 망 엄주언, 경기도 양평군 내에 거주하는 피고인 변홍대, 동 이성출, 공 김원경 및 김영두, 이귀동 등과 함께 전과 같은 목적으로 동항 적시와 같은 양군의 좌익운동의 지도기관인 대표자회를 조직할 것, 해 대표자회의에서 피고인 변홍대 및 동 이성출 사이에 존재하는 양평적색농민조합의 조직방법에 관한 논쟁의 해결을 도모할 것을 결의하여 그 목적 사항의 실행에 관해 협의하고

제3. 피고인 이성출의 범죄사실 제3의 1)항 적시의 일시 장소에서 피고인 이성출로부터 동항 적시와 같이 여서농민계를 조직할 것을 종용받고 그 석상에서 같이 종용받은 피고인 박수창, 망 엄주언 등과 함께 전과 같은 목적으로써 이를 수락하여 그 목적 사항의 실행에 관해 협의하고

제4. 피고인 이성출의 범죄사실 제3의 2) 항 적시의 일시 장소에서 피고인 이성출로부터 동항 적시와 같이 이포공립보통학교의 동창회원을

획득하고 동인들로 하여금 농민 야학에서 농민계조직의 필요를 역석하게 하여 그 조직 촉진에 기여할 것을 종용받고 전과 같은 목적으로 이를 수락하여 그 목적 사항의 실행에 관해 협의하고

제5. 쇼와 7년 10월경 여주군 금사면 이포리 피고인이 경영에 관계하는 영심헌이란 요리집에서 피고인 박수창 및 지옥성, 이흥동 등을 집합시켜 동인 등에 대해 전과 같은 목적으로 진전되지 않는 농민운동의 전개를 기하기 위하여 지도자의 지식양성을 기도하는 독서회를 조직하고 적색농민조합 조직 촉진을 위해 활동할 것을 종용하여 그 찬동을 얻어 그 목적 사항의 실행에 관해 협의하고

피고인 박수창은 본적인인 이포공립보통학교 졸업 후 농업에 종사하고 있던 자로

제1. 피고인 최영창의 범죄사실 제1항 적시의 일시 장소에서 엄주언으로부터 동항 적시와 같이 협동조합을 조직할 것을 종용받고 조선의 공산화를 목적으로 그 석상에서 같이 종용받은 피고인 최영창 및 지옥성, 박광린 등과 함께 이를 구락하고 그 목적 사항의 실행에 관해 협의하고 그 후 동항 적시와 같이 여서협동조합을 조직하고

제2. 쇼와 6년 12월경 경기도 여주군 금사면 외평리 망 엄주언 집에서 동인으로부터 피고인 변홍대의 범죄사실 제1의 2) 항 적시와 같은 여주, 양평 양군의 좌익운동 지도기관인 대표자회의 조직에 관한 결의 전말에 대해 설명을 받고 위 대표자회의에 출석하기 위해 대표자는 동인 및 최영창으로 하고 대표자 출석 불능의 경우에는 피고인이 그 대리로서 출

석할 것을 제안받자 전과 같은 목적으로 이를 수락하여 그 목적 사항의 실행에 관해 협의하고

제3. 피고인 이성출의 범죄사실 제3의 1)항 적시의 일시 장소에서 피고인 이성출로부터 동항 적시와 같이 여서농민계를 조직할 것을 종용받고 그 석상에서 동일하게 종용받은 피고인 최영창, 망 엄주언 등과 함께 전과 같은 목적으로 이를 수락하고 그 목적 사항의 실행에 관해 협의하고

제4. 피고인 최영창의 범죄사실 제5항 적시의 일시 장소에서 동 피고인으로부터 동항 적시와 같이 지도자 양성을 위해 독서회를 조직하여 적색농민조합 조직 촉진을 위해 활동할 것을 종용받고 전과 같은 목적으로 그 석상에서 동일하게 종용받은 지옥성, 이흥동 등과 함께 이를 수락하여 그 목적 사항의 실행에 관해 협의하고

김진성, 이백만, 심승문, 김삼룡을 제외하고 피고인 등의 동종의 행위는 범의 계속으로 여겨진다.

1935년 8월 8일 위 경성지방법원 예심과의 예심종결결정에 이어 1935년 12월 27일 권영태 등 34인에 대한 판결문의 내용을 살펴보면 다음과 같다.

본적 함경남도 홍원군 주익면 장형리 41번지

주소 경성부 인의동 164-1번지 김희자 집

무직 권영태(權榮台, 28세) 또는 이정남(李正南), 박재욱(朴在郁), 쿠리모프

본적 충청북도 진천군 진천면 읍내리 386번지
주거 경성부 관훈동 33번지
무직 (전 경성제국대학 법문학부 조수) 정태식(鄭泰植, 25세)

본적 함경남도 함주군 주서면 상구리 38번지
주거 경성부 무교정 86-6번지
무직 (전 경성법학전문학교 생도) 한육홍(韓六洪, 29세) 또는 한제상(韓齋相)

본적 전라북도 고창군 상하면 용정리 776번지
주거 경성부 종로6가 89번지
무직 (전 경성법학전문학교 생도) 김대용(金大容, 23세) 또는 김영용(金寧容)

본적 전라북도 금산군 군북면 내부리 669번지
주거 경기도 고양군 숭인면 신설리 132-29번지
천북(川北) 전기주식회사 직공 김진성(金晉成, 23세)

본적 경기도 광주군 서부면 초일리 235번지
주거 경성부 적선동 68번지 강희문 집
무직 (전 보성전문학교생도) 안병윤(安秉潤, 22세)

본적 함경남도 홍원군 학천면 풍산리 84번지
주거 경성부 인의동 164-1번지 김희자 집
무직 안종서(安鍾瑞, 26세)

본적 전라남도 무안군 현경면 현화리 624번지
주거 경성부 인의동 164-1번지 김희자 집
무직 박정두(朴鼎斗, 25세) 또는 민학철(閔學哲), 변무한

본적 함경남도 홍원군 용원면 중호리 136번지
주거 경성부 적선동 170번지
경성기독교청년학교 생도 서승석(徐升錫, 22세)

본적 충청남도 대덕군 류천면 탄방리 404번지
주거 경기도 고양군 숭인면 돈암리 458번지 7-27 류교재 집
무직 이명신(李明新, 28세)

본적 경성부 종로 6가 12번지
주거 동소
무직 최경옥(崔慶玉, 22세) 또는 옥이

본적 경상북도 김천군 부항면 류촌리 157번지
주거 경기도 시흥군 영등포읍 경성방직주식회사 기숙사
여공 이원봉(李元奉, 27세) 또는 이원선, 이운애, 강순이, 이원봉(李元鳳)

본적 강원도 철원군 동송면 관우리 452번지
주거 경성부 청엽정 3가 121-45번지
여공 허마니아(許馬尼阿, 32세) 또는 노봉익, 노봉희, 허마리아, 허정옥, 허균

본적 경기도 용인군 내사면 식금리 108번지
주거 경성부 중림동 131번지
가정교사 안병춘(安炳春, 26) 또는 박동렬(朴東烈)

본적 경성부 봉익동 56번지
거주 경기도 시흥군 영등포읍 영등포리 101번지
직공 이병기(李丙驥, 30세) 또는 이순복(李淳福)

본적 경상남도 김해군 진영면 의전리 272번지
주거 경기도 시흥군 영등포읍 신길리 박대영 집
직공 안삼원(安三遠) 또는 장두욱(張斗旭)

본적 경상남도 울산군 범서면 입암리 257번지
주거 경성부 익선동 33-17번지
무직 이순금(李順今, 24세)

본적 전라남도 제주도 대정면 가파리 342번지
주거 경기도 시흥군 서이면 안양리 조선직물주식회사 합숙소
여공 이경선(李景仙, 22세)

본적 경상북도 칠곡군 왜관면 왜관동 271-19번지
주거 경성부 연건동 195번지
조선일보배달부 정칠성(鄭七星, 28세) 또는 정낙(鄭洛)

본적 전라북도 금산군 군북면 외부리 116번지

주거 경성부 원동 9번지
과물상 이현상(李鉉相, 30세)

본적 경상북도 대구부 봉산정 74번지
주거 경성부 낙원동 87번지
경성전기학교 2년생 최소복(崔小福, 25세) 또는 최정식(崔鼎植)

본적 경성부 당주동 74번지
주거 동소
배재고등보통학교 생도 변우식(邊雨植, 21세)

본적 경상북도 대구분 명치정 2가 87번지
주거 경성부 재동 60번지
잡지『신계단』기자 남만희(南萬熙, 25세) 또는 채명식(蔡明殖)

본적 전라북도 고창군 고창면 월곡리 276번지
주거 전라북도 전주군 전주읍 청수정 46번지
무직 임택재(任澤宰, 24세)

본적 충청남도 공주군 계룡면 금대리 375번지
주거 동소 365번지
농업 정용산(鄭龍山, 29세)

본적 함경북도 경성군 어랑면 하남동 249번지
주거 경기도 인천부 화정 1가 10번지

부두인부 이백만(李百萬, 27세) 또는 강수일(姜水一)

본적 충청북도 충주군 엄정면 용산리 470번지
주거 경기도 인천부 우각리 25번지
노동 김삼룡(金三龍, 26세) 이상철(李相喆)

본적 경기도 양평군 갈산면 양근리 304번지
주거 경성부 팔판동 419번지
무직 변홍대(卞洪大, 24세) 또는 변홍균

본적 경기도 양평군 갈산면 대흥리 638번지
주거 동소
농업 김원경(金元經, 25세) 또는 김돌산(金乭山)

본적 경기도 양평군 갈산면 양근리 441번지
주거 동소
조선일보 양평지국장 이성출(李星出, 25세) 또는 이정환(李正煥)

본적 경기도 양평군 강상면 세월리 141번지
주거 동도 동군 갈산면 신애리 279번지
정미업 심승문(沈承文, 25세)

본적 경기도 여주군 금사면 궁리 107번지
주거 동도 동군 개군면(介軍面) 하시포리(下柴浦里) 290번지
면서기 최영창(崔永昌, 27세)

본적 경기도 여주군 금사면 외평리 31번지
주거 동도 동군 동면 이포리 27번지
조선일보 이포분국장 겸 잡화상 박수창(朴壽昌, 26세)

위 피고인 권영태, 동 정태식, 동 안종서, 동 박정두, 동 김희진, 동 최경옥, 이원봉에 대한 치안유지법 및 출판법 위반 기타 각 피고인에 대한 치안유지법 위반 피고사건에 대하여 당 재판소는 조선총독부 검사 오사카 모리오(大坂盛夫) 관여하여 심리를 마치고 다음과 같이 판결함.

주문

피고인 권영태, 동 정태식을 각 징역 5년에 처함
피고인 이현상을 징역 4년에 처함
피고인 안종서, 동 변홍대를 각 징역 3년에 처함
피고인 안삼원을 징역 3년에 처함
피고인 박정두, 동 남만희를 각 징역 2년 6월에 처함
피고인 서승석, 동 이명신, 동 이원봉, 동 허마리아, 동 안병춘, 동 이순금, 동 정칠성, 동 변우식, 동 임택재, 동 김삼룡, 동 이성출을 각 징역 2년에 처함
피고인 한육홍, 동 김대용, 동 김진성, 동 안병윤, 동 김희진, 동 최경옥, 동 이병기, 동 이경선, 동 최소복, 동 정용산, 동 이백만, 동 김원경, 동 최영창, 동 박수창을 각 징역 1년 6월에 처함
미결구류일수 중 180일을 피고인 권영태, 동 정태식, 동 안종서, 동 박정두, 동 김희진, 동 최경옥, 동 이원봉, 동 안병춘, 동 안삼원, 동 이순금, 동 정칠성, 동 이현상, 동 남만희, 동 김삼룡, 동 변홍대, 동 이성출,

동 100일을 피고인 한육홍, 동 김대용, 동 김진성, 동 안병윤, 동 서승석, 동 이명신, 동 이병기, 동 이경선, 동 최소복, 동 변우식, 동 임택재, 동 정용산, 이백만, 동 김원경, 동 심승문, 동 최영창, 동 박수창, 동 허마리아의 위 각 본형에 산입함.

단, 피고인 한육홍, 동 김진성, 동 안병윤, 동 서승석, 동 이명신, 동 변우식, 동 임택재에 대해 각 4년간,

피고인 김대용, 동 이병기, 동 이경선, 동 최소복, 동 정용산, 동 이백만, 동 김원경, 동 심승문, 동 최영창, 동 박수창에 대해서는 각 3년간 위 각 형의 집행을 유예함.

압수물건중 쇼와 9년 押 第1196호의 證 제37 내지 39, 41, 42호, 등사판, 롤러, 철필(鐵筆), 여판(鑢板), 증 제20, 59, 61, 62, 75, 77, 81호 소책자, 증 제22, 24, 28, 35, 55, 65, 68, 71호 격문(檄文), 증 제13, 19, 23, 35, 56, 60, 64, 67, 78, 83호 소책자는 피고인 권영태, 동 안종서, 동 박정두에 대해서 이를 몰수함

소송비용 중 예심에 있어

증인 이석면(李錫冕)에 대해 지급한 2원 16전은 피고인 이백만 동 김삼룡의 연대(連帶)

증인 신해갑(辛海甲)에 대해 지급한 4원 42전은 피고인 남만희의

증인 이홍대에 대해 지급한 7원 52전은 피고인 최영창 동 박수창의 연대

증인 김성대(金聲大)에 대해 지급한 10원 40전은 피고인 이성출의

증인 정성룡(鄭聖龍) 동 안세*에 대해 지급한 각 14원 40전

증인 윤영섭(尹寗燮)에 대해 지급한 금 11원은 피고인 변홍대, 동 이성출의 각 부담으로 함

이유(理由)

피고인 권영태는 본적지인 홍원공립보통학교 졸업 후 동지에서 형(兄)과 함께 과수원을 경영하고 있었는데 쇼와 6년(1931년) 1월 29일 함흥지방법원에서 「폭력행위등처벌에 관한건」 위반으로 징역 6월, 4년간 집행유예 판결을 받고 쇼와 9년 칙령 제19호에 의거 그 형을 징역 4월 15일로 변경하여 동년 4월 함흥거주 이상희(李相熙)란 자의 권유로 입로(入露), 모스크바에 가서 동년 5월 하순 동지 동방노력자 공산주의대학 속성과에 입학하고 쇼와 7년(1932년) 5월 이를 졸업하고 동년 12월 상순 프로핀테른 극동책임자로부터 경성지방의 공장지대에서 적생노동조합조직을 위한 기초준비공작을 할 것의 지령을 받고 동지를 출발하여 동년 12월 말경 입선한 자인바,

제1. 쇼와 8년(1933년) 1월 8일경 피고인 서승석을 통해 알게 된 피고인 안종서를 경기도 양평군 숭인면 성북리 주거에 방문하여 동인과 동거하게 되자 그 무렵 동처에서 조선의 공산화를 목적으로 동인에 대하여 자기의 사명을 알리고 노동자의 소개를 의뢰하자 서로 제휴하여 적색노동조합 조직을 위한 준비활동을 할 것을 종용하여 그 질문으로써 그 목적 사항의 실행에 관해 협의하고

제2. 쇼와 8년(1933년) 5월경부터는 경성부 연지동에서 피고인 안종서 당시 경성 사립중동학교 생도인 동 박정두 당시 경성보성고등보통학교 생도인 동 서승석 등과 동거하고 박정두, 서승석 등의 학자금으로서 자취생활을 하게 되었는데 피고인 안종서로부터 경기도 고양군 숭인동 신설리 종연방적회사 공장에서 동지를 획득했다는 내용의 보고를 받게 되자 우선 위 공장에서 전기 운동의 확대를 도모하고자 앞서와 같은 목적으로써 그 무렵 동처에서 동 피고인에 대해 공장 내에서는 1인의 오르

그를 획득하고 이로 하여금 직장 그룹(Group)을 결성하게 하고 이를 원동력으로 하여 공장 내 모든 합법조직을 이용하여 노동자 지도에 노력하고 수개 공장에 위와 같은 그룹의 결성을 볼 때는 이를 기초로 하여 산업별 적색노동조합을 조직할 기획하에 공산운동에 종사할 것을 종용하여 그 찬동을 얻어 그 목적 사항 실행에 관해 협의하고

제3. 이하 위 예심종결결정문과 동일.

해 제

이 문서는 1935년 8월 8일 권영태(權榮台, 28세)에 대한 치안유지법 사건에 대한 경성지방법원 예심괘의 예심종결결정(사건번호는 昭和9年豫第54, 60, 62, 85號)와 경성지방법원 형사제2부의 판결문(사건번호는 昭和10年刑公第1230,1231,1232,1233號)이다. 이 사건에 관여한 판사는 예심판사 미소노오(御園生忠男)와 1심판사인 재판장 조선총독부 판사 야마시타 히데키(山下秀樹)와 판사 시오미(鹽見米藏), 다카키(高木滿) 등 3인이다.

이 사건은 당시 일제의 고등경찰에 의하면 '적색노동조합 및 적색농민조합 조직준비공작 사건'으로 불려 졌는데 이 사건의 주모자로 체포되어 경성지방법원에서 징역 5년형에 처해진 권영태는 함남 홍원 출신으로 1926년 3월 조선공산당과 고려공산청년회 홍원 야체이카 책임자를 지내고 이후 홍원에서 조선공산당 재건운동에 참여한 권영규(權榮奎)의 동생이다. 권영태는 고향이 함남 홍원에서 공립보통학교를 졸업했고 홍원청년동맹에 관여했다. 1929년 채규항(蔡奎恒)[41]의 지도하에 조선공산

[41] 채규항(1897~) 함남 홍원 출신으로 3·1운동 때 홍원군 보청면 만세시위를 주도했고 이후 동경으로 유학하여 니혼대학을 졸업하고 조선인유학생학우회에 참가하였으며 1921년 학우회 조선순회강연단의 일원으로 함경도지역에서 강연했다. 귀국 후 『조

당 재건운동에 참가했다. 1930년 홍원노동조합 청년부 결성에 참여했다. 1930년 11월 어용노동단체 참가자를 폭행했다는 이유로 검거되어 1931년 1월 함흥지법에서 폭력행위 처벌에 관한 죄목으로 징역 6월, 집행유예 4년을 선고받았다. 1931년 5월 모스크바 동방노력자공산대학 속성과에 입학하여 1932년 5월 졸업했다. 1932년 12월 프로핀테른 극동 책임자로부터 서울의 공장지대를 중심으로 적색노동조합 준비활동에 종사하라는 지시를 받고 귀국했다. 1933년 1월 경성에서 여공의 조직화에 노력하고 서승석(徐升錫)을 지도하여 보성고등보통학교 내에 독서회를 조직했다. 1933년 5월의 메이데이 캠페인과 9월의 종방(鍾紡)쟁의 배후선동을 비롯하여 고무공장 여직공인 김인숙(金仁淑), 김순덕(金順德), 이원봉(李元奉)을 그리고 이들을 통하여 김복녀(金福女) 외 7명의 여직공을 획득하여 지도하는 외에 1934년 3월 중순에 이원봉을 통하여 경성제대 조수 정태식(鄭泰植)을 알게 되었고 다시 정태식을 통해 경성제국대학 법문학부 미야케(三宅鹿之助) 교수와 제휴하여 각종 기관지, 격문, 팸플릿 등을 출판했다. 1934년 5월 적색노동자그룹을 조직했고 경성공산주의자그룹을 조직하여 책임을 맡았으며, 같은 달 동대문경찰서에 검거되었다.[42]

그뒤 권영태는 어느 정도의 기초공작이 진행되었기 배문에 적색노동조합그룹으로서 섬유부책임 이원봉(李元鳳), 화학부책임 이명신(李明

선일보』 함흥지국 기자를 지냈고 1923년 2월 전조선청년당대회 후원회 발기인, 1923년 6월 조선노동대회 강연회 연사로 참여했다. 1926년 2월 조선공산당에 입당하여 홍원야체이카 책임자가 되었고 '제2차 조공사건'으로 징역 1년 6월을 선고 받고 1929년 1월 출옥하여 1929년 6월 신간회 복대표대회에서 중앙집행위원, 조선노동총동맹 중앙집행위원으로 선출, 활동하다가 1930년 2월 경찰에 검거되어 1931년 10월 경성지법에서 징역 5년을 선고받았다(강만길 · 성대경 엮음, 『한국사회주의운동인명사전』, 창작과비평사, 1996 참조).

42) 강만길 · 성대경 엮음, 위의 책 참조.

新), 식료품책임 정태식, 금속부책임 박정두(朴鼎斗)를 선임하기로 하고 다시 최고지도기관으로서 '공산주의자(共産主義者)그룹'을 결성하고자 책임자 권영태, 공청부책임 정태식 문화 및 자금부책임 미야케(三宅鹿之助), 적색노동조합부 미정, 기관지책임 안종서(安鍾瑞)로 하기로 계획을 수립하였다.[43]

먼저 쇼와 10년(1935년) 8월 8일 경성지방법원 예심괘 조선총독부 판사 미소노오(御園生忠男)의 예심종결결정의 법률적용은 다음과 같다.

위 피고인 등의 소위 중 권영태의 소위는 치안유지법 제2조, 제3조, 융희 3년 법률 제6호 출판법 제11조 제1항 제1호 및 제3호 제2항 조선형사령 제42조 형법 제55조, 제54조 제1항 전단 및 후단에, 정태식의 소위는 치안유지법 제2조, 제3조, 제5조 위 출판법 제11조 제1항 제1호 및 제3호 조선형사령 제42조, 형법 제62조, 제55조, 제54조 제1항 전단에 한육홍 김대용 및 안병윤의 소위는 각 치안유지법 제2조 제5조 형법 제55조에 김진성, 이백만 및 심승문의 소위는 각 치안유지법 제2조에, 안종서의 소위는 치안유지법 제1조 제2항 제2조 제3조, 위 출판법 제11조 제1항 제1호 및 제3호 제2항 조선형사령 제42조 형법 제61조 제55조 제54조 제1항 전단 및 후단에 박정두의 소위는 치안유지법 제2조, 제3조, 제5조, 위 출판법 제11조 제1항 제1호 및 제3호 제2항 조선형사령 제42조 형법 제55조 제54조 제1항 전단 및 후단에, 서승석의 소위는 치안유지법 제1조 제2항, 제2조 형법 제61조 제55조에 이명신 김희진 최경옥의 소위는 각 치안유지법 제2조, 제3조 위 출판법 제11조 제1항 제1호 및 제3호 조선형사령 제42조 형법 제55조 제54조 제1항 전단 제56조에, 허마리아의 소위는 치안유지법 제2조 형법 제62조 제55조에 안병춘 이병기 이순금 이

43) 김준엽 · 김창순, 『한국공산주의운동사』, 청계, 1986, 357쪽.

경선 정칠성 최소복 변우식 남만희 임택재 정용산 변홍대 김원경 이성출 최영창 박수창의 각 소위는 각 치안유지법 제2조 형법 제55조에 안삼원 및 이현상의 각 소위는 치안유지법 제2조 형법 제55조 제56조에 김삼룡의 소위는 치안유지법 제2조 형법 제56조에 해당한다.

위 사실은 모두 공판에 부쳐지기에 충분한 범죄의 혐의가 있음으로 형사소송법 제312조에 따라 공판에 부칠 것을 언도한다. 본건 공소 사실 중 피고인 허마리아가 쇼와 9년 4월 초경 피고인 정태식과 공산주의자 김혁철을 경성부 가회동 1번지 취운정 부근에서 회합시켜 동인 등이 그 무렵부터 동년 5월 초 무렵까지 사이에 동부 안국동 노상 기타에서 누차 비밀 출판활동에 의해 공산운동을 할 것을 협의한 범행을 방조한 점 및 피고인 안병춘이 쇼와 8년 9월 중순경부터 쇼와 9년 1월 20일경까지 사이에 경성부 사직동 61번지 기타에서 수회에 걸쳐 공산주의자 이재유 피고인 이순금 동 이경선 등과 회합하고 조선에서 공산제도를 실시할 것을 목적으로 그 실행에 관해 협의한 점에 대해서는 공판에 부치기에 충분한 범죄의 혐의가 없을지라도 위는 피고인 허마리아, 동 안병춘의 전게 시 사실과 각각 연속 관계에 있는 것으로 공소된 것으로 인정하고 특히 주문에서 면소의 언도를 하지 않고 주문과 같이 결정한다.

다음 1935년 12월 27일 조선총독부 경성지방법원 재판장 야마시타 히데키(山下秀樹), 시오미(鹽見米藏), 다카키(高木滿)의 1심판결의 법률적용은 다음과 같다.

피고인 권영태의 판시 소위 중 제1 내지 제8 및 제10의 점은 각 치안유지법 제2조에 제9의 점은 각 동법 제3조[44]에 각 불온문서의 저작 발

44) 치안유지법 [昭和 3년 6월 29일 긴급勅令(129호)에 의하야 개정] 제1조 ① 國體를 변혁함을 목적하고 結社를 조직한 자나 결사의 役員(간부) 기타 지도자의 임무에 종사한 자는 사형이나 무기 혹은 5년 이상의 징역이나 禁錮에 처하며, 情을 알고 結社

행의 점은 각 융희3년 법률 제6호 출판법 제11조 제1항 제1호 형사령 제42조[45]에 동 인쇄의 점은 각 위 출판법 제11조 제1항 제1호 제2항[46] 형사령 제42조에 각 해당하고 위 각 협의 선동 저작 인쇄 발행의 각각 연속에 관계하고 또 조작 인쇄 발행의 사이에는 순차로 수단 결과의 관계가 있고 또 위 발행과 선동과는 일개의 행위로 하여 수개의 죄명에 저촉함으로써 형법 제54조 제1항 전단 후단[47] 제10조[48] 제55조[49]를 적용하여 결국 가장 중한 전기 협의죄의 형에 따라 그 소정 형기 범위 내에서 유기징역형을 선택하고

피고인 정태식의 판시 소위 중 제1, 제3, 제4, 제7 내지 9의 점은 각 치안유지법 제2조, 제5의 점은 각 동법 제2조 형법 제62조 제1항[50]에

에 가입한 자 또는 결사의 목적을 수행하려는 행위를 한 자에 2년 이상의 징역이나 금고에 처함. ② 사유재산제도를 부인함을 목적하고 結社를 조직한 자나 情을 알고 결사에 가입한 자 혹은 결사의 목적을 수행하랴고 행위를 한 자는 10년 이상의 징역이나 금고에 처함. ③ 前 2項의 미수죄는 此를 罰함.

45) [시행 1924.1.1] [조선총독부제령 제14호, 1922.12.7, 일부개정] 조선형사령 제42조 "이 영 시행 후 효력을 가지는 구 한국법규의 형은 다음 예에 따라 이 영의 형명으로 변경한다. 다만, 형의 기간 또는 금액은 그러하지 아니하다. 구한국법규의 형 이 영의 형 사형 사형, 종신역형 무기징역, 종신유형 무기금고, 15년 이하의 역형 유기징역, 15년 이하의 유형 또는 금옥 유기금고, 벌금 벌금, 구류 구류, 과료 과료, 몰입 몰수, 태형 20일 이하의 구류 또는 과료."

46) 출판법 제11조 1항, 2항은 다음과 같다. "허가를 得치 아니하고 출판한 저작자, 발행자는 左의 구별에 의하여 처단함. 1항 國交를 저해하거나 정체를 變壞하거나 國憲을 紊亂하는 문서 도서를 출판한 時는 3년 이하의 役刑" 2항 "외교와 군사의 기밀에 관한 문서 도서를 출판한 時는 2년 이하의 役刑."

47) 형법 제54조 "1개의 행위로 수개의 죄명에 觸하고 또는 범죄의 수단 또는 결과된 타의 죄명에 觸한 때는 그 最重한 형으로써 처단함."

48) 형법 제10조 "主刑의 경중은 전조 기재의 순서에 의한다. 단, 무기금고와 유기징역은 금고로서 중함으로 하고 유기금고의 장기가 유기징역의 장기의 2배를 넘을 때는 금고로서 重함으로 한다." 형법 제9조 "사형, 징역, 금고, 벌금, 구류 및 과료를 主刑으로 하고 몰수를 부가형으로 한다."

49) 형법 제55조 "연속한 수개의 행위로 동일 죄명에 觸할 때는 一罪로서 이를 처단한다."라고 규정되어 있다.

50) 형법 제62조 "正犯을 방조한 자는 從犯으로 하고 從犯을 교사한 자는 從犯에 準한다."

제6 및 제10의 금품공여의 점은 각 치안유지법 제5조[51]에 제10의 금품공여방조의 점은 치안유지법 제5조 형법 제62조 제1항에 제11의 선동의 점은 각 치안유지법 제3조에 불온문서발행의 점은 각 전기 출판법 제11조 제1항 제1호, 형사령 제42조에 각 해당하고 위 각 협의 동방조와 선동 각 금품공여와 동 방조, 각 발행은 각각 연속으로 관계있고 또 위 선동과 발행은 일개의 행위로 하여 수개의 죄명에 저촉하는 경우이므로 형법 제54조 제1항 전단 제10조 제55조를 적용하여 결국 가장 중한 전기 협의죄의 형에 따라 유기징역형을 선택함. 위 그 소정형기 범위 내에서.

피고인 한육홍 동 김대용 동 안병윤의 판시 소위 중 협의의 점은 각 치안유지법 제2조에 금품공여의 점은 각 동법 제5조에 각 해당하고 위 협의와 금품공여는 연속으로 관계있음으로 각 형법 제55조를 적용하여 각 전기 협의죄의 형에 따라, 그 소정형기 범위 내.

피고인 안종서의 판시 소위중 제1의 점은 치안유지법 제1조 제2항 형법 제61조 제1항에 제2 내지 제4의 점은 각 치안유지법 제2조에 제5의 내 선동의 점은 각 동법 제3조에 각 불온문서의 저작발행의 점은 각 전기 출판법 제11조 제1항 제1호 형사령 제42조에 동 인쇄의 점은 각 위 출판법 제11조 제1항 제1호 제2항 형사령 제42조에 각 해당하고 위 결사조직의 교사와 각 협의 및 선동, 저작 인쇄 발행은 각각 연속으로 관계있고 또 저작인쇄발행의 점은 순차로 수단 결과의 관계가 있고 또 위 각 발행과 선동과는 일개의 행위로 하여 수개의 죄명에 저촉함으로써 형법 제54조 제1항 전단 후단 제10조 제55조를 적용하여 결국 가장 중한 전기 결사조직 교사죄의 형에 따라 유기징역형을 선택함. 그 소정형

---

51) 제5조 ① 제1조 제2항 及 前3條의 죄를 범하게 함을 목적하고 금품 기타의 재산상 이익을 제공하거나 그 申込(請願) 혹 약속을 한 자 5년 이하 징역이나 금고에 처함 ② 情을 알고 供與를 밧거나 그 요구 혹은 약속을 한 자도 또한 동일함.

기 범위 내.

피고인 박정두의 판시 소위 중 제1의 금원공여(金圓供與)의 점은 치안유지법 제5조에 제2, 제3의 점은 각 동법 제2조에 제4의 내 선동의 점은 각 동법 제3조에 불온문서의 저작 발행의 점은 각 전기 출판법 제11조 제1항 제1호 형사령 제42조에 동 인쇄의 점은 각 위 출판법 제11조 제1항 제1호 제2항 형사령 제42조에 각 해당하고 금원공여와 각 협의 저작 인쇄 발행은 각각 연속하는 관계이고 또 위 저작 인쇄 발행의 사이에는 순차로 수단 결과의 관계에 있고 또 위 발행과 선동은 일개의 행위로 하여 수개의 죄명에 저촉함으로써 형법 제54조 제1항 전단 후단 제10조 제55조를 적용하여 결국 가장 중한 전기 협의죄의 형에 따라 유기징역형을 선택. 그 소정형기 범위 내.

피고인 서승석의 판시 소위중 제1의 내 결사 조직의 점은 치안유지법 제1조 제2항에 결사 조직 교사의 점은 각 동법 제1조 제2항 형법 제61조 제1항에 제2의 점은 치안유지법 제2조에 각 해당하고 위 결사 조직 동 교사 및 협의는 연속으로 관계를 함으로 형법 제55조를 적용하여 전기 결사 조직 죄의 형에 따라 유기징역형을 선택함. 그 소정형기 범위 내.

피고인 이명신 동 김희진 동 최경옥의 판시 소위중 협의의 점은 각 치안유지법 제2조에 선동의 점은 각 동법 제3조에 불온문서 발행의 점은 각 전기 출판법 제11조 제1항 제1호, 형사령 제42조에 해당하고 위 각 협의와 선동 및 피고인 이명신의 발행은 각각 연속으로 관계있고 또 위 선동과 발행은 일개의 행위로 하여 수개의 죄명이 저촉함으로 각 형법 제54조 제1항 전단 제10조 제55조를 적용하여 결국 가장 중한 각 전기 협의죄의 형에 따라 유기징역형을 선택. 그 소정형기 범위 내.

피고인 이원봉의 판시 소위 중 제1의 점은 치안유지법 제1조 제2항에 제2, 제3의 점은 각 동법 제2조에 제4의 내 선동의 점은 각 동법 제3

조[52]에 불온문서발행의 점은 전기 출판법 제11조에 제1항 제1호 형사령 제42조에 각 해당하고 위 결사 조직 협의 선동은 연속으로 관계있고 또 위 선동과 발행은 일개의 행위로 하여 수개의 죄명이 저촉함으로 각 형법 제54조 제1항 전단 제10조 제55조를 적용하여 결국 가장 중한 각 결사 조직죄의 형에 따라 유기징역형을 선택하고 판시 전과있음으로써 형법 제56조 제1항 57조 제14조를 적용하여 재범 가중함. 형기범위 내.

피고인 허마리아의 판시 소위 중 제1, 제2, 제3의 점은 각 치안유지법 제2조에 제2의 점은 동조 및 형법 제62조 제1항에 각 해당하고 위 3점은 연속으로 관계있음으로 형법 제55조를 적용하여 협의죄의 형에 따라 유기징역형을 선택함. 그 소정형기 범위 내.

피고인 김진성 동 이백만 동 심승문의 판시 소위는 각 치안유지법 제2조에 해당함으로써 유기징역형을 선택하고 그 소정형기 범위 내.

피고인 안병춘 동 이병기 동 이순금 동 이경선 동 정칠성 동 최소복 동 변우식 동 남만희 동 임택재 동 정용산 동 뱐홍대 동 김원경 동 이성출 동 최영창 동 박수창의 판시 소위는 각 동법 제2조 형법 제55조에 해당하므로 각 유기징역형을 선택하고 그 소정형기 범위 내.

피고인 김삼룡의 판시 소위는 치안유지법 제2조에 해당하므로 유기징역형을 선택하고 판시 전과있음으로 형법 제56조 제1항 57조에 따라 재범 가중함. 형기 범위 내.

피고인 안삼원 동 이현상의 판시 소위는 각 치안유지법 제2조 형법 제55조에 해당함으로 각 유기징역형을 선택하고 판시 전과있음으로 각 동법 제56조 제1항 제57조에 따라 재범 가중함. 형기 범위 내에서 각각

52) 치안유지법 제3조. 제1조 제1항이나 제2항의 목적으로써 그 목적인 事項의 실행을 선동한 자는 7년 이하의 징역이나 금고에 처함.

주문의 형을 양정하여 각 동법 제21조를 적용하여 각 주문 계기의 미결 구류일수를 각 그 본형에 산입하고 피고인 한육홍 동 김대용 동 김진성 동 안병윤 동 서승석 동 이명신 동 이병기 동 이경선 동 최소복 동 변우식 동 임택재 동 정용산 동 이백만 동 김원경 동 심승문 동 최영창 동 박창수에 대해서는 정황상 형의 집행을 유예함을 상당 인정함으로 각 동법 제25조 형사소송법 제358조 제2항을 적용하여 각 주문 계기의 기간 형의 집행을 유예하고 압수물건 중 쇼와 9년 압 제196호의 증 제37 내지 39, 41, 42호 물건은 범죄의 용으로 제공한 물건에서 제외하고 주문 계기의 출판물은 모두 범죄행위로부터 생긴 물건으로 모두 범인 이외에 저촉함으로 각 형법 제19조에 따라 주문기재의 피고인 3명에 대해 몰수하고 소송비용의 부담에 대해서는 형사소송법 제237조 제1항을 적용하여 각 단독 부담을 정하고 동법 제238조를 적용하여 각 연대 부담을 정하여 주문계기의 각 피고인 등이 부담하는 것으로 함. 주문과 같이 판결함.

5

장회건 등 2차 태평양노동조합 사건과 치안유지법(1936년)

장회건(張會建) 외 33인 판결문
(1934년 형공 제00호, 昭和9年刑公第00號, 咸興地方法院)
장회건 외 2인 판결문(1934년 형공 제440,441호, 昭和9年刑控第440,441號, 京城覆審法院)

이 문서는 1934년 10월 1일 장회건(張會建) 등 34인에 대한 함흥지방법원 형사부의 판결문과 장회건 등 3인에 대한 경성복심법원의 2심 판결문으로서 그 내용을 살펴보면 다음과 같다. 1심 판결결과는 다음과 같다.

〈피고인 이름 및 판결 결과〉

이름	연령	직업	죄명	형명형기	미결구류 산입일수	형집행 유예기간
張會建(朴洙)	35	무직	치안유지법 위반, 출판법 위반	징역 10년	120일	
朴世榮(김창수, 김태석, 韓利欽, 로바첸	28	동상	상동	상동	120일	
宋成寬(孟信哲)	28	목탄상	치안유지법 위반	징역 7년	100일	
磯谷季次(이소가야 스에지)	28	직공	상동	징역 6년	150일	
金元錫	23	무직	치안유지법 위반, 출판법 위반	상동	120일	
崔辛得	34	노동	상동, 절도	징역 5년	120일	
朱善奎	26	상동	치안유지법 위반	상동	-	

洪培植	28	무직	치안유지법 위반, 출판법 위반	상동	120일	
尹致善	24	노동	상동	상동	120일	
徐榮根	24	상동	상동	상동	120일	
沈建燮	22	무직	상동	징역 4년	120일	
許東	21	상동	상동, 주거침입, 절도	상동	60일	
朱英深	24	직공	치안유지법 위반	상동	150일	
朱仁奎	32	배우	상동	징역 3년	120일	
金柄默	22	노동	치안유지법 위반, 출판법 위반	상동	120일	
李弼夏	25	상동	치안유지법 위반	상동	150일	
林鍾浩	26	중앙일보 기자	상동	상동	150일	
朴在郁	22	농업	치안유지법 위반, 장물운반	징역 2년 6월 벌금 20원	120일	
高明鳳	26	과물상	치안유지법 위반	징역 2년 6월	150일	
朱致旭	22	직공	상동	상동	150일	
許昌龍	23	자동차 운전수	상동	징역 2년	-	5년
崔甲得	21	노동	상동	상동	120일	
徐廷	21	농업	상동	상동	120일	
朴淵瑞	25	노동	상동	상동	120일	
韓英鎬	22	상동	상동	상동	120일	
金奎淵	25	魚行商	상동	상동	120일	
嚴允植	23	야학 교사	상동, 범인은닉	상동	120일	
朴龍	26	직공	치안유지법 위반	상동	150일	
張德浩	28	상동	상동	상동	150일	
申基穆	26	상동	상동	상동	150일	
陳秉模	24	상동	상동	상동	150일	
李明洙	22	노동	상동	징역 1년 6월	120일	
李炳容	22	상업	상동	상동	120일	
李宗薰	20	무직	상동	상동	-	5년

'범죄사실'은 다음과 같다.

프로핀테른 소위 국제적색노동조합은 다이쇼 10년 7월 모스코바에서 창립된 세계공산주의혁명을 위해 세계 각국의 혁명적 노동조합(소위 적색노동조합, 적노)의 국제적 연락과 지도를 행하는 것을 목적으로 하는 단체로서 태평양노동조합은 1927년 중 상해에서 창립된 프로핀테른의 지도하에 공산주의혁명을 위해 태평양연안제국의 혁명적 노동조합의 조직 및 그 지도를 목적으로 하는 단체이다. 1930년 8월 이후 모스크바에서 개최된 프로핀테른 제5회 대회는 그 중앙집행위원회에서 조선에 있어서 혁명적 (소위 좌익)노동조합조직 방침에 관해 동년 9월 18일 소위 프로핀테른 9월테제를 결의하였는데 그 내용은 다음과 같다.

일본제국주의는 요새 그 세계적 경제공황에 의해 받은 타격을 그 유일한 식민지인 조선에 전가하려고 더욱더 그 예모(鋭鉾)를 발휘하는 한편 조선농촌에 과중한 세금을 부과하고 제국주의적 지주고리대로 기업적 농촌을 착취하고 다른 한편 공장에 있어서는 산업합리화를 단행하여 노동자의 괵수(馘首), 노동시간의 연장, 임은 인하 등을 위해 일본에 있어서 조선노동자를 귀환시키고 실업군을 증대시켜 조선노동계급의 생활상의 위기를 초래하였다. 노동계급은 마땅히 위기를 벗어날 길은 오직 혁명으로 일본제국주의에 대한 맹렬한 반항투쟁을 전개해 원산파업 기타 산업의 각 부문에 있어서 노동쟁의, 소작쟁의, 학생맹휴 등을 발발시켜 프롤레타리아트 대중의 진출도 예상하기에 이르렀으니 이와 같이 혁명적 파도는 일본제국주의의 과혹(過酷)한 경찰간섭, 밀정, 구타, 벌금, 투옥 등의 해독수단에 의해 가해진 탄압 …… 종래 조선좌익노동조합운동이 성공하지 못한 것은 위와 같이 탄압에 기인하였으니 실로 조선노동계급이 자기의 혁명적 노동조합을 조직 지지하는 것이 능하게 됨에 기인한다. 다음의 이유로 프로핀테른 지지자 등은 조선에 있어서 일본제국주의를 타도하여 공산주의사회를 실현하기 위해 다음의 조직 및 활동방침에 의해 전 조선 노동자의 전 역량을 집결하여 단일한 좌익노동조합을 결성하여 전선을 통일하고 격렬한 계급투쟁을 전개해야 할 것인즉

1. 기존의 지방별 노동조합을 폐하고, 쁘띠, 부루주아 또는 민족주의적 개량주의자를 배척하여 순 노동자를 구성분자로 한 산업별노동조합을 조직하는 것
2. 미조직의 산업에는 새로운 좌익노동조합을 또 농촌에 있어서는 혁명적 농촌노동조합을 순 노동자로써 조직하는 것.
3. 내지인 노동자는 조선에 있어서 자본주의를 위해 특수한 역할을 가졌으므로 이들을 좌익노동조합에 전취(戰取)하는 것.
4. 중국인 노동자는 일본제국주의 및 민족적 부르주아에 파업을 깨는 것으로 이용되므로 이들로써 좌익노동조합을 결성케 하는 것.
5. 위 노동조합의 조직할 때는 종래의 상층부터 하층에로의 조직방법과 다르게, 먼저 하층조직을 결성하고 이를 토대로 해서 순차적으로 상층조직을 결성하여 전 조선에 유일좌익노동조합을 결성하는 것.
6. 조선노동총동맹 기타 이미 결성된 노동조합 내에 좌익을 결성하여 각 그 땅 또는 그 업무의 특수성에 대응하여 노동자에게 최고로 현실적인 요구로써 먼저 투쟁을 할 전 노동자로부터 선출된 공장위원회 또는 공장대표단체로, 이 요구관철의 최후의 무기는 동맹파업으로써 그 파업을 할 때에는 스트라스부르그에 있어서 프로핀테른 제4차 대회 결정의 파업전술 및 프로핀테른 제5차 대회 결정의 조선좌익노동조합 조직적 제문제의 지시하는 바에 따라 파업위원회를 조기하여 격렬한 투쟁을 전개할 것.

7. 유사하게 프로핀테른 지지자 등은 한편 프로핀테른 및 태평양노동조합과 밀접한 연락을 지키고 동시에 타 지역 등을 통해 전 세계좌익노동조합 특히 일본 및 중국과 밀접한 연락을 취할 것.

라고 말하였다. 그 후 태평양노동조합은 1931년 10월 위 테제에 의해 조선 내의 혁명적노동조합운동의 성패 결함(缺陷)을 비판하고 또 위 테제를 설명하여 조선에 있어서 태평양노동조합 지지자 등에 대해 소위 태로(太勞) 10월서신을 보냈다. 위 10월서신의 내용은 다음과 같다.

조선의 경제공황은 일본제국주의의 정책과 국내의 봉건적 잔재라는 만성적 농업공황에 기인하며 일층 심각화하고 농민의 파산과 토지의 피탈과정과는 급속히 가중되고 공장의 다수 폐쇄는 실업자의 미증유의 증가 및 임은인하 노동시간의 연장 등을 초래하고 조선 프롤레타리아를 극도의 생활 곤경에 빠뜨리고 있다. 노동대중 압박의 강화와 그 기운의 악화와는 광대한 혁명투쟁의 발효를 촉진시켜 조선 프롤레타리아로 하여금 혁명적 반제국주의적 전쟁에로 진출시키고 신흥탄광, 평양파업 기타 각종 산업부문에 있어서 노동쟁의를 속발시키고 있다. 혁명운동 진압을 위한 폭압은 파업자 등의 무력저항을 유발하고 혁명적 노동자 등의 대중적 체포가 수행되고 야수적 교문과 징역의 선고로 그 대부분은 실패로 귀결된다. 그 원인은 경찰의 탄압 또는 개량주의자 등의 모반에 있고 실로 조선 프롤레타리아의 조직 및 투쟁의 부족에 기인하는 고로 일본제국주의를 타도하여 조선을 독립시켜 공산주의사회의 실현을 기도하는 조선노동조합 좌익의 지지자 등은 태평양노동조합 비서부와의 연락을 긴밀히 하고 다음 임무를 실행하여 조선 프롤레타리아를 조직하여 승리 획득에의 결정적 투쟁을 전개해야 할 것인즉

1. 프롤레타리아의 투쟁지도의 기관을 설립하여 파업기금을 조성하

는 것.

2. 대중적 실업자 등에 대해 실업위원회를 설립하여 취업노동자와의 공동전선을 편성하는 것.
3. 혁명적 노동조합 내에 청년부를 설립하여 대중적 단체 내로부터 노동청년을 전취(戰取)하고 또 노동부인을 이에 인입시켜 여자부를 설립하는 것.
4. 일본, 중국의 다른 민족 노동자와의 민족적 파쟁과 연락하여 공동전선을 통일하는 것.
5. 농민단체와의 연락을 강고히 해서 농민투쟁와의 공동전선을 조성하고 지주, 자본가 및 제국주의자에 반대하는 상호 지지의 투쟁을 할 것.
6. 조선에 있어서 혁명적 노동조합운동 건설을 위해 노동조합사업의 중심을 공장 내에 이동시켜 대중적 조직 선동의 사업을 전개하고 혁명적 노동조합의 기본적 조직형태를 공장, 제조소(製造所) 직장에 있어서 노동조합반과 지방조직 내에 프락션 운동을 하는 속에 유일전선을 조직하는 것.
7. 계급적 이익의 대중선전의 무기로서 노동출판부를 설립하는 것.
8. 중견분자의 피검보전(被檢補塡)을 위한 하층노동자 중에서 이를 선택하여 연구회, 강습회 등으로부터 이에 치밀한 혁명적 교양을 하는 것.
9. 좌익의 주위에 대중을 동원 획득하기 위해 임은을 올리고 8시간 노동제 실시, 동일노동 동일임은, 실업보험에 대한 국가 및 공장주 부담 등 대중적 노동조건과 함께 파업노동자의 혁명적 조직, 출판 집회의 자유, 일체의 정치범인 즉시 석방, 조선·만주로부터 일본 군대 철퇴, 중국혁명 지지 등의 정치적 요구조건을 제기하는 것.

10. 일본제국주의와 국민당에 반대하는 일본 · 조선 및 중국의 노동자 공동투쟁에 있어서 민족적 이간 선전에 반항하고 공동전선을 조직강화하고 만주 점령과 중국 및 제국주의적 혁명운동의 탄압과 소비에트동맹에 반대하는 전쟁의 준비에 대해 반대하는 운동을 조직하고 제국주의적 강도(强盜)정책과 일본제국주의의 극동에 있어서의 반동(反動)을 저지하는 것.

관련자 : 장회건(張會建), 박세영(朴世榮), 송성관(宋成寬), 김원석(金元錫), 최신득(崔辛得), 주선규(朱善奎), 홍배식(洪培植), 윤치한(尹致韓), 서영근(徐榮根), 심건섭(沈建燮), 허동(許東), 주영심(朱英深), 주인규(朱仁奎), 김병묵(金柄默), 임종호(林鍾浩), 박재욱(朴在郁), 고명봉(高明鳳), 주치욱(朱致旭), 허창룡(許昌龍), 최갑득(崔甲得), 서정락(徐廷絡), 박연서(朴淵瑞), 한영호(韓英鎬), 김규연(金奎淵), 엄윤식(嚴允植), 박용숙(朴龍塾), 장덕호(張德浩), 신기목(申基穆), 진병모(陳秉模), 이명수(李明洙), 이병용(李炳容), 이종훈(李宗薰)

第一. 장회건은 25세 때 내지에 도항하여 동경에서 고학하고 귀향 후 1928년경부터 조선일보 흥상(興上)지국장 겸 기자로 된 이래 신간회 함흥지회 간부, 함흥청년동맹 주지(朱地)지부집행위원장, 함흥노동연맹집행위원으로 되어 사회운동에 종사하기에 이르렀다.

1. 위 사회운동의 관계로부터 교제하고 있던 공산주의자 이이규(李利奎, 목하 입로(入露) 중인 모양)의 종용을 받아 김호반, 한병류 등과 전후하여 입로하여 1930년 8월 15일부터 동월 30일까지 모스크바에서 개최된 프로핀테른 제5회 세계대회에서 위 2명과 함께 참석. 동 대회로부터 중앙집행위원회에 부탁한 조선 문제에 대해 동년 9월 18일 동위원회의 결의인 「조선에 있어서의 혁명적 노동조합운동의 임무」라고 제한 소

위 9월테제의 제정에 조선위원으로서 참여하여 국체변혁 사유재산제도 부인의 목적으로써 그 실행에 관해 협의했다.

2. 동년 10월 상순경 포렴에 귀착하여 김호반 및 한병류와 동숙하며 9월테제에 기초하여 공산주의 사회실현의 목적으로써 혁명적 노동조합 운동에 제휴 활동할 것을 협의하고 그때 김호반을 통해 태평양노동조합 포렴연락부로부터 입선활동의 지령을 받아 입선했다.

3. 1931년 2월 하순 함흥부 성천정(成川町) 한병류 집에서 김호반 및 한병류와 모였을 때 김호반으로부터 인천에서 혁명적 노동조합조직운동을 할 것을 지령받자 이를 수락. 다음 달 상순 인천에 단독 잠입하여 인천노동연맹 본부에서 권충일(權忠一)과 만나 혁명적 노동조합조직을 위해 제휴 활동할 것을 협의하고 동지의 소개를 받았으나 인물 경력 등이 마음에 차지 않아 함흥으로 돌아왔다.

4. 동년 5, 6월경 동지 김호반 한병류 등이 함흥, 흥남에서 소위 1차 태로사건에 관련되어 검거되자 그 재건운동을 기도하여 동년 8월 상순 함주군 서천면(川西面) 원흥리(元興里) 주신복(朱申福)을 방문하여 재건운동에 제휴할 것을 권유 협의하여 검거상황 조사, 잔류동지의 규합 및 동지 유봉주(劉鳳周)와의 연락을 하게했다.

5. 위의 연락에 기초하여 동년 9월 중순경 함흥부 만세교 하류 좌안(左岸) 제방 위에서 유봉주와 만나 성천강 제방공사에 종사하는 자유노동자 및 함흥을 중심으로 한 교통노동자의 각 부문에서 혁명적 노동조합을 조직할 것을 협의했다.

6. 이리하여 동년 10월경 비합법단체로서 존재하고 있는 함흥자유노동조합이란 비밀결사와 제휴 활동하면서 교통노동 방면에 관계를 가진 이의수(李義洙, 이미 판결) 및 최신득에 대하여 활동을 개시하고 여러 차례 동인등과 의견을 교환하는 한편 동년 11월경부터 11월 초경까지

사이에 주인규를 포렴에 파견하여 태평양노동조합과의 연락을 하게 했다. 태로 10월서신을 받아 돌아와 동년 12월 초경 함흥부 산수정 이의수 집에서 이의수 및 최신득과 만나 동인 등에게 태로 10월서신을 해설하고 동서신 및 9월테제에 기초하여 함흥을 중심으로 하는 자동차교통노동자 부문에서 친목회를 조직하고 기관지를 발행하여 동지의 계급의식의 교양에 노력하고 이를 지도 전개하여 혁명적 교통노동조합을 조직할 것을 공모. 최신득으로 하여금 그 조직을 위해 활동하게 했으나 아직 그 결성을 이루지는 못했다.

7. 동년 9월부터 10월까지 사이에 수회에 걸쳐 흥남읍 신상리(新上里) 송성관을 방문하여 흥남조질(朝窒)공장(조선질소비료주식회사공장)노동자를 중심으로 혁명적 노동조합조직을 위해 제휴 활동할 것을 협의하고 그 동지의 소개를 명했다. 송성관의 소개에 의해 1931년 9월 중순 흥남읍 신상리 동인의 거소에서 변세택(邊世澤)에 대해, 동년 10월 상·중순경 신민애(申旼愛) 집에서 주선규에 대하여, 임종호, 안현옥에 대해, 동월 하순경 김도숙에 대해, 1932년 2월 초경 함주군 운남면 운중리에서 최장길(崔昌吉)에 대해 혁명적 노동조합조직운동에 제휴 활동할 것을 권유하여 동지로서 획득했다. 또 1931년 9월 중순 장시원(張時源)에 대해 스스로 직접 위와 같은 권유를 하여 이를 획득하고 다시 장시원의 소개로 김계영(金桂榮)을 권유 획득하고 동지 교양을 위해 기관지『化工』을 발행할 것을 협의. 김도숙의 소개에 의해 동년 10월 하순 흥남읍 구룡리에서 신기목을, 신기목의 소개에 의해 1932년 1월 하순경 흥남부근에서 주영심, 안현옥의 소개에 의해 1931년 12월 초순 이원석을, 이원석의 소개에 의해 한사빈(韓士斌)을 권유 획득한 이래 동지의 획득 교양을 위해 기관지의 작성 배포에 몰두해 있었으나 흥남을 중심으로 한 혁명적 노동조합 조직은 아직 완성하기에 이르지 못하고 후임 지도자에

게 인계했다.

8. 1931년 12월 이래 동지의 획득 교양에 쓰기 위해 최신득과 함께 기관지의 출판에 착수하여 1932년 2월 하순경 함흥부 황금정 김장희(金璋熙) 집에서 최신득과 함께 동지에게 배포하고 최신득이 준비한 등사판 등을 사용하여 "일본제국주의자는 자본주의제도의 모순으로부터 생기는 자기 계급이 부담해야할 짐을 노동자 농민에게 전가시키고 영토확장, 상품시장의 탈취 등에 의해 위기로부터 벗어나려고 초조해하고 있다. 즉 산업합리화화의 긴축정책을 실시하여 거대한 실업군을 만들어내고 만주와 상해로 출병하여 수만의 중국노동자 농민을 학살하고 조선에 있어서는 일본 중국 조선노동자간에 민족적 증오심을 조장하는 데에 노력하고 있다. 작년 6월 백색테러탄압하에 적색노동조합은 거의 근절상태로 파괴당했는데, 적로의 검거는 조선노동운동전선에 있어서 확고한 원칙선을 대중에게 인식시키기에 충분했다. 대중이 태로(太勞)를 지지하고 그 조직에 적극적으로 참가함에 의해 적탄에 맞은 상처를 치유하고 혁명적 전선에 서서 일층 강력한 투쟁을 전개할 것을 요구한다"라고 기재하고 그 부록에 "일본제국주의를 타도하자. 조선완전독립. 노동자 농민의 정부를 수립하자" 등의 슬로건을 게재한 『붉은 신문』 창간호 약 60부, 다음달 5일에는 앞과 같은 장소에서 등사판을 사용하여 「전쟁의 위기와 교통노동자의 임무」라고 제하여 "일본제국주의는 조선을 하나의 착취대상으로서 요구하고, 이로부터 광범한 토지와 천연의 보고가 있는 중국의 침략전쟁과 소비에트 동맹 간섭전쟁과에 진군의 통로로서 다음을 요구한다. 고로 조선에 있어서 생산기관, 전쟁준비의 무기고 외에 특히 철도와 자동차 등 군에서 요구하는 물품 및 군인수송의 가장 중요한 군사교통기관으로서 요구하는 것이다. 우리들 중국혁명과 소비에트 동맹을 사수하고 세계제국주의전쟁에 반대하는 교통노동자의 임

무는 중대하고, 군인수송을 거절하고 파업에 의해 일본제국주의자의 출병을 저지시키고 내부를 폭동화하는 것에 의해 조국 소비에트 동맹을 사수하고 중국혁명을 지지하여 반제 및 반전……"라고 기재하고 "제국주의전쟁 절대반대, 중국혁명을 지지하고 소비에트동맹을 사수하자" 등의 슬로건을 기재한 『교통노동자신문』 제7호 약 10부를 주었다. 위 출판물은 함흥 또는 흥남에서 그 영향하의 동지에게 반포시켜 위 목적의 실행을 선동했다.

9. 1932년 2월 중순경 박세영 및 김원묵이 프로핀테른 포렴(浦鹽, 블라디보스토크) 연락부로부터 파견되어 후임지도자로 함흥에 오게 되자 자기의 동지 및 사업을 동인들에게 인계하고 동월 중순경 포렴에 이르러 사업을 보고했다. 연락부의 지령을 받고 동년 7월 말경 입선했으나 그 사이 이미 박세영 등은 검거된 후였기 때문에 선내에서는 입수하기 어려움을 염려하여 입선할 때 태로 10월서신, 프로핀테른 제8차 총회에서의 결정서, 스트라스부르크대회의 결정서를 베껴 이를 휴대하고 동년 9월 평양에 잠입했다. 동년 11월 동부 대동문 노상에서 수회 옥인석(玉麟錫, 이미 판결)과 회합하여 혁명적 노동조합을 조직할 것을 권유, 그 실행에 관하여 협의. 동지의 소개를 구하여 12월 15일 동인의 소개에 의해 김모와 만나 동일사항을 협의, 동지의 획득 교양을 위해 반포할 목적으로 11월 중순 옥인석으로 하여금 태로 10월서신, 제8차 총회의 결정서에 기초한 동일내용의 국헌을 문란시키는 불온문서 각 40~50부를 허가 없이 등사출판하게 하는 등 혁명적 노동조합조직을 위해 활동하고 있다가 검거되어 아직 이 조직을 이루지 못했다.

第二. 박세영은 공립보통학교를 졸업 후 경성에서 인쇄직공으로 되어 18세 때부터 경성인쇄직공친목회, 서울인쇄직공청년맹, 협우(協友)청년회, 경성출판노동조합, 한양청년연맹, 신간회경성지회, 조선청년총동맹 등의 각 간부를 역임하고 사회운동에 관계하고 있었다.

1. 1928년 2월경 경성 관훈동 희문서관인쇄소에서 박한경(朴漢卿), 박경호(朴慶鎬) 외 2명과 함께 희문인쇄소직공을 중심으로 한 조선공산당 재건운동의 준비조직인 비밀결사를 조직하고

2. 동년 5월 중순 경성 냉동 모집에서 엠엘파 조선공산당에 관계가 있었던 정재달의 주창에 의해 동인 및 박한경 외 3명과 함께 고려공산청년동맹의 재건을 기도한 화요파 조선공산청년동맹재건경성준비위원회란 준비조직을 만들었다.

3. 정재달의 알선에 의해 1929년 9월 입로하여 다음해 9월 1일부터 1931년 6월까지 모스크바 동방노력자공산대학 속성과에서 배워 공산주의운동의 이론을 연구하고 1932년 1월 31일 포렴에서 김원묵과 만나 조선에서 태로 10월 서신에 입각하여 혁명적 노동조합조직운동에 제휴할 것을 협의하고 프로핀테른 포렴연락부원 박그레고리로부터 입선활동의 지령을 받고 김원묵과 서로 전후하여 동년 2월 초순 입선, 동월 13일 함흥에서 김원묵과 만나 2명이 서로 제휴하여 위 조합조직운동에 착수.

4. 김원묵과의 협의에 기초하여 그때 원산에 진출하여 동 지역의 동지 박태선(朴泰善)과 제휴하여 동 지역에서 혁명적 노동조합조직운동을 할 목적으로 동월 15일 김병국(金炳國) 집에서 김태석(金泰錫), 이춘하(李春河)와 만나 정세를 청취했으나 박태선은 이미 검거되어 정세가 좋지 않기 때문에 일차 함흥으로 돌아왔다. 김원묵과 합의하여 재차 원산에 이르러 동월 27일경 김명(金明)의 소개로 심윤호(沈允浩)와 만나 혁명적 노동조합운동을 위해 흥남에 잠입 활동할 것을 권유 협의함.

5. 동년 3월 7일부터 동월 12일까지 수회에 걸쳐 함주 운남면 주선규 집에서 장회건과 만나 동인으로부터 그 동지 및 사업을 인계받아 이후

동소(同所)를 근거로 하여 동인을 대신하여 함흥 흥남 방면의 혁명적 노동조합 조직운동을 지도하게 되었다.

1) 동월 중순경 동 지역에서 주선규와 만나 자기의 지도하에 혁명적 노동조합운동에 제휴할 것을 권유 협의하여 동지로 획득함.

2) 동월 15일 장회건의 소개로 송성관과 회합, 장래 자기의 지도하에 흥남에 있어서 혁명적 노동조합 조직운동에 제휴할 것을 권유 협의하고 그 영향하에 있는 동지의 소개를 명함.

3) 송성관의 소개로 흥남읍 조질회사직공 합숙소에서 이소가야(磯谷季次)와 만나 노동조합 조직운동에 제휴할 것을 권유 협의하여 동지로 획득.

4) 장회건의 안내에 의해 함흥부 함흥교 하류제방 위에서 피고 최신득과 만나 함흥 방면에서 운동에 제휴할 것을 권유 협의하고 동지로서 획득, 자기의 지도하에 출판사무를 담임시킴.

5) 동월 26일 송성관의 알선에 의해 주영심과 만나 흥남에 있어서의 혁명적 노동조합조직운동에 제휴할 것을 권유 제의하여 동지로 획득.

6) 동월 27일 흥납읍에서 허창룡과 만나 동인이 조종하는 자동차에 동승하여 최신득과 제휴하여 혁명적 교통노동조합 조직운동에서 활동할 것을 권유 협의.

6. 동월 23일 김원묵, 송성관, 주선규, 이소가야 등과 만나 혁명적 노동조합운동 대표자를 열어 흥남 방면에서 혁명적 노동조합운동의 잠정적 지도기관으로서 결사 흥남좌익을 조직하여 박세영 및 김원묵은 지도자로 되고 송성관은 조질흥남공장 직공 선인부(鮮人部) 책임, 이소가야는 동 공장 직공 내지인부책임, 주선규는 자유노동자부 책임으로서 각 활동부문의 책임부서를 정하여 흥남좌익의 활동 방침을 토의 결정함

7. 동년 4월 6일부터 8일까지 김원묵이 작성한 원고에 기초하여 김원

묵과 공동으로 동지에게 배포할 목적으로 당국의 허가없이 『노동자신문』 창간호로서 전투적 슬로건 제하의 "일체의 정치범을 즉시 석방하라, 조선 대만 만주로부터 일본군대를 즉시 철퇴하라, 중국혁명을 옹호하자" 등의 불온문서와 또 흥남좌익의 선언 및 태로서신에 의거하여 실천투쟁을 전개하자 등을 기재하여 결국 국헌을 문란하게 하는 선문지(鮮文紙)를 사용하여 등사출판했다. 동월 9일 주선규 집에서 김원석과 공동으로 반포목적으로 태로 10월서신 약 16부를 등사출판하고, 김원석 최신득 송성관 이소가야 주선규 등을 통하여 전게 동지 등 기타에게 배포함으로써 목적을 실행을 선동했다.

8. 동년 4월 초부터 동월 10일경까지 주선규 집 뒷마당에서 비밀출판 사무소로서 높이 약 5척, 너비 약 1평의 콘크리트제 지하실을 축조하여 동월 11일 김원묵에게 사업과 함께 이를 인계하고 당일 원산으로 잠행했다.

1) 동부(同府) 역전 이영로(李永櫓) 집에서 여러 차례 동 지역 공산주의운동자 박창섭, 송별립(이미 검거) 등과 회합하였는데, 동월 29일 원산노동연합회관 뒷산에서 원산에 있어서의 혁명적 노동조합 조직운동에서 자기의 지도하에 제휴할 것을 권유 협의하고, 5월 1일 메이데이 투쟁방법에 관해 협의하고 송별립의 알선에 의해 포렴항로선원 정두영(鄭斗永)과 면회하여 동인을 통하여 포렴과의 연락도 했다.

2) 동월 26일 남중군(南仲軍)을 거쳐 원산역전에서 김원묵의 사자(使者) 허형(許亨)으로부터 "조선절대독립, 노농민주소비에트동맹 만세" 등이 기재된 메이데이 격문 약 2천 매 및 불온내용의 『노동자신문』 선문(鮮文) 제2호 약 50부를 받고 그 내용을 알려줌. 이를 박창섭(朴昌燮)에게 교부하여 신문은 그때 동인의 영향하에 있는 동

지에게 배포하고 격문은 5월 1일 원산역 부근 곡마단흥업소 앞 군중에게 나누어주어 목적의 실행을 선동

3) 박창섭의 소개에 의해 동년 4월 하순부터 5월 초순까지 원산에서 공산주의운동의 수령인 이문홍(李文弘, 이미 판결)과 여러 차례 만나 혁명적 노동조합운동에 제휴 활동할 것을 약속받음

이상과 같이 혁명적 노동조합 조직을 위해 여러 가지로 책동하고 있었으나 검거를 당했기 때문에 함흥, 흥남, 원산 방면에 있어서 혁명적 노동조합의 하부조직은 아직 이루어지지 못했다.

第三. 최신득은 1923년부터 1928년까지 홍원, 양화, 송흥 등의 각 우편소 사무원으로 근무하여 1930년 5월부터 함흥부 나카가와(中川)자동차부의 자동차 운전조수로 되었다.

1. 1931년 9월 초경 이의수 집에서 동인과 함께 프로핀테른 지도하에 9월테제에 의거하여 함흥자동차 부문에서 혁명적 교통노동조합 조직을 위해 제휴할 것을 협의

1) 동월 중순 함흥 만세교 하류 좌안 제방위에서 이의수 및 허창룡과 함께 노동조합의 기초조직으로서 자동차종업원친목회를 조직하여 이를 혁명적 노동조합으로 지도 전개해야할 것을 협의

2) 동년 12월 초경 이의수 집에서 장회건, 이의수 등과 동일 사항에 관하여 협의

3) 1932년 2월 21일 허창룡 집에서 동인과 함께 전의 협의에 기초하여 김기손(金基孫) 이하 자동차운전수 조수 십수 명을 모아 자동차종업원친목회 조직에 대해 협의하여 그 준비위원 수명을 선정하고 김봉순과 제휴하여 동 친목회 조직을 위해 대표자집회 등의 개최에 대해 활동

2. 출판사업에 사용할 목적으로 동년 1월 중순경 함흥역전주식회사 나카가와(中川)자동차부영업소 사무실에서 동 회사소유의 등사판 1조를 절취함.

3. 1931년 12월경부터 1932년 3월 초순경까지 동지의 획득 교양을 위해 장회건과 공모하여『붉은 신문』창간호,『교통노동자신문』제7호 기타 불온문서의 무허가출판을 위해 동지 등에게 이를 배포, 선동

4. 그 후 장회건으로부터 후임지도자로 인계되어 동년 3월 17일 박세영과 같은 목적에 대한 사항 협의, 출판사업을 담임시키고 그 후 그에게 허창룡을 소개.

5. 동년 4월중동부 김형섭(金螢燮) 집에서 김원묵과 만나 신흥군 영고면 조질수전 제4호발전소 공사장에 있는 종업노동자를 규합하여 혁명적 노동조합 조직을 위해 협의

이상과 같이 혁명적 노동조합 조직을 위해 여러 가지로 책동하고 있었으나 동월 말 동소(同所)에 잠입한 후 곧 검거되어 그 조성은 아직 이루지 못했다.

第四. 허창룡은 1930년 5월부터 함흥 택시주식회사 자동차운전수가 된 자로 1. 1931년 9월 중순 최신득 및 이의수와 함흥자동차종업원부문에 혁명적 노동조합조직을 전제로 해 종업원친목회를 조직하여 이를 혁명적 노동조합으로 지도전개하려고 협의함.

2. 1932년 3월 21일 자택에서 위 협의에 기초해 최신득과 함께 김기손 등 자동차 운전수, 조수 등 십수 명을 모아 자동차종업원친목회조직에 대해 협의함.

第五. 김원석은 공립보통학교를 중도 퇴학하여 대판시, 동경시 등에

서 광금공(鑛金工)으로서 고학하고 1931년 3월부터 원산부 중정(仲町) 추원신문(椎原新聞) 판매점의 신문배달부가 되었는데 일찌기 다수의 좌익도서를 읽고 공산주의에 공명하고 있었던 바

1. 1931년 6월 15일 남정관(南廷寬) 집에서 동인(同人) 및 이용봉(李龍鳳) 등과 만나 동지의 혁명적 의식 앙양을 위해 원산신문배달자독서회를 조직하여 그 책임자로 되어 이후 동 장소에서 매주 3회 무산자정치교정을 교재로 하여 독서회를 계속 개최

2. 동월 17일 최태진(崔泰鎭) 집에서 송별립, 김이봉(金利鳳), 전태범(全泰範) 등과 만나 원산독서회책임자회를 조직하여 원산에 있어서의 독서회를 토일하여 각자 지도부문의 부서를 정하고 피고는 신문반 책임으로 되고 이후 레닌 저 『노동조합론』을 교재로 하여 매주 1회 동책임자회를 계속 개최할 것

3. 동년 7월 하순 추원신판매점에 대해 신문배달자의 동맹파업을 하고 검거가 개시되자 원산신문배달자독서회를 해체. 동년 8월 11일 광석동 뒷산에서 이창식(李昌植), 이정룡(李正龍) 등과 함께 원산리반(元山里班)독서회를 조직하고 동월 20일 강모 집에서 김영해(金永海), 강모, 한모 등과 협의하여 관내 독서회를 조직하고 피고는 그 지도자로 됨

4. 동년 8월 중순 김현제(金顯濟) 주창으로 도인 및 송별립, 김이봉 등과 회합하여 원산에서 혁명적 노동조합운동 통일을 위해 원산열성자회를 조직하여 프로핀테른 9월테제의 신이론에 따라 활동하기로 협의하고 수석책임, 농촌책임, 가두책임, 노동자책임의 각 부서를 정하여 피고는 노동자책임으로 되고 이후 그 목적의 수행을 위해 활동했는데 동년 11월 7일 러시아혁명기념일투쟁의 검거를 피해 함흥으로 와서 혁명적 노동조합 조직운동에 착수함

5. 동년 4월 6일~9일, 박세영과 함께 배포 목적으로 노동자신문 창간

호 조선문 약 20부 및 태로 10월서신 약 16부를 등사출판.

6. 동월 11일 피고 박세영의 명을 받아 원산에 잠입하여 송별립 및 박창섭과 만나 동인들에게 박세영의 도착을 기다려 그 지도하에 원산에서 혁명적 노동조합운동에 제휴할 것을 권유 협의하고 노동자신문, 태로 10월서신 등의 출판물 수부 내지 수십 부를 동인에게 교부하고 그 후 박세영에게 소개함

7. 동월 16일부터 26일에 걸쳐 김원묵과 함께 주선규의 집 지하실에서 반포(頒布)할 목적으로써 '일절의 정치범인을 즉시 해방하라, 조선절대독립, 노동자농민의 민주독재 정부 소비에트 수립 만세, 타도 일본제국주의, 국제적색노동조합운동 참모부 프로핀테른, 태평양연안, 적색노동조합운동지도부 태로 만세' 등 국헌을 문란케 하는 말이 실린 노동자신문 조선문 제2호 150부, 이와 동일내용의 같은 신문 일어판 제2호 및 동 신문 조선문 창간호와 동일내용의 동 신문 일어판 창간호 각 50부, '조선절대독립, 노농민주 소비에트동맹 만세' 등 메이데이 격문 약 1만 매를 등사출판하여 그 즈음 김원묵, 주선규, 박세영 등의 손을 경유하여 이를 동지들에게 배포하고 또는 노상에 살포. 이로써 혁명적 노조 조직을 위해 종종 책동했으나 이의 조직은 아직 달성하지 못함.

第六. 주인규는 함흥공립상업학교를 중도퇴학하고 연극 또는 영화배우로서 살던 자로1. 31년 10월 상중순경 함주군 운남면 수동리에 있는 동생 주선규의 집에 동거중 이 집에서 송성관과 만나 협의.

2. 동월 20일경 송성관의 소개로 같은 면 부흥리(復興里) 산중(山中)에서 장회건과 만나 그의 권유로 공산주의운동에 제휴할 것을 협의하고 당시의 흥남의 적색노동조합운동의 검거상황을 조사하고, 그 즈음 원산에 있던 장회건과 동지 박복녀와의 회견에 진력하여 동년 10월 24일 장

회건의 지시로 밀서를 갖고 프로핀테른 포렴연락부에 출두하여 장회건의 사업을 보고하고 동 연락부로부터 장회건에 대한 지령 및 태로 10월 서신을 받아 동년 12월 4일 조선으로 가져와 장회건에게 보고하고 줌.

3. 그 후 장회건의 후임으로서 박세영 등의 입선을 보고 동년 3월 초순 주선규의 집에서 면회하고 사업인계를 위해 동년 4월 초부터 동월 10일경에 걸쳐 박세영 등과 주선규의 집 뜰에 비밀출판사무소로서 지하실의 축조를 위해 박세영과 협력하여 동생 주선규와 모의. 동년 3월 7일부터 4월 11일까지 박세영을, 그 후 수일간 김원묵을 활동의 근거로서 거주시키고 음식물을 제공함. 또 전게한 메이데이 격문의 살포에도 협력함.

第七. 주선규는 함흥 영생고등보통학교를 중도퇴학하고 1931년 10월부터 흥남에서 에자키(江崎)철공소의 철공이 되어 조질흥남공장의 지정인부로서 자유노동에 종사하고 있었는데 일찌기 공산주의자 송성관 등의 감화를 받아 공산주의사상을 받아들임

1. 1931년 10월 상순 흥남읍 구룡리에서 송성관과 만나 공산주의사회 실현의 목적으로서 프로핀테른의 지도하에 9월테제에 근거, 조질 흥남공장을 중심으로 혁명적 노동조합 조직을 위해 제휴 활동하기로 협의.

2. 1931년 12월 9일 함주군 운남면 자택에서 송성관, 이소가야 스에지(磯谷季次)와 만나 각자의 직장에서 조합반을 조직하여 이를 기초로 하여 혁명적 노동조합을 조직할 것을 협의하고 각자의 활동부문을 정함.

3. 그 후 박세영이 입선하고서부터 동인의 지도하에 활동하게 됨.

1) 32년 3월경 박세영과 동일목적의 사항에 관해 협의하고 이후 친형 주인규와도 서로 모의하여 박세영, 김원묵을 자택에 거주시켜 음식물을 제공하여 동인 등의 활동의 근거로 지하실의 축조에도 협

력함.

2) 동월 23일 혁명적 노동조합운동대표자대회를 개최하고 결사 함흥 좌익을 조직하고 활동부문의 부서 분담 및 활동방침을 결정하고 피고는 자유노동자부 책임으로 됨.

3) 위 결사의 목적수행을 위해 동월 25일 흥남읍 천기리 산중 등에서 고명봉, 이필하, 조인수 등과 몇 번 만나 프로핀테른 지령하에 흥남에서 혁명적 노동조합운동에 제휴할 것을 협의하여 이들에게 각 활동지역의 분담을 정해줌. 4월 1일 이들과 만나 동지획득 및 班조직의 방법을 지도하고 주선규는 가두노동자부문의 가두분자, 고명봉은 조질흥남공장 내 화물계 지정인부, 이필하는 동(同)공장 철도 인입선(引入線)계의 각 책임으로서 활동할 것을 협의 결정. 동월 24일 정장원 집에서 이들과 만나 메에데이격문 살포의 방법에 관해 협의

4) 위 결사의 목적수행을 위해 박세영, 김원묵 등의 요구에 응해 흥남읍에 있어서 동년 4월 중순 노동자신문 조선문 창간호 약 7부를 고명봉 등에게, 동월 하순 동 신문 일어판 창간호 20몇 부 및 제2호 16부를 이소가야에게, 동월 하순 동 신문 조선문 제2호 60~70부를 송성관에게 각각 교부하였다. 또 위 신문을 각 영향하의 동지에게 배포하고, 동월 25일경 노동자신문 및 메이데이 격문을 원산에 송부하고, 또 동월 28일 흥남읍 조인수(趙寅秀) 집에 메이데이격문 약 천 매를 송부하고 동월 30일 밤 같은 읍 구룡리의 도로상에 살포시켰다.

위와 같이 흥남을 중심으로 하여 혁명적노동조합조직을 위해 노력했으나 검거되어 이의 조직은 아직 수행되지 못함.

第八. 홍배식은 보통학교 졸업 후 1926년 7월부터 함흥역 인부로 되어 1927년 6월 조선철도주식회사의 차장으로 되어 1931년 2월 해고되어 자유노동에 종사하고 있었다.

1. 1931년 10월 14일 유봉주 지도하에 양충렬 집에서 유봉주, 이영주, 김필수 등과 만나 함흥자유노동조합을 조직. 피고는 선전선동부책임으로 되고, 동조합의 확대를 위해 동년 10월 16일 및 17일에 걸쳐 이시화, 이승환(李承煥), 김규덕(金奎德)을 방문하여 함흥자유노동조합에 가입할 것을 권유. 또 조합반을 조직하기로 협의. 이들을 모아 수회에 걸쳐 위 조합의 요구 강령초안을 해설하고 기타 간부들과 기관지의 발행 등에 대해 협의 책동하고 있었는데 유봉주가 지도한 11월 7일 러시아혁명기념일투쟁 때문에 수명의 간부들이 검거되자 동 조합은 거의 궤멸에 빠졌으므로, 1932년 1월 8일 유봉주의 주창하에 서영근, 김병묵, 이영봉(李泳峰) 등과 회합하여 역원(役員)을 선정하고 책임부서를 개정해서 재건조직하고 피고는 조직부책임으로 됨.

2. 이 결사의 목적수행을 위해

1) 동 조합사무소인 홍우수(洪祐洙) 집에서 십수 회에 걸쳐 간부회를 개최하고 기관지 『붉은 주먹』 및 『3월 1,6,8일은』이란 불온문서의 출판, 조합반 조직 등의 협의에 참여

2) 32년 1월 16일경부터 다음달 22일까지 김규연(金奎淵), 박연서(朴淵瑞), 한영호(韓英鎬) 및 심인겸(沈麟謙), 심국씨복(沈國氏福), 주계섭(朱啓燮), 한원창(韓元昌) 등을 방문하여 위 함흥자유노동조합에 권유 가입시키고 또 조합반 조직에 대해 권유 실행함.

3) 동년 2월 14일, 15일 양일에 걸쳐 앞의 노동조합사무소에 있어서 윤치선(尹致善), 심건섭(沈建燮), 서영근(徐榮根) 등과 함께 모의, 배포의 목적으로써 "우리 함흥자유노동조합은 작년 11월 7일 노농

러시아혁명 기념일을 기해 놈들의 비인간적인 탄압과 싸우면서 대담하게도 수백 매의 삐라를 각 직장 학교 등에 살포하고 강력히 투쟁했다. 조합의 유일한 지도자 대표자 몇몇 전위를 잃었으나 열성분자는 놈들의 탄압과 싸워 절대 기관을 재건했다. 전 무산노동대중이여, 우리들은 노동대중의 위대한 역사적 사명을 굳게 믿고 이를 완수하기 위해 용감히 백색테러의 야수적 탄압에 대항하려 한다. 우리들의 날은 멀지 않다. 우리들의 진영인 혁명적노동조합을 사수하자"고 설명한 성명서 기타 모든 일본의 통치 및 자본주의 제를 비난하고 소비에트 러시아를 구가하며 공산주의사회 실현을 위해 그 실행을 선동하여 결국 국헌을 문란케 하는 동 조합 기관지『붉은 주먹』제2호(押 제854호의 證 제1호) 약 36부를 당국의 허가를 받지 않고 등사(동 압 증 제269, 270호 등사판 등을 사용) 출판하고

4) 동월 15일 윤치선과 함께 김규연 이하 6명의 신가입자 집을 방문하여『붉은 주먹』제2호를 각 3부 내지 5부씩 배포하고 또 그 영향하에 있는 사람에게 배포하여 전시 목적 실행을 선동하고

5) 동월 28일 후임 조직부 책임 피고 서영근과 함께 피고 김규연 이하 전시 6명의 동지들에게『붉은 신문』창간호의 내용을 알려주고 각 2부 내지 3부씩 배포, 전과같이 선동을 함

第九. 피고 윤치선은 함흥 공립상업학교 제3학년일 때 보안법 위반의 범죄로 퇴교당하고 1930년 3월 27일 경성 복심(覆審)법원에서 징역 4개월, 3년간 집행유예의 처분을 받고 그 후 토목공사인부감독에 종사하다가 다수의 좌경도서를 읽었다.

1. 1931년 6월경 이영봉(李泳峰)의 권유에 의해 함흥자유노동조합의

전신이었던 조직에 참가하였고 함흥자유노동조합을 조직되자 그 즈음 동 결사의 목적을 알고 이에 가입, 1932년 1월 8일 동 조합의 재건조직에서 서기장이 되었다.

2. 위 결사의 확대강화를 위해 십몇 회 간부회에 출석하고 그 외 동 조합 목적 수행을 위해

1) 1931년 11월 7일 러시아혁명기념일 투쟁사업으로서 유봉주의 지도에 의해 혁명적 학생제군이라 제목한 식민지노예교육 절대반대, 소비에트 러시아 10주년 만세, 일본제국주의를 타도하자, 형제여 단결하자 등의 슬로건을 기재한 격문의 교부를 받아 그 내용을 숙지하고 동월 6일 오전 0시경부터 2시경에 걸쳐 이 격문 약 삼백오십 매를 심건섭, 이종훈으로 하여금 함흥부 내 영생여자고등보통학교, 영생고등보통학교, 함흥공립고등보통학교의 각 교정 또는 교실 등에 살포시키고 후자의 격문은 60매를 서용복으로 하여금 함흥부 군영 물산진열장 횡리립공사장 등에 살포, 약 150매를 문경은, 김철기(이미 판결)으로 하여금 함주군 주서면 성천강 우안제방 공사장에 살포케 함.

2) 1932년 2월 상순경 함흥 복부정(福富町) 3정목(丁目) 피고 박연서의 집에서 동인 등과 같이 조합반을 조직.

3) 동년 2월 14일, 15일 양일 동안 앞의 제8-2-(3)의 사실과 같은 것을 배포할 목적으로써 피고 홍배식 등과 공모, 불온문서 기관지 붉은 주먹 제2호를 출판

4) 동월 15일, 앞의 제8-2-(4)의 사실과 같이, 홍배식과 함께 기관지 붉은 주먹 제2호를 배포

第十. 피고 심건섭은 함흥청년동맹 소년부에 가입해서 책임간부로 되

어 1929년 4월 영생고등보통학교에 입학했으나 제2학년 때 동맹휴교 사건에 관련하여 퇴교, 그 후 자유노동에 종사하였다.

1. 1931년 11월 7일 러시아혁명 기념일투쟁에 관해 앞의 제9-2-(1)의 사실과 같이 피고 윤치선으로부터 혁명적 학생제군이라 제목한 앞의 격문 약 350매를 받아 그 내용을 알고 국체를 변혁하고 조선에서 사유재산제도를 부인하여 공산주의사회실현의 목적으로써 동월 6일 오전 2시경 피고 이종훈과 함께 이를 살포.

2. 1932년 1월 17일 함흥부 구하서리(舊荷西里) 이영봉의 집에서 이영봉의 권유로 함흥자유노동조합이 조직되었다는 것을 알고 이에 가입, 동년 2월 6일 그 정치부 책임이 되어 출판사무를 담임하고 이후 십수회 간부회에 출석하고 동 조합의 확대강화를 위해 활동.

3. 동 조합 목적 수행을 위해

1) 동년 2월 14일 15일 양일 동안 앞의 제8-2-3)의 사실과 같이 피고 홍배식 등과 함께 배포의 목적으로써 붉은 주먹 제2호를 무허가 출판하여 앞과 동일목적으로써 앞의 제8-2-4)의 사실과 같이 이를 배포하고 앞의 목적의 실행을 선동. 또 그 즈음 전게한 '3월 1, 6, 8일은'이란 불온문서의 출판을 위해
2) 동년 3월 14일경 같은 부(府) 서정(曙町) 최갑득의 집에서 동인 및 피고 허동을 권유해서 함흥자유노동조합에 가입시키고 같은 시간에 동인 등과 조합반을 조직.
3) 동년 4월 16일 같은 부 춘일정(春日町) 2정목(丁目) 피고 허동의 집에서 동인과 공모하여 배포의 목적으로써 등사판을 사용해서 "자유노동자 제동지여, 비합법적 지하운동의 공포심을 버리고 대담한 볼세비키운동을 행하자, 스파이를 적색테로로 소탕하고 우리들의 조직체를 지하에서 위로 움켜쥐고 합법적 정체로 해서 드러내는

동시에 우리들이 정권을 장악할 수 있도록 견고하게 피흘려서 투쟁하자, 우리들은 노농러시아와 중국혁명을 지원해야 하는 중대한 임무가 있다, 부르조아계급사회로부터 무산계급공산사회에로 이동하는 데 일체의 불평불만을 제거하는 역사적 사명을 방해하는 자에 대항하여 싸우자 운운"이라 기재해 일본의 통치 및 자본주의 제도를 비난하고 공산주의사회 실현을 구가하고 국헌을 문란케 하는 불온문서 기관지 붉은 주먹 제4호 약 3천 부를 무허가 출판하여 피고 서영근으로 하여금 동월 19일 후기(後記)하는 바와 같이 배포시킴.

第十一. 서영근(徐榮根)

피고 서영근은 경성 중동학교 속성과를 졸업하고 1931년 2월경부터 자유노동에 종사했는데 1929년 3월 4일 절도죄에 의해 당 법원에서 징역 2년, 3년간 집행유예의 판결을 받은 적이 있고 이후 다수의 좌경도서를 읽은 바 있다.

1. 1932년 1월 3일 이영봉의 권유에 의해 함흥자유노동조합에 가입하고 동월 8일 동 조합의 재건조직 때 선전선동 책임이 되고 동년 2월 26일 피고 홍배식 윤치선의 후임으로서 조직부 책임이 되었다.

2. 위 결사의 확대강화를 위해 가입 후 기관지 붉은 주먹의 발행, 기타에 대해 종종 협의 획책함.

(1) 동년 2월 10일 함주군 주서면(州西面) 서상리(西上里) 피고 한영호의 집에서 동인 및 최창원과 만나 조합반을 조직.

(2) 동월 14, 15일 양일에 걸쳐 피고 홍배식 등과 함께 전게 제8-2-(3)의 사실과 같이 배포의 목적으로써 동 조합 기관지 붉은 주먹 제2호를 무허가 등사출판해서 전게 제8-2-(4)와 같이 이를 배포하고

또 스스로도 직접 일부의 배포를 위해 앞의 목적 실행의 선동을 위해

(3) 홍배식의 후임이 되어 그 사무인계를 받아 동월 28일 홍배식과 같이 전게 제8-2-(5)의 사실과 같이 피고 김규연 등을 만나 붉은 신문 창간호와 전게 "3월 1,6,8일은"이라는 문서를 그 내용을 알게 하고 배포함.

(4) 동년 4월 19일 전게 제10-3-(3)의 기관지 붉은 주먹 제4호 약 30부를 피고 김규연, 박연서, 한영호 외 3명을 만나 각 3부 내지 6부를 배포함.

(5) 동월 20일 함흥부 반룡산(盤龍山) 위에서 피고 허동, 박재욱과 만나 박재욱을 권유해서 위 조합에 가입시키고 동시에 위 3명과 조합반을 조직

(6) 동월 27일 반룡산 궁장(弓場)에서 피고 허동, 김병묵과 회합하여 위 조합의 메이데이투쟁사업으로서 격문을 무허가 출판하여 배포하는 것을 공모하고 3명에게 "제국주의전쟁에 절대반대하자, 조선, 만주에서 일본군대를 즉시 철퇴시키자, 중국혁명을 옹호하자, 노농 러시아 대 세계제국주의열국 간의 전쟁준비에 저항하자, 타도 일본제국, 태평양노동조합비서부를 사수하자" 등 조선의 독립, 공산주의사회실현의실행을 선동하고 국헌을 문란케 하는 불온문서의 원고를 작성하여 이에 기반해 후기와 같이 피고 허동으로 하여금 무허가 등사출판하여 배포하게 하고 앞의 목적의 실행을 선동함.

第十二. 김병묵(金柄默)

피고 김병묵은 공립보통학교를 중도퇴학하고 함경남도 경찰부(警察

部) 급사로 근무하다가 1928년경부터 함흥청년동맹 소년부 역원(役員)이 되어 동년 11월 이후 자유노동에 종사하다가 좌경도서를 읽었다.

1. 1931년 6월중순 유봉주의 권유로 함흥자유노동조합에 가입하여 …… 함흥부 황금정(黃金町) 4정목(丁目) 심국씨복(沈國氏福)의 집에서 동인 및 유봉주와 함께 3명이서 조합반을 조직, 1932년 1월 8일 앞의 조합의 재건조직에 참여하여 조사부 책임이 되고 그 후 홍배식, 윤치선이 간부를 사임하자 동년 2월 26일 선전선동부 책임이 되었다.

(1) 동년 2월 22일 함주군 운남면(雲南面) 사포리(沙浦里) 주계섭(朱啓燮)의 집에서 동인에게 권유하여 위 조합의 반을 조직하여 붉은 주먹 제2호를 교재로 해서 반원의 교양을 위하여

(2) 동년 4월 27일 앞 제11-2-(6)의 사항과 같이 피고 서영근, 허동 등과 함께 앞 조합의 메이데이투쟁을 위해 배포의 목적으로써 격문을 무허가 출판하는 것을 협의하여, 3명이서 그 원고를 작성하고 피고 허동으로 하여금 후기(後記)와 같이 이를 무허가 등사출판배포시킴.

第十三. 허동(許東)

피고 허동은 함흥공립고등보통학교를 중도퇴학하고 무위도식하다가 좌익도서를 읽으면서 생활 곤란으로 현 사회제도에 불만을 품었다.

1. 1932년 3월 14일경 함흥부 서정(曙町) 피고 최갑득의 집에서 피고 심건섭의 권유로 함흥자유노동조합에 가입하는 동시에 동인 등과 같이 동 조합의 반을 조직하여 출판사무를 담임함.

2. 이것을 출판에 사용한 목적은

(1) 동월 15일 오전 2시경 사람을 시켜 함주군 천서면사무소(川西面事務所)에 침입하여 동 면사무소에 있는 등사판 1조(組)를 훔침.

(2) 동년 5월 23일 밤 타인을 시켜 함주군 천서면 사립 일능(一能)학교 및 함흥영생고등보통학교의 각 교무실에 침입하여 등사판 등 1조를 훔침.

3. 위 조합의 목적 수행을 위해

(1) 동년 4월 16일 피고 심건섭과 함께 앞 제10-3-(3)의 사실과 같이 붉은 주먹 제4호를 등사출판하고 앞 제11-2-(4)와 같이 피고 서영근으로 하여금 이를 배포시킴.

(2) 동월 27일 앞 제11-2-(6)과 같이 피고 서영근, 김병묵 등과 위 조합의 메이데이 투쟁 사업으로서 격문을 출판 배포하는 것을 공모하고 그 원고를 작성하여 동월 28일, 29일 양일에 걸쳐 자택에서 앞의 등사판을 사용하여 위 원고에 기초하여 메이데이격문 약 1000매를 출판.

(3) 동월 30일 오후 9시경부터 다음날 오전 2시경까지 피고 박재욱과 함께 위 격문을 성천강(城川江) 우안(右岸)제방 공사장에서 약 6백매, 만세교(萬歲橋) 도로 위에 30매, 황금정 하수공사장에 약 20매, 함흥 수도저수지 밑 터널 내에 약 30매를 살포하고 또 피고 서정락, 이명수, 최갑득, 이병용 등으로 하여금 후기와 같이 살포함.

第十四. 최갑득(崔甲得)

피고 최갑득은 피고 최신득(崔辛得)의 동생으로서 함흥사립영생고등보통학교 제3학년 때 퇴교처분을 받아 간도(間島) 용정촌(龍井村) 동흥중학교(東興中學校)에 입학, 동교에서도 중도퇴학 당한 적이 있다.

1. 1932년 3월 10일 함흥부 서정(曙町) 1정목 자택에서 피고 심건섭의 권유로 함흥자유노동조합에 가입하고 피고 심건섭 허동과 같이 조합반을 조직.

2. 동년 4월 29일 허동으로부터 위 조합의 메이데이투쟁사업으로서 격문살포를 명령받아 동월 30일 오후 10시경부터 12시경까지 메이데이 격문 약 200매를 함흥부 내 가타쿠라 제사(片倉製絲)공장, 주식회사 나카가와(中川) 자동차부, 북선(北鮮) 자동차부 등의 문 안 또는 자동차 내에 살포, 전시 목적 실행을 선동함.

第十五. 서정락(徐廷絡)

피고 서정락은 공립보통학교를 졸업 후 농업에 종사했던 자임. 1932년 4월 30일 피고 허동의 의뢰로 함흥자유노동조합의 메이데이투쟁사업으로서 메이데이격문의 살포를 인수받아 격문 약 480매를 교부받아 동일 오후 10시경부터 12시경까지 약 380매를 함흥부 대화정(大和町) 및 복부정(福富町) 도로 등에 살포하고 약 100매를 피고 이명수에 의뢰하여 후기(後記)와 같이 살포, 전시 목적 실행을 선동함.

第十六. 이명수(李明洙)

피고 이명수는 보통학교 졸업후 노동에 종사하였던 자임. 1932년 4월 30일 피고 허동 및 서정락의 의뢰로 함흥자유노동조합의 메이데이투쟁사업으로서 메이데이격문살포를 인수받아 피고 서정락으로부터 격문 약 100매를 받아 동일 오후 9시 30분경부터 11시경까지 함흥부 내의 전주(電柱), 판병(板塀) 또는 공동변소 벽 등에 약 70매를 부착하고 화소정(花笑町) 유곽리통(遊廓裏通)에서 약 30매를 살포하고 전시 목적 실행을 선동하고

第十七. 이병용(李炳容)

피고 이병용은 사립보통학교 졸업 후 간도 동흥중학교에 한때 통학

했던 적이 있으나 1932년 4월 30일 피고 허동의 의뢰로 함흥자유노동조합 메이데이투쟁사업으로 격문살포를 인수받아 격문 약 80매를 교부받아 다음날 오전 2시경 이를 함흥역 기관차에 살포, 전시 목적 실행을 선동.

第十八. 이종훈(李宗薰)

피고 이종훈은 함흥사립영생고등보통학교의 제3학년 과정을 수료하고 1931년 11월 4일 피고 윤치선의 의뢰로 함흥자유노동조합의 러시아 혁명기념일 투쟁사업으로서 격문의 살포를 인수받아 앞 제9-2-(1)의 사실과 같이 혁명적 학생제군이라 제목한 격문 약 350매를 교부받아 동월 6일 오전 0시경부터 2시경까지 피고 심건섭과 같이 살포, 전시 목적 실행을 선동함.

第十九. 박재욱(朴在郁)

피고 박재욱은 간도 용정촌 사립 동흥중학교를 중도퇴학했던 자이다.

1. 1932년 4월 20일 피고 서영근 허동 등과 함흥 반룡산(盤龍山) 위에서 회합하여 동인 등의 권유로 함흥자유노동조합에 가입하고 동인 등과 조합반을 조직.

2. 위 결사의 목적 수행을 위해

(1) 동월 23일경 거리(居里) 이병선(李炳善)의 집에서 동인에 대해 동일목적으로서 조합 가입을 권유 협의함.

(2) 동월 30일 위 결사의 메이데이투쟁사업으로서 앞 제13-3-(3)의 사업과 같이 피고 허동과 함께 앞 격문을 살포, 전시 목적 실행을 선동.

3. 동년 5월 23일경 피고 허동의 의뢰로 동인이 일능(一能)학교에서 훔친 등사판 등을 알고 동월 26일경 이를 함흥부 복부정 1정목 박하흥(朴夏興)의 집에서 함주군 동천면(東川面) 경흥리(慶興里)의 피고 자택

에 운반하여 숨겨둠.

第二十. 박연서(朴淵瑞)

피고 박연서는 함흥 사립영신보통학교 제4학년 때 중도퇴학하고 농업 및 자유노동에 종사하였던 자임

1. 1932년 2월 상순 피고 홍배식의 권유로 자택에서 함흥자유노동조합에 가입하고 그 즈음 함흥부 복부정 자택에서 피고 윤치선 등과 회합하여 조합반을 조직하고 반장이 됨.

2. 동월 15일경 기관지 붉은 주먹 제2호 및 4월 19일경 제4호를 백일옥(白日玉), 송수일(宋壽一) 등에게 1부씩 배포, 전시 목적 실행을 선동하여 위 조합의 목적수행을 위한 활동을 함.

第二一. 한영호(韓英鎬)

피고 한영호는 함흥사립영신보통학교 제4학년 때 중도퇴학했던 자임

1. 1932년 2월 상순경 피고 홍배식의 권유로 자택에서 함흥자유노동조합에 가입하고 동부 본정(本町) 3정목 최창원(崔昌元)의 집에서 피고 서영근, 최창원 등과 함께 조합반을 조직하여 반장이 됨.

2. 동년 15일경 붉은 주먹 제2호를 동년 4월 19일경 붉은 주먹 제4호를 최창원 및 피고 서영근 등에 배포함.

第二二. 김규연(金奎淵)

피고 김규연은 공립 보통학교를 4학년 때 중도퇴학하고 노동 및 어류(魚類) 행상 등에 종사한 자임.

1. 1932년 2월 상순 함흥부 본정(本町) 5정목 자택에서 피고 홍배식의 권유로 함흥자유노동조합에 가입, 그 수일 후 같은 정(町) 김문각(金文

珏), 노의규(盧義奎) 등을 방문하여 위 조합에 가입시키고 조합반 조직을 함.

2. 동월 15일경 붉은 주먹 제2호, 동월 28일경 붉은 신문 창간호, 동년 4월 19일경 붉은 주먹 제4호를 김문각, 노의규 등에 배포.

第二三. 엄윤식(嚴允植)

피고 엄윤식은 함흥공립상업학교 제3학년 재학 중 광주학생 사건에 관계되어 퇴교당하고 보안법 위반의 죄로 1930년 3월 27일 경성복심법원에서 징역 4개월 3년 집행유예의 판결을 받은 자임.

1. 1931년 8월경부터 함주군 동천면 경흥리 사립경흥학원의 교사에 종사중 동원(同院) 서간생도(書間生徒) 정춘근(鄭春根) 이하 약 25명에 대해 수회 창가(唱歌)시간 중 적기가(赤旗歌)를 가르쳐 합창시켰음.

2. 1932년 5월 4일 동면 상수리(上水里) 박준열(朴駿烈)의 집에서 피고 주선규 및 주인규와 회합하여 동인등이 공산주의혁명을 위해 흥남에서 혁명적 노동조합운동 활동으로 검거를 도피하고 있다는 사실을 듣고 동인 등의 의뢰로 동일 동면 심동리(深洞里) 조규삼(趙珪三)의 집에 안내해 이후 약 40일간 이 집에서 체재케 함. 그동안 동인 등의 사자(使者)로서 동면 회상리(會上里) 김택윤(金澤胤)을 만나 금 10원을 주고 함흥부 치마정(馳馬町) 이성주(李成周)의 집에서 소주 2병을 수취하여 주고 신문지 등에서 앞의 사건의 검거상황을 조사하여 보고하는 등 동인 등의 체포를 면하게 하기 위해 종종 편의를 주어 은피케 함.

第二四. 송성관(宋成寬)

피고 송성관은 함흥도립 사범학교 및 경성사립고등예비학교를 함께 중도퇴학하고 1928년경 함흥청년동맹에 가입하여 동년 4월 10일 경성복심법원에서 상해치사죄로 징역 2년, 2년간 집행유예의 판결을 받고 6월 1일부터 조질흥남공장 직공이 되어 동년 12월경 해고당했던 자임.

1. 1931년 8월경 함주군 흥남읍 천기리(天機里) 이방영(李芳英)의 집에서 동인 및 장덕호(張德浩), 홍면수(洪冕洙), 부기남(夫己男), 오윤선(吳允善) 등과 회합하여 사회과학연구의 독서회를 개최하고 상호 계급의식을 교양하여 흥남에서 혁명적(적색) 노동조합운동재건을 위한 활동을 할 것을 협의하고, 그 즈음 동읍 신상리(新上里)의 자택에서 자본주의의 계략을 교재로 해서 동인 등에게 해설강의함.

2. 동년 10월경 혁명적 노동조합재건운동에 종사하는 장회건에게 동지 안현옥(安顯玉), 임종호(林鍾浩), 김도숙(金道淑), 최창길(崔昌吉) 등을 소개하고 그 지도하에 인계해서 동년 12월 9일경 앞 제7-2의 사실과 같이 주선규의 집에서 동인 및 이소가야와 회합하여 혁명적 노동조합재건을 위해 각자 활동부문을 정하여 동지획득을 위해 제휴 활동할 것을 협의함.

3. 장회건의 후임으로서 피고 박세영(朴世榮) 등이 조선에 들어온 후는 앞 제2-5와 같이 동인 등의 지도하에 인계되어 활동하고 동인 등에게 동지의 소개 외에, 1932년 3월 23일 제2-6의 사실과 같이 정장원의 집에서 박세영, 김원묵, 주선규, 이소가야와 회합하여 피고 고명봉으로 하여금 집밖을 경계하게 하고 흥남에서의 혁명적 노동조합운동의 잠정적 지도기관으로서 결사 흥남좌익이라는 기초조직을 수립하여 기관지를 발행하여 태로 10월서신을 대중화하고 태로지도하에 동지를 지도획득하는 것 등 부서결정의 결과 조질흥남공장 선인부(鮮人部) 책임이 됨.

第二五. 이소가야 스에지(磯谷季次)

피고 이소가야 스에지는 1928년 5월 나남보병(羅南步兵) 제76연대에 입영하여 1930년 4월 제대 후 조질흥남공장의 직공이 되어 피고 주선규, 김형(金瀅) 등의 감화를 받았던 자임.

1. 1931년 10월경 동 공장내 축항(築港)작업장 동읍 구룡리(九龍里) 신민섭(申旼燮)의 집 등에서 주선규의 권유로, 우리 국체를 변혁하고 사유재산제도를 부인할 목적으로 태로(太勞) 지도하에 흥남에서 혁명적(적색) 노동조합운동재건을 위해 제휴 활동할 것을 협의함.

동년 12월 9일경 주선규의 집에서 위 제7-1과 같이 송성관, 주선규와 회합하여 위 사항의 실행에 관한 협의를 하고 활동부문을 정함.

2. 그 후 박세영의 지도하에 인계되어 1932년 3월 23일 위 제2-6과 같이 정장원(鄭壯源)의 집에서 동일 목적으로써 앞의 비밀결사 흥남좌익을 조직하여 그 활동부문으로서 내지인부(內地人部) 책임이 됨.

3. 위 결사의 목적수행을 위해

(1) 그 후 동년 4월 4일경까지 흥남(역) 전(前) 하숙선(下宿先) 장기정(長崎亭) 기타 동읍 내에서 동지 나가토모(永友信義), 하네다(羽田野幸晴), 고노(河野利一), 마츠무라(松村義士勇), 마에다(前田金作) 등에 대해 흥남좌익의 결성을 소개하고 태로 지도하에 그 확대강화를 위해 제휴 활동할 것을 권유 협의함.

(2) 동년 4월 18일경 흥남읍 천기리 마에다의 집에서 동인 및 앞의 동지 등과 회합하여 위 결사를 조직하여 이와 표리일체의 관계에 있고 전과 동일 목적을 갖는 결사 정장원(靜壯園)이라 칭한 소비조합의 조직을 할 것을 협의함.

(3) 동월 21일 주선규로부터 전계 흥남좌익기관지 노동자신문 방문(邦文, 일문) 제2호 16부를, 동월 23일 창간호 20몇 부를 수취하여 그 내용을 알면서 이를 나가토모 등 앞 동지들에게 교부하고 또 이의 영향하에 배포시킴으로써 위 목적 실행을 선동.

第二六. 이필하(李弼夏)

피고 이필하는 보통학교 졸업 후 향리에서 소년동맹, 청년동맹, 농민조합 등에 가입하여 1932년 1월부터 조질흥남공장에서 자유노동에 종사했던 자임

1. 1932년 3월중 흥남읍 천기리 裏山(뒷산)에서 주선규와 회합하여 동인의 권유로 흥남에서 혁명적(적색)노동조합운동 재건을 위해 제휴 활동할 것을 협의.

2. 동년 4월 초경 앞 제7-3-(3)과 같이 피고 주선규의 집, 운남면 복흥리 등에서 동인 및 피고 고명봉과 회합하여 태로 지도하에 제휴 활동할 것을 협의하고 활동부문을 정해 자기는 조질흥남공장 철도 인입선계(引入線係) 책임이 됨.

3. 그 즈음 흥남읍 천기리 裏山(뒷산)에서 한길만(韓吉萬), 이복이(李福伊)와 회합하여 동지로 해서 이를 획득하고 앞과 동일목적으로써 흥남에서 혁명적 노동조합운동 재건을 위해 제휴 활동할 것을 협의하고 동월 26일경 앞에 주선규로부터 받았던 노동자신문 창간호 각 1부를 동인 등에게 교부함.

4. 동년 4월 24일경 운남면에서 피고 주선규, 고명봉과 회합하여 동일목적으로써 메이데이격문 살포로 동지를 획득할 것을 협의함.

第二七. 주영심(朱英深)

피고 주영심은 함흥사립영생고등보통학교를 중도퇴학하고 경성, 오오사카, 동경 지방을 전전하다가 1931년부터 조질흥남공장의 직공으로 되었던 자임.

1. (1) 1931년 12월경 동 공장에서 피고 신기목과 함께 흥남에서 혁명적(적색) 노동조합운동 재건에 관해 법적 지도자 밑에서 제휴 활

동할 것을 협의.

(2) 1932년 1월경 ……월경에 걸쳐 흥남읍 천기리 하숙 등에서 장회건과 수차례 회합하여 동인의 권유로 앞과 동일목적으로써 동일 사항의 실행에 관해 제휴할 것을 협의.

(3) 또 1932년 3월 하순경 앞과 같이 송성관과 회합하여 동일목적으로써 동일사항의 실행에 관해 제휴할 것을 협의.

2. (1) 동년 3월 하순경 피고 송성관의 소개로 함주군 운남면 복흥리(본궁 부근) 도로에서 박세영과 만나 동인으로부터 전게 결사 흥남좌익의 조직을 듣고 동일목적으로써 동 결사의 목적달성을 위해 제휴 활동할 것을 협의.

(2) 이후 동년 4월경 동 공장 직장 등에서 피고 진병모 및 최경윤(崔景潤), 정명수(鄭明洙), 한상범(韓相範) 등과 회합하여 이들을 동지로서 획득하여 흥남에서 혁명적 노동조합운동 재건을 위해 제휴 활동할 것을 협의.

(3) 동년 4월 13일경 전게 노동자신문 조선문 창간호 15부, 동월 24일경 같은 신문 제2호 20부를 피고 송성관으로부터 받아서 피고 진병모, 최경윤 등 십수 명의 동지에게 배포함.

第二八. 고명봉(高明鳳)

피고 고명봉은 간도 용정촌 동흥중학교를 졸업하고 조질흥남공장의 지정인부(指定人夫)가 되었던 자임

1. 1932년 3월 23일 밤 정장원(鄭壯源)의 집에서 앞 제2-6과 같이 흥남좌익조직회의를 개최할 때에 주선규의 명령으로 국체 변혁 및 사유재산제도부인의 목적으로써 그 목적 실행의 뜻을 알고 같은 집 문앞에서 경계의 임무를 맡음.

2. 동년 4월 초경 운남면 내에서 앞 제7-3-(3)과 같이 주선규, 이필하와 회합하여 동일목적으로써 결사 흥남좌익의 목적수행을 위해 활동할 것을 협의하기 위해 활동부문을 나누어 자기는 자유노동자부문의 하물계 지정인부 책임이 됨.

3. 동월 중순경 주선규로부터 앞 노동자신문 조선문 창간호 7부를 받아 앞과 동일목적으로써 이복이(李福伊), 박동원(朴東元) 등에게 교부하고 이들을 동지로 획득하고 또 동월 하순경 운남면 내에서 앞과 같이 주선규 등과 메이데이투쟁의 격문 살포에 관해 협의하는 등 앞 결사의 목적수행을 위해 종종 활동.

第二九. 박용숙(朴龍塾)

피고 박용숙은 보통학교를 졸업하고 조질흥남공장의 직공이 되었던 자임

1. 1932년 2월경 함주군 서호명 서호리의 자택에서 최창길(崔昌吉)과 회합하여 동인의 권유로 우리 국체를 변혁하고 사유재산제도를 부인하며 조선에서 공산주의사회 실행의 목적으로써 흥남에서 혁명적(적색) 노동조합운동의 재건을 위해 제휴 활동할 것을 협의함.

2. (1) 동년 3월 24일경 최창길의 소개로 흥남읍 신상리(新上里) 피고 송성관의 집에서 송성관과 면회하여 앞 제24-4에 기재한 바와 같이 동일목적으로써 흥남좌익하에 활동할 것을 협의함.

(2) 그 즈음 2회에 걸쳐 앞 노동자신문 창간호 및 제2호 계 24부를 송성관으로부터 받아 이를 이달진(李達進)에게 주는 등 동 결사의 목적달성을 위해 활동함.

第三○. 장덕호(張德浩)

피고 장덕호는 평양 숭실중학교를 중도퇴학하고 조질흥남공장의 직공이 되었던 자임

1. 1931년 8월경 피고 송성관 등과 함께 전게 제24-1과 같이 동일목적으로써 혁명적(적색)노동조합재건을 위해 활동할 것을 협의함.

1. (1) 1932년 3월하순경 피고 송성관의 집에서 앞 제24-4와 같이 동일목적으로써 흥남좌익하에 활동할 것을 협의하고 그 후 정장원과도 동일사항에 대해 제휴 활동할 것을 협의.

(2) 동년 4월중순경 앞 결사 흥남좌익 기관지 노동자신문 조선문 창간호 15부, 동월 25일경 제2호 15부를 송성관으로부터 받아 흥남읍 내 등에서 동지 한영문(韓榮文), 오병무(吳炳武), 방치국(方致國), 정장원 등에게 교부하고 앞 결사의 목적달성을 위해 활동함.

第三一. 신기목(申基穆)

피고 신기목은 경성 사립 양정보통학교 제4학년생으로 동맹휴교를 기도하여 방교(放校)되어 귀향 후 함흥청년동맹 연포(連浦)지부의 집행위원장이 되었던 자로 1931년 7월 조질흥남공장 직공이 되었다.

1. 1931년 하순경 흥남읍 구룡리의 자택에서 피고 장회건과 회합하여 동일목적으로써 흥남에서 혁명적(적색)노동조합운동의 재건을 위해 제휴 활동할 것을 협의함.

2. 동년 12월경 앞 제27-1-(1)과 같이 앞과 동일목적으로써 피고 주영심과 동일사항에 관해 협의할 때 장회건에게 주영심을 동지로서 소개함.

第三二. 진병모(陳秉模)

피고 진병모는 보통학교를 졸업하고 조질흥남공장의 직공이 되었던 자임.

1. 1932년 3월 하순경 흥남직장 내에서 앞 제27-2-(2)와 같이 동일목적으로써 흥남에서 혁명적(적색)노동조합운동을 위해 제휴 활동할 것을 협의함.

2. 동년 4월 초순경 피고 주영심으로부터 결사 흥남좌익의 기관지 노동자신문 창간호 4부를 수취하여 공장내 등에 이를 이귀영(李貴英), 양인길(楊仁吉), 김리경(金利經) 등에게 배포하고 동인 등에게 앞 목적의 실행을 선동함.

第三三. 주치욱(朱致旭)

피고 주치욱은 보통학교를 졸업 후 조질흥남공장의 직공이 되었던 자임

1. 1932년 1월 15일경 함주군 운남면 복흥리의 자택에서 이달진, 하병익(河炳翼), 서재승(徐在昇), 주풍호(朱灃鎬), 윤경수(尹景壽), 이두홍(李斗泓) 등과 회합하여 국체를 변혁하고 사유재산제도를 부인해 조선에서 공산주의사회 실현을 목적으로써 사회과학연구회를 개최하고 상호 공산주의의식을 앙양하여 흥남에서 혁명적(적색)노동조합운동재건을 위해 제휴 활동할 것을 협의하고 그 후 2회에 걸쳐 동 연구회를 속행(續行함).

2. 동년 3월경 이달진으로부터 화공(化工), 붉은 신문 각 7부를 수취하여 흥남공장 등에서 이를 주권팔(朱權八), 주문정(朱文楨), 하병익(河炳翼), 서재승(徐在昇), 주풍호(朱灃鎬) 등에 배포함.

3. 동년 4월중순경 이 공장의 직장에서 피고 박용숙(朴龍塾)으로부터 결사 흥남좌익 기관지 노동자신문 창간호 4부를 수취하여 그 내용을 알고 그 즈음 앞과 동일목적으로써 이를 흥남읍내 등에서 이효윤(李孝允), 주문적, 주권팔 등에 배포함.

第三四. 임종호(林鍾浩)

피고 임종호는 간도 용정촌 동흥중학교를 중도퇴학하고 조질흥남공장 직공이 되었던 자로 1931년 10월 하순 해고당해서 중앙일보기자가 되었던 자임.

1. 1931년 10월경 피고 송성관의 소개로 흥남읍 천기리에 거주하는 장회건과 회합하여 흥남에서 혁명적(적색)노동조합운동의 재건을 위해 제휴 활동할 것을 협의.

2. 1932년 4월 초순경 흥남읍 신상리 모 음식점에서 피고 송성관과 회합하여 결사 흥남좌익의 조직을 듣고 그 기관지 노동자신문 창간호 1부를 받고 동 결사하에서 제휴 활동할 것을 협의.

3. 동년 4월 중순경 같은 군 퇴조면(退潮面) 송대리(松岱里)의 자택에서 김종락(金鍾洛), 김풍호(金灃鎬), 강병남(姜炳男) 등과 회합하여 노동자신문 창간호를 보여주고 흥남좌익과 연락을 취해 앞과 같은 목적으로써 퇴조 적색농민조합을 조직할 것을 협의, 전시목적 실행에 관해 협의하고, 이상 각 피고 등의 소위 중 동종 행위는 모두 범의계속에 관계한 것임.

해 제

이 문서는 1934년 10월 1일 장회건(張會建) 등 34인에 대한 치안유지법 사건에 대한 함흥지방법원 형사부의 판결문(사건번호는 昭和9年刑公第00號)(1934년)[53]과 이 1심법원의 판결에 대한 2심판결문(昭和9年刑

53) 이 판결문은 朝鮮總督府 高等法院 檢事局 思想部, 『思想彙報』 第1號, 1934.12, 43~90쪽에 수록되어 있다. 이 판결문에는 사건번호와 판사명이 누락되어 있는데 판사명은

控第440,441號)(1936년)이다. 이 사건에 관여한 판사는 조선총독부 함흥지방법원 판사인 재판장 미소노오(御園生忠男), 판사 후루구치(古口文平), 판사 미야케(三宅修一) 등 3인과 경성복심법원의 재판장 조선총독부 판사 하기(萩昌德), 모리모토(森本正), 하기(萩昌德, 高畑二郎 대리)이다.

이 「태로 2차사건」은 쇼와 7년(1932년) 쇼와 8년(1933년) 11월 18일 홍남경찰서에 수리되어 쇼와 8년(1933년) 12월 22일 함흥지방법원 검사국에 송국, 쇼와 8년(1933년) 12월 27일 함흥지방법원 검사국이 예심을 청구하여 쇼와 9년(1934년) 6월 5일 함흥지방법원에서 예심종결되었고, 1934년 8월 13일 공판이 개정되어 쇼와 9년(1934년) 10월 2일 함흥지방법원에서 1심 판결이 종료되었다(1934.9.11. 1명 공소기각).

그러나 이 1심 판결에 대해 장회건, 박세영, 송성관 등 3인은 공소(控所, 항소)를 제기하여 1936년 7월 20일 경성복심법원에서 복심 공판이 개정되어 1936년 9월 2일 2심이 종료되었다. 그러나 당시 일제의 복심재판은 장회건, 박세영, 송성관 등 치안유지법 위반사건에 대해 1심 판결과 동일한 징역 10년, 징역 10년, 징역 7년을 선고하였다.

당시 조선총독부 고등법원 검사국 사상부는 『思想彙報』에서 이 사건을 '혁명적노동조합조직운동 사건'으로 부르고 그 '사실개요'를 다음과 같이 언급하였다.

> "쇼와 5년(1930년) 8월 이래 러시아 수도 모스크바에서 개최된 프로핀테른 제5회 세계대회의 중앙집행위원회에서 결의된 「조선에 있어서 혁명적 노동조합운동의 임무」라는 제목의 소위 프로핀테른 「9월테제」에 따라 "조선의 독립 및 공산사회 실현을 목적으로써 혁명적 노동조합을 조직"하기 위해 쇼

당시 동아일보 기사에 언급되어 있는 것을 참조하였다(『동아일보』, 1934.9.4).

와 6년(1931년) 2월 이래 인천, 함흥, 흥남, 원산 및 함남 함주군 등에서 협의 획책하여 동 운동에 관분하고 동지의 획득 교양을 위해 쇼와 7년(1932년) 2월 이래 조선독립 및 공산주의혁명의 실행을 선동하고 국헌을 문란하는 불온문서 '붉은 신문'을 등사인쇄하고 배부함. 흥남방면에서 동 운동의 잠정적 지도기관으로서 동년 3월 비밀결사 '흥남좌익'을 조직하고 4월경 국헌을 문란하는 「太勞 10월서신」 및 기관지 『노동신문』 등 불온문서를 등사인쇄하여 배부함. 쇼와 6년(1931년) 10월 함흥에서 비밀결사 '함흥자유노동조합'을 조직하여 다음해 2월 일본의 통치 및 자본주의제도를 비난하고 공산주의사회실현을 구가하고 국헌을 문란하는 불온문서 『붉은 주먹』을 기관지로서 등사인쇄하고 배부함."[54]

당시 재판장인 미소노오(御園生忠男)는 이 판결에 대해 다음과 같이 '법률적용'을 하였다.

"법에 따르면 피고인 등의 판시 소위중 피고인 장회건의 결사미수의 점은 치유지법 제1조 제3항 제1항 전단 제2항[55]에 해당하고 하나의 소위가 여러 법의 관계에 있고 또 연속범이므로 형법 제55조[56] 제54조 제1항 전단[57] 제10조에 따라 중한 국체변혁을 목적으로 하는 결사조직미수죄의 형에 따르고 판시

54) 朝鮮總都府 高等法院 檢事局 思想部, 위의 글, 43쪽.

55) 치안유지법 [昭和 3년 6월 29일 긴급勅令(129호)에 의하야 개정] 제1조 ① 國體를 변혁함을 목적하고 結社를 조직한 자나 결사의 役員(간부) 기타 지도자의 임무에 종사한 자는 사형이나 무기 혹은 5년 이상의 징역이나 禁錮에 처하며, 情을 알고 結社에 가입한 자 또는 결사의 목적을 수행하려는 행위를 한 자에 2년 이상의 징역이나 금고에 처함. ② 사유재산제도를 부인함을 목적하고 結社를 조직한 자나 情을 알고 결사에 가입한 자 혹은 결사의 목적을 수행하라고 행위를 한 자는 10년 이상의 징역이나 금고에 처함. ③ 前 2項의 미수죄는 此를 罰함.

56) 형법 제55조 "연속한 수개의 행위로 동일 죄명에 觸할 때는 一罪로서 이를 처단한다."라고 규정되어 있다.

57) 형법 제54조 "1개의 행위로 수개의 죄명에 觸하고 또는 범죄의 수단 또는 결과된 타의 죄명에 觸한 때는 그 最重한 형으로써 처단함."

8.9의 출판반포의 점은 각 출판법 제11조 제1항 제1호[58] 조선형사령 제42조[59] 형법 제55조에 해당하고 이와 위 결사미수죄와는 1개 소위 수법의 관계에 있음으로 형법 제54조 제1항 전단 제10조에 따라 중한 위 결사조직미수죄의 형에 따르고 그 소정형 중 유기징역형을 선택하고 그 소정형기 범위 내에서 동 피고인을 징역 10년에 처한다.

피고인 박세영(판시 第2)의 판시 1.2.6.의 결사조직의 점은 치안유지법 제1조 제1항 전단 제2항에 판시 3 내지 8과 같이 협의 선동하고 잠정적 결사를 조직했지만 소기의 혁명적 노동조합의 하부조직을 수행한 점은 동법 제1조 제3항 제1항 전단제2항에 해당하고 일소위 수법의 관계에 있고 또 위 결사조직미수죄와 판시 6의 결사조직죄도 동일한 관계에 있으므로 기타의 죄는 연속범이므로 형법 제55조 제54조 제1항 전단 제10조에 의거 중한 국체변혁을 목적으로 하는 결사조직법의 형에 따르고 판시 제7의 출판반포의 점은 출판법 제11조 제1항 제1호 조선형사령 제42조 형법 제55조에 해당하고 이것과 위 결사조직법과는 일소위수법의 관계에 있으므로 형법 제55조 제1항 전단 제10조에 따라 중한 결사조직죄의 형에 따르고 그 소정형 중 유기징역형을 선택하고 그 소정형기 범위 내에서 동 피고인을 징역 10년에 처한다. …

피고인 주선규(판세제7)의 판시3-2) 결사조직의 점은 치안유지법 제1조 제1항 전단 제2항에 판시 1 내지3-1)과 같이 협의 등을 하고 위 3-2)와 같이 잠정적 결사를 조직하고 판시 3-3) 4)와 같이 그 목적수행의 행위를 하여 소기의 결사조직을 수행한 점은 동법 제1조 제3항 제1항 전단 제2항에 해당하고 각 일소위수법의 관계에 있고 또 결사조직죄 및 그 미수죄도 동일한 관계에

58) 출판법 제11조 1항은 다음과 같다. "허가를 得치 아니하고 출판한 저작자, 발행자는 左의 구별에 의하여 처단함. 1항 國交를 저해하거나 정체를 變壞하거나 國憲을 紊亂하는 문서 도서를 출판한 時는 3년 이하의 役刑."

59) [시행 1924.1.1] [조선총독부제령 제14호, 1922.12.7, 일부개정] 조선형사령 제42조 "이 영 시행 후 효력을 가지는 구 한국법규의 형은 다음 예에 따라 이 영의 형명으로 변경한다. 다만, 형의 기간 또는 금액은 그러하지 아니하다. 구한국법규의 형 이 영의 형 사형 사형, 종신역형 무기징역, 종신유형 무기금고, 15년 이하의 역형 유기징역, 15년 이하의 유형 또는 금옥 유기금고, 벌금 벌금, 구류 구류, 과료 과료, 몰입 몰수, 태형 20일 이하의 구류 또는 과료."

있음으로 형법 제54조 제1항 전단 제10조에 따라 중한 국체변혁을 목적으로 하는 결사조직죄의 형에 따르고 그 소정형 중 유기징역형을 선택하고 그 소정형기 범위 내에서 동 피고인을 징역 5년에 처한다. …

피고인 이소가야 스에지(磯谷季次)(판시 제25)의 판시 1과 같이 협의하고 판시 2, 3-1) 2) 3)과 같이 결사를 조직하고 그 목적 수행을 위한 행위를 한 점은 치안유지법 제1조 제1항 전단 제2항에 해당하고 일소위수법의 관계에 있음으로써 형법 제54조 제1항 전단 제10조에 따라 중한 국체변혁을 목적으로 하는 결사조직죄의 형에 따르고 그 소정 형 중 유기징역형을 선택하고 그 소정형기 범위 내에서 동 피고인을 징역 6년에 처한다. …"

장회건 등의 복심법원의 법률적용을 보면 "피고인 장회건의 소위(판시 제1) 중 결사의 점은 치안유지법 제1조 제3항 제1항 전단 제2항에 해당하고 판시 8, 9 출판 반포의 점은 각 출판법 제11조 제1항 제1호 조선형사령 제42조에 해당하고 전자 및 후자는 각각 일소위수법의 관계에 있고 또 각각 연속범에 관계이고 또 전자와 후자는 또한 일소위수법의 관계에 있음으로 형법 제54조 제1항 전단 제10조 55조에 의해 가장 중한 위 결사조직미수죄의 소정 형 중 유기징역형을 선택하고 그 소정형기 범위 내에서 피고인 장회건을 징역 10년에 처한다,

피고인 박세영의 소위(판시 제2) 중 판시 1, 2, 6의 결사조직의 점은 치안유지법 제1조 제1항 전단 제2항에 판세 3 내지 8의 협의 선동하고 잠정적 결사를 조직하였지만 소기의 혁명적 노동조합의 하부조직을 수행한 점은 동법 제1조 제3항 제1항 전단 제2항에 해당하고 일소위수법의 관계에 있고 또 위 결사조직미수죄와 판시 6의 결사조직죄도 동일한 관계에 있고 기타 죄는 연속범에 관계하고 판시 제7의 출판반포의 점은 출판법 제11조 제1항 제1호 조선형사령 제42조에 해당하고 또 연속범에 관계하고 전자, 후자도 역시 일소위수법의 관계에 있음으로 형법 제54조

제1항 전단 제10조 55조를 적용하고 가장 중한 결사조직죄의 소정 형 중 유기징역을 선택하고 그 소정형기 범위 내에서 피고인 박세영을 징역 10년에 처한다"라고 하여 1심판결의 '법률적용'과 거의 차이가 없음을 알 수 있다.

이 '태로 2차사건'은 1931년 6월에 발생한 '태로 1차사건'에서 검거를 피한 장회건이 1931년 8월부터 재건운동을 시작하여, 유봉주(劉鳳周), 이영봉(李泳峰)과 함께 1931년 10월 14일에 '함흥자유노동조합'을 조직하면서부터 시작하였다. 유봉주는 1930년 5월에 강진(姜進), 이문홍(李文弘) 등의 조선공산당 함남기관이 조질에서 활동할 때 유안계 섹션 책임자였고 이영봉은 유안계 섹션 책임자로 이들은 이미 1931년 4월부터 함흥에서 노조 조직을 준비하던 중이었다. 함흥자유노동조합은 태로계열과 ML계열이 활동 교류를 시작하여 결성한 최초의 조직이었다. 이들은 한 달도 못되어 11월 7일 러시아혁명 기념일 투쟁으로 대거 검거되지만 검거를 피한 유봉주를 중심으로 1932년 1월 초에 재건된다. 이들은 기관지 『붉은 주먹』을 4호까지 출판, 배포하면서 조합반 조직을 만들어 나갔지만 1932년 4월 말의 메이데이 격문 배포 투쟁으로 인해 와해되고 만다.[60)]

장회건은 함흥자유노동조합에 관해서는 유봉주에게 거의 모두를 일임하고 자신은 함흥 교통노동자들과 흥남 조선질소공장의 조직화에 집중했다. 이미 1931년 9월 중순에 조직된 자동차종업원친목회의 최신득(崔辛得)과 이의수(李義洙) 등에게 주인규(朱仁奎)가 가져온 태로 10월 서신을 해설해 주고 친목회의 기관지 『붉은 주먹』 창간을 지도했다. 또

60) 이하 '태로2차 조직활동과정'에 대해서는 다음의 논문을 참조하였다. 김윤정, 「1930년대 초 범태평양노동조합 계열의 혁명적 노동조합운동」, 『역사연구』 6호, 1998.12.

이의수로 하여금 경성사립 양정고등보통학교, 함흥공립고등보통학교, 함흥사립 영생(永生)여자고등보통학교 학생들과 함께 맑스주의연구회를 조직하도록 하기도 한다. 장회건은 1932년 3월 블라디보스토크에서 온 김원묵(金元默), 박세영(朴世榮)에게 자신의 지도 임무를 인계할 때 이 교통노동조합의 조직운동도 함께 인계하고 블라디보스토크로 사업 보고를 하러 떠난다. 그러나 장회건은 같은 해 7월 평양에 돌아와 인쇄직공, 고무직공, 자유노동자 등의 적색노동조합 조직 준비에 힘썼으나 12월에 검거되었다. 그는 1933년 2월 1일에 함흥경찰서로 압송되어, 함흥, 흥남의 동지들과 함께 공판을 받게 된다.

조질은 1931년 5월 메이데이 격문사건으로 거의 조직이 와해된 상태였으나 송성관(宋成寬) 등을 중심으로 독서회가 꾸려져서 혁명적 노동조합 재건을 위한 움직임이 보이고 있었다, 장회건은 송성관을 통해 조질공장 노동자들을 조직화하던 중 한사빈(韓士斌), 이문홍, 이종희(李種熙) 등의 ML계 그룹과 만나게 된다. 이종희 쪽에서 활동하던 김원석(金元錫)이라는 노동자가 장회건을 만나 1932년 1월 초순에 장회건을 한사빈에게 소개하는 것이다. 한사빈은 모스크바 동방노력자공산대학을 1931년 4월에 졸업하고 블라디보스토크 연락부원 필러포프로부터 흥남 조질공장을 중심으로 활동하라는 지시를 받고 8월 초에 입국하였다. 이후 두 그룹은 메이데이 공동투쟁을 이끌어 낸다.

이러한 상황에서 프로핀테른 블라디보스토크 연락부에서 파견된 박세영과 김원묵이 1932년 2월 초순에 입국했다. 둘은 처음에는 원산으로 진출할 것을 협의하고 박세영이 원산으로 왔으나, 만나려던 박태선(朴泰善)이 검거된 것을 알고 일단 흥남으로 돌아온다. 이때 원산은 1931년 11월 7일 러시아혁명기념일 투쟁으로 김현제 등 많은 사람들이 검거된 상태였다. 박세영이 만나려던 박태선은 원산총파업을 지도하고 원산노동연맹 집행위원장으로 선출되었던 사람이다. 그는 1931년 8월 하순부터 김현제와 함께 원산에서 혁명적 노동조합운동을 벌이다가 박세영이 온 1932년 2월에는 원산경찰서에 검거되어 있었다. 박세영은 김원묵과 논의한 뒤 다시 원산에 갔다가 흥남으로 돌아온다. 즉 원산의 상황이 활동하기에 적합하지 않다고 최종적으로 판단한 것이다.

박세영은 1932년 3월 7~12일에 걸쳐 장회건으로부터 사업을 인계받았고, 3월 23일 박세영, 김원묵, 송성관, 주선규, 이소가야 스에지 등은 흥남에서 혁명적노동조합운동의 잠정적 지도기관으로서 '흥남좌익'을 조직하였다. 흥남좌익의 주요 결의는 "선전선동에 관한 것, 회의에 관한 것, 기관지구독반의 조직, 기자단의 조직, 행동강령 제정의 건, 공장위원회 조직 활동에 관한 건, 태로 기관지 『태평양노동자』 지지에 관한 건" 등이었다. 이들의 활동은 주로 『노동자신문』을 나누어 주면서 조합반을 조직하는 형태였는데, 노동자들의 자생적인 사회과학연구회가 노동자신문을 보고 조직화되는 사례도 있었다. 흥남좌익은 1932년 4월 말의 메이데이투쟁으로 대량검거에 부딪힘으로써 조직이 와해된다. 흥남좌익은 조직 확장 측면에서나 선전물의 발간 부수 등에서 볼 때 태로운동이 가장 대규모적으로 발달한 사례이다. 특히 ML계와 실질적인 공동투쟁을 이끌어간 점은 높이 평가할 만하다. 또 흥남좌익은 퇴조면 적색농민조합의 결성에 직접적으로 관여하는 등 농민운동과의 연락과 연계를 위해 노력하기도 했다,

원산에서는 1930년부터 김현제(金顯濟)를 중심으로 한 '반제동맹조직준비회'가 조직되어 활동하였지만, 1931년 11월 러시아혁명기념일투쟁으로 김현제 등이 검거된 상태였다. 검거되지 않은 송별립(宋別立), 박창섭(朴昌燮) 등은 다음 해인 1932년 3월에 '산업별노동조합조직준비회'를 조직하는 것으로 활동을 재개하였다. 이 산업별노동조합조직 준비회

는 원산중학교, 원산상업학교, 원산사립 누씨(樓氏) 여자고등보통학교 등 학생층에도 발을 넓혀 독서회를 지도한다.

반제동맹조직준비회에서 활동하던 김원석은 1931년 11월의 검거를 피해 홍남좌익의 박세영 밑에서 『노동자신문』 인쇄를 맡다가, 1932년 4월 11일 원산으로 돌아왔다. 여기에서 김원석은 송별립, 박창섭에게 박세영의 지도하에 운동을 할 것을 제안하고 『노동자신문』, 「태로 10월서신」 등을 보여주었다. 그날 박세영이 원산에 도착했고 김원석은 박세영에게 박창섭, 송별립을 소개하였다. 다시 함흥으로 간 김원석은 4월 16~26일까지 『노동자신문』 제2호와 메이데이 격문 약 1만 매를 인쇄했고 홍남좌익 지도자 김원묵은 이 중 일부를 허형(許亨), 남중군(南仲軍)을 통해 박세영에게 전달했다. 이로써 원산 '산업별노동조합조직준비회' 노동자들은 홍남좌익의 노동자신문을 읽게 되었고 송별립은 이에 기초하여 1932년 4월 27일 『원산노동자』 제3호 메이데이 준비호와 「메이데이를 위하여」라는 제목의 문서를 찍어 노동자들에게 배포했다.

4월 29일 박세영은 송별립 등과 등과 메이데이 투쟁방법에 관해 논의하고, 송별립의 알선으로 블라디보스토크 항로 선원 정두영(鄭斗水)과 만나 그를 통해 블라디보스토크와의 연락도 하게 된다. 송별립 등은 5월 1일 메이데이 격문을 원산 각지에 살포하였다. 이즈음 박세영과 이문홍(李文弘)의 만남이 이루어진다. 즉 이문홍은 산업별노동조합조직준비회의 목재부 산하 대촌제재소 반 책임인 김병팔의 도움을 받아 1932년 4월 하순부터 원산에 기거하고 있었다. 4월 26일에 허형으로부터 메이데이 격문 등을 받아 박세영에게 전해준 남중군은 이를 김병팔에게도 주었는데, 이날 김병팔은 이문홍을 만나 태로 10월서신, 노동자신문 '메이데이격문'을 보여주었다. 이문홍은 이것들을 읽고 공감했고 김병팔의 소개로 이틀 뒤인 4월 28일 박세영을 만나게 된다. 이들은 원산적색노동조합 조직과 메이데이 격문 산포에 대해 논의하였다. 원산에서도 태로계와 ML계와의 활동교류와 공동투쟁이 이루어지고 있었던 것이다.

1932년 4월 27일, 흥남경찰에만 약 400여 명이 검거됨으로써 대검거 돌풍이 시작되었다. 검거자들 가운데에는 흥남좌익, 함흥자유노동조합, ML계인 이종희의 흥남적색노동조합 등이 모두 망라되어 있었다. 이 검거는 함흥과 흥남뿐 아니라 그 부근의 신흥발전공사장과 퇴조면에서도 이어졌고, 경성, 인천, 마산, 진주에까지 파급되었다. 이는 당시 혁명적 노동운동의 조직과 영향력이 광범했음을 보여주는 하나의 사례인 것이다.

또 이 태로 2차사건에 연루되어 징역 6년형을 선고받은 이소가야 스에지(磯谷季次)는 일본인으로서 1928년 일본제국주의 군인으로서 21세에 조선에 왔으나 제대 후 흥남비료공장에 노동자로 일하면서 바로 원산, 함흥, 흥남을 주요 무대로 하는 혁명적 노동조합운동에 관여하게 되었다. 그는 훗날 해방이 되어 1947년 11월 18일 본국 일본으로 귀환하여 자신이 청춘을 바쳐 투쟁했던 기억을 한 권의 책으로 집필하였다.[61]

이소가야는 1907년 일본 시즈오까시에서 태어나 자동차 운전수 조수 일을 종사하다가 1928년 일본군에 입대하여 같은 해 5월 조선에 건너와서 나남(羅南) 19사단에서 근무했다. 당시 19사단은 중국 동북지역 민족해방운동을 탄압하는 것이 주요 임무였다. 나중에 이소가야는 1930년대 조선의 노동운동을 기록한 수기 『우리 청춘의 조선』에서 "나는 군대에 들어가 비로소 '국가'와 대면하게 되었다. 그것은 천황이라는 절대권력자의 이름 아래 전 국민에게 충성을 강요하고, 국민의 희망이나 사랑,

61) 磯谷季次, 『わが青春の朝鮮』, 影書房, 1984(이소가야 스에지, 김계일 옮김, 『우리청춘의 조선－일제하 노동운동의 기록』, 사계절, 1988).

평화, 그리고 마지막에는 생명까지도 냉혹하고 비정하게 앗아가 버리는 괴물이었다"고 천황제 국가 일본을 비판했다. 이소가야는 1945년 8월 15일 일본이 패망하자 북한지역에서 일본인의 귀환활동을 주도했다. 일본으로 돌아간 후에는 출판문화 활동에 종사했고 이후 김일성 우상화 작업이 본격화 된 뒤에는 북한체제를 비판하는 글을 쓰기도 했다. 그는 조선질소비료공장의 노동환경에 대해 다음과 같이 술회했다.

"하루종일 고막이 터질듯이 쾅쾅대는 광석분쇄기와 자욱한 분진, 용광로 속의 타고 남은 찌꺼기에서 나는 코를 찌르는 냄새 등등. 그곳에서는 유산(硫酸)이 주르르 떨어지는 옷을 입고 일곱 여덟 겹으로 접은 타올로 입과 코를 막은 조선인과 일본인 노동자가 주야 3대교로 일하고 있었다."

"내가 일본질소흥남공장의 한 직장에서 일급 1원 40전을 받으며 광석분쇄기를 운전하여 콘베어벨트로 운반되는 미세하게 분쇄된 광석을 배소로(焙燒爐)에 집어넣는 고된 노동을 하고 있었을 때, 즉 1930~1932년경에 흥남공장에는 6,000명의 노동자가 일하고 있었으며 흥남시의 인구는 약 3만 명이었다. 그것이 종전 당시에는 흥남공장의 종업원 수가 4만 5천 명으로, 흥남의 인구가 18만 명으로 증가하였다.

흥남공장의 부지는 사택용지도 포함하여 5백수십만 평에 달했으며 관련 제공장중에는 흥남비료공장, 흥남금속공장, 본궁(本宮)공장, 일질연료의 용흥(龍興)공장, 일질광엽개발의 흥남제련장, 그밖에 일질운수, 흥남과 부천강 · 장진강의 발전소를 연결하는 신흥철도, 장진강이나 부전강의오지, 광대한 개마고원 등의 무진장한 산림 자원을 벌채 · 반출 · 제재하는 함흥합동목재, 또한 시오노기(鹽野義)와 합자한 일질 시오노기 등이 있었다. 그리고 흥남이외에도 함북의 영안공장, 회암공장(조선인조석유), 평북의 청수공장(일질연료), 남산공장(일질고무공업), 또한 영안, 주을, 길주, 용문의 석탄광업소 등이 있었다.

일본질소는 또한 일본본토에 미나마따(水俣)공장 … 외만주에는 길림인조석유를, 북지 대원에는 화북질소를, 대만에는 대만질소를, 해남에 일질해남공장을 갖고 있었고 쟈바 · 수마트라 등에도 진출해 있었다. 그러나 그중에서도 흥남은 일본질소의 본거지를 이루었고 거기에는 '일본제일'이라는 공장이 10여 개 정도가 있었으며 세계 제2위라는 수전해(水電解)공장이 있었다. 그리고 세계 어느 곳에서도 찾아볼 수 없을 만큼의 다종다양한 생산물을 만들어냈으며 조선에서의 일본군수산업의 최대 거점이기도 했다. 유산, 유안(硫安, 황산암모늄)을 비롯하여 유지(油脂), 카바이트, 마그네슘, 인조보석, 석유(석탄직접액화), 다이너마이트, 도화선, 폭약 등을 대량으로 생산하고 있었다. 그곳에는 당초 일본인(당시에는 內地人으로 불렸다)이 많이 일하고 있어 조선인과의 비율이 7:3 정도였다(이밖에 중국인 노동자도 있었다). 그러나 전쟁에 돌입하여 일본인이 군대에 징집당하게 되자 조선인 노동자의 비중이 증가하여 이윽고 비율이 역전되었다."[62]

62) 이소가야 스에지(磯谷季次), 김계일 옮김, 『우리청춘의 조선－일제하 노동운동의 기록』, 사계절, 1988, 87~88쪽.

6

이재유의 경성트로이카와 치안유지법(1938년)

이재유(李載裕) 등 7인 예심종결결정(豫審終結決定)
(1938년 예 제00호, 昭和13年豫第00號, 京城地方法院)
이재유 등 7인 판결문
(1938년 형공 제00호, 昭和13年刑公第00號, 京城地方法院)

이 문서는 1938년 2월 17일 경성지방법원 예심괘의 이재유 등 7인에 대한 예심종결결정문과 1938년 7월 12일 경성지방법원 형사부의 이재유 등 7인에 대한 1심 판결문이다.

먼저 7인의 인적사항은 다음과 같다.

본적 함남 삼수군 별동면 서수리
주소 양주군 노해면 공덕리 92의 2
농업 이재유(李載裕) (34세)

본적 경성부 당주정 74번지
주거 평안북도 박천군 가남면 영미정 번지불상
곡물상 변우식(邊雨植) (24세)

본적 함경남도 홍원군 운학면 신양리 121번지
주거 경성부 봉래정 4정목 159번지
무직 서구원(徐球源) (26세)

본적 함경남도 홍원군 홍원면 남당리

주거 경성부 흑석정 79번지
사립경성상공학원 생도 최호극(崔浩極) (24세)

본적 함경남도 홍원군 홍원면 명호리
주거 경성부 창신정 654번지의 1호
사립경성상공학원 생도 양성기(梁成基) (25세)

본적 함경남도 북청군 후창면 2리 953번지
주거 경성부 명륜정 3정목 61번지의 13호
사립 경성상공학원 생도 고병택(高柄澤) (28세)

본적 경기도 강화군 양도면 능내리 55번지
주거 경성부 봉래정 4정목 59번지
잡화상 민태복(閔泰福) (29세)

위 이재유에 대한 치안유지법 위반 출판법 위반 변우식, 서구원, 최호극, 양성기, 고병택에 대한 치안유지법 위반 민태복에 대한 치안유지법 위반 및 범인장닉 각 피고사건에 대한 예심을 다음과 같이 결정한다.

주문

본 건을 경성지방법원의 공판에 부친다.

다음 1938년 7월 12일 경성지방법원 형사부의 이재유 등 7인에 대한 1심 판결문에서는 이재유는 치안유지법 및 출판법 위반으로 징역 6년(미결구류산입일자 150일), 변우식은 치안유지법 위반으로 징역 2년 6월

(미결구류산입일자 150일), 서구원은 치안유지법 위반으로 징역 2년 (미결구류산입일자 150일), 최호극은 치안유지법 위반으로 징역 2년(미결구류산입일자 150일), 양성기는 치안유지법 위반으로 징역 1년 6월(미결구류산입일자 150일), 고병택은 치안유지법 위반으로 징역 1년 6월(미결구류산입일자 150일), 민태복은 치안유지법 위반 및 범인장닉으로 징역 1년 6월(미결구류산입일자 150일)을 선고받았다. 단, 서구원, 최호극은 집행유예 5년에 양성기, 고병택은 집행유예 4년, 민태복은 집행유예 3년에 처해졌다.

제1. 피고인 이재유의 범죄사실은 다음과 같다.

1) 1932년 2월경 김삼룡을 만나 공장에 들어가 파업을 야기하며 실천적 투쟁을 통해 동지를 모으고 적색노조를 조직하기로 뜻을 모으기로 함

2) 동년 5월경 안병춘을 만나 조선공산당 재건을 위해 소위 트로이카 운동을 위해서는 다수의 동지를 모을 필요가 있다는 데 뜻을 모으고 안병춘으로 하여금 영등포공장지대를 중심으로 동지를 모아야 한다는 뜻을 전달하여 승낙을 얻음

3) 동년 6월경 정칠성을 만나 조선일보 내에서 실천을 통한 동지를 모을 것을 승낙 받음

4) 동년 7월경 이성출 및 변홍대를 만나 농민조합의 조직방법을 협의함

5) 동년 7월 중순경 국제공산당 극동지부로부터 공산당 재건을 위해 조선에 입국한 김형선을 만나 국제정세 및 조선에서의 공산당활동을 비판한 후 조선공산당 재건을 위하여 서로 제휴하여 활동하기로 뜻을 모음

6) 동년 8월경부터 동년 11월에 걸쳐 이순금을 만나 공장에 잠입하여

여공들을 대상으로 공산주의 이념을 교양하고 적색노조를 설립하여야 한다는 뜻을 전달하여 승낙을 얻음

7) 동년 8월 중순 변홍대를 만나 적색노조를 설립함에 있어 먼저 산업별로 부분을 나누어 각 부분별 책임자를 두어 조직을 확대 발전시켜 나가야 한다는 방침에 따라 변홍대로 하여금 용산방면에서 노동운동을 해야 한다는 뜻을 전달하고 승낙을 받음

8) 동년 9월 상순부터 동년 10월 중순까지 이현상을 만나 조선견직회사의 여공 이창숙, 이정현 등을 소개받아 공장에서의 공산주의운동을 지도해야 한다는 뜻을 전달하고 승낙 받음

9) 동년 9월경 최소복을 만나 각 학교 내에 1인 오르그를 두고 동지를 모아 평소 의식적인 훈련을 통해 투쟁을 야기하도록 방침을 정하고 학생운동에 종사할 뜻을 전달하여 승낙을 받음

10) 동년 9월 중순경 공동 피고인 변우식을 만나 학생방면에서 동지를 모아 서로 제휴하여 공산주의운동을 하기로 하고, 그 뜻을 전달하여 승낙을 받음

11) 동년 10월경 이경선을 수회 만나 경성부내 여학교에서 아는 사람을 모아 적색독서회를 조직해야 한다는 뜻을 전달하고 승낙을 받음

12) 동년 10월경부터 약 1개월간 안승락을 만나 조선의 공산주의운동사, 조선에 있어서 공산주의운동과 코민테른과의 관계, 운동의 통일방법, 공장의 조직방법 등에 대해 토론한 후 안승락에 대해 과거의 룸펜적 생활에서 벗어나 실천적 태도로 각자의 직장에서 활동해야 한다는 뜻을 전달하고 승낙을 받음

13) 동년 12월경 정태식을 만나 경성제국대학 법문학부 내에서의 일상적인 투쟁을 통해 학생을 좌익적으로 지도하여 학부 내 적색독서회 또는 문화서클을 조직하고 좌익교수를 포섭하여 공산주의운동에 매진

해야 한다는 뜻을 전달하고 그 승낙을 받음

14) 동년 12월경 경성제국대학교수 미야케 시카노스케(三宅鹿之助)의 관사에서 그를 만나 조선 및 세계의 공산주의운동에 대해 서로 의견을 교환하고, 이후 쇼와 9년(1934년) 1월 중순까지 동인을 만나면서 현재 조선에 있어서 공산주의운동의 중요임무는 전국의 공장을 중심으로 적극적인 운동을 전개하는데 있고, 공산주의운동을 통일하는 것 즉 공산당의 재건을 위해서는 전 조선에 걸친 정치운동을 확립하고 전국적인 정치신문을 발행하며, 투쟁장 내부에 있어 투쟁을 위한 경험교재로서 선전선동을 위한 출판활동을 왕성하게 하는 것 등을 중심으로 전국적인 정치활동방침의 확립을 가장 긴급한 사항으로 해야 한다는 뜻을 제안하여 동의를 받아 냄. 또 그 방침의 확립에 있어 국제정세의 분석, 조선정세의 분석, 과거의 운동비판 및 당면임무를 결정하는 것의 사대강목을 포함하는 플랜을 결정하고 이를 기초로 서로 초안을 작성하여 코민테른 집행위원회 제12회 총회 테제에 기준을 두고 그 신정세를 참조할 것, 조선정세의 분석에 대해서는 경제정세와 정치정세를 구별하여 1928년 12월의 코민테른의 조선 문제에 관한 테제 및 1930년 9월 프로핀테른의 조선좌익 노조운동에 관한 테제를 기초로 하여 그 후 전개될 구체적 신정세를 참조할 것, 혁명의 전망에 대해서는 1930년 12월 테제를 기준으로 할 것 등을 토의

15) 1934년 8월 상순경 박진홍을 만나 공산주의운동을 권하는 뜻을 전달하여 승낙을 받음

16) 1934년 9월 중순경부터 1935년 1월 상순경까지 이관술과 박영출을 각각 만나 서로 조선 내에서의 공산주의운동의 통일방법에 대한 의견을 교환하고 이들에 대해 학교 내에 활동기준으로서 학교 내 반동단체에 절대 반대하는 학생의 자주적 위원회를 조직하여 활동하고, 학생

의 공산 및 반제그룹에의 가입의 자유를 도모하고, 반동적 교사의 수업을 거부하며, 일본제국주의의 축제일에 참여를 거부하고, 조선의 절대독립을 위해 투쟁할 것 등을 제시

17) 1936년 3월 하순경부터 동년 9월 상순까지 피고인 변우식을 만나 세계 및 조선의 정세를 토론한 후 조선의 독립과 공산화를 위해 서로 제휴하기로 하고 승낙을 받음

18) 동년 3월 중순경부터 동년 10월 하순경까지 피고인 서구원을 만나 조선공산당 재건의 전제로 경성에서의 좌익전선을 통일할 필요가 있음을 역설, 8·1 캄파니아 및 간도공산당 사건 피고인 사형집행반대라는 두 항목에 대해 다른 노선의 공산주의자와 제휴하여 공동투쟁하고, 이를 계기로 운동의 합동통일을 도모할 뜻을 전달하여 승낙을 받음

19) 동년 8월 하순경부터 동년 12월 중순경까지 피고인 최호극을 만나 조선공산주의운동사 등을 설명한 후 조선공산당 재건의 일익으로써 학교 내에 적색독서회를 조직할 뜻을 전달하여 승낙을 받음

20) 동년 10월 중순경 이관술을 만나 자기의 운동노선을 조선공산당 재건경성준비그룹이라 명명하고 그 기관지로서 '적기'라는 제목으로 소책자를 인쇄·배포할 것을 모의 ① 동년 동월 중순경 군사적·경찰적·파쇼적 일본제국주의의 조선통치권력의 근본적 파괴, 조선의 절대 독립, 노동자농민의 소비에트 정부수립, 조선 내의 일본제국주의 및 재벌의 산업기구, 특히 자본주의적 대경영은행, 트러스트, 콘체른 기타 생산기관의 노농소비에트정부에 의한 관리의 실시 등 조선의 독립 및 공산화의 필요를 기술한 국헌을 문란하게 할 수 있는 문서를 작성·서술하여 성규의 절차를 밟지 않고, 등사용 기구를 사용하여 적기 제1호를 약 20부 정도 등사, 인쇄하여 서구원에게 2부, 최호극에게 7부를 배포 ② 동년 11월 상순경 러시아혁명기념일에 있어 전국적으로 전개된 투쟁이

없다는 점은 유감이며, 금후 투쟁기념일에는 왕성한 활동을 해야 한다는 뜻으로 국헌을 문란케 할 수 있는 문서를 작성하여 전술한 방법으로 적기 제2호를 15부 인쇄하여 최호극에 4부를 배포하면서 그 목적한 사항의 실행을 선동함.

제2. 피고인 변우식은 중류 가정에서 태어나 경성부 수송동 공리보통학교 졸업 후 쇼와 3년 4월 경성제일공립고등보통학교에 입학했지만 교우의 감화로 공산주의사상을 신봉하기에 이르러 동교 제4학년 재학 중 동주의연구 독서회를 조직하여 퇴학처분을 받고 또 반제동맹 사건에 관계하고 쇼와 8년 3월 중 경성지방법원 검사국에서 기소유예 처분에 처해져 그 후 쇼와 8년 9월 배재고등학교에 입학하였는데 재학 중 학교 내 공산주의운동을 한 건으로 쇼와 10년 12월 22일 경성지방법원에서 치안유지법 위반으로 징역 2년, 4년간 집행유예 언도를 받고 그 유예기간 중에 있는 자로서

1) 피고인 이재유의 범죄사실 17)항 적시의 일시장소에서 동 피고인으로부터 동항 적시와 같은 반파쇼운동을 한 것을 종용받고 조선의 독립 및 공산화를 목적으로 하여 이를 승낙하고

2) 동년 12월 상순경 경성부 당주정 74번지 민영헌 집에서 누차 동인과 회합하고 서로 국제정세 등을 검토한 후 동인에 대해 현하 자본주의 제국주의 국가와 공산주의국가와의 대립의 결과는 가깝게 제2차 세계대전의 발발을 보기에 이르렀고 우리들은 이에 편승하여 공산제사회의 실현을 도모할 필요가 있음으로 이 준비를 위해 서로 제휴하여 공산주의운동을 할 것을 같은 목적으로 종용하고 그 승낙을 얻음.

해 제

이 문서는 1938년 2월 17일 경성지방법원 예심괘의 이재유 등 7인에 대한 예심종결결정문과 1938년 7월 12일 경성지방법원 형사부의 이재유 등 7인에 대한 1심 판결문이다. 이 사건에 관여한 판사는 경성지방법원 예심판사 고바야시(小林長藏)와 경성지방법원 조선총독부 판사 아라마키(荒卷昌之) 재판장, 판사 다카하라(高原富藏), 판사 미와쵸세이(三輪長生) 등 3인이다.

1938년 7월 12일 경성지방법원 아라마키 재판장은 이재유의 당재건운동 사건(경성트로이카 사건)에 대해 다음과 같은 '법률적용'을 하였다.

법률에 따르면 피고인 이재유의 판시 협의(1) 내지 19)의 각 소위는 치안유지법 제2조(협의죄)[63]에, 판시 선동(20) 중)의 각 소위는 각 동법 제3조[64](선동죄)에, 판시 문서의 저작, 반포(20) 중)의 각 소위는 각 융희 3년 법률 제6호 출판법 제11조 제1항 제1호[65](조선형사령 제42조에 의해 형명을 변경함)에, 동 인쇄의 각 소위(20)중)는 각 동조 제2항 제1

63) 치안유지법 제2조 전조 제1항의 목적(국체를 변혁 또는 사유재산제도를 부인할 목적)으로 그 목적인 사항의 실행에 관하여 협의를 한 자는 7년 이하의 징역 또는 금고에 처함. 그 미수는 벌하지 아니함.

64) 치안유지법 제3조 제1조 제1항의 목적으로써 그 목적인 사항의 실행을 선동하는 자는 7년 이하의 징역 또는 금고에 처함. 그 미수죄는 벌하지 아니함.

65) 출판법(1909년 2월 23일 공포) 제11조 제1항 "허가를 받지 아니하고 출판한 저작자 발행자는 아래 구분에 따라 처단한다." 1. 國交를 저해하거나 政體를 변괴하거나 국헌을 문란하는 문서, 도화를 출판한 자는 3년 이하의 징역. 2. 외교와 군사의 기밀에 관한 문서 도화를 출판한 자는 2년 이하의 징역. 3. 전2항의 경우 외에 안녕질서를 방해하거나 풍속을 괴란하는 문서 도화를 출판한 자는 10개월 이하의 징역에 처함. 4. 기타의 문서 도화를 출판한 자는 백환 이하의 벌금. 제2항 전항 문서 도화의 인쇄를 담당하는 자의 벌도 동일함.

항 제1호(조선형사령 제42조에 의해 형명을 변경함)에 각 해당하는 바 이상 협의선동, 저작, 인쇄, 반포의 각 소위는 각각 연속범임과 동시에 저작, 인쇄, 반포의 소위는 순차 그 전자는 그 후자의 수단으로 하여 또 반포와 선동은 1개의 행위로 하여 수개의 죄명에 저촉하는 경우임으로 형법 55조 제54조 제1항 전단후단 제10조[66]를 적용하여 가장 중한 협의죄의 형에 따르고 그 소정 형 중 징역형을 선택하고 판사 전과(前科)와의 관계에 있어 동법 제56조의 누범에 관계가 있음으로 동법 제57조를 적용하여 법정 가중을 하여 형기범위 내에서 동 피고인을 징역 6년에 처하고

피고인 변우식 동 서구원 동 최호극 동 양성기 동 고병택의 판시 각 협의의 소위는 각 치안유지접 제2조 형법 제55조에 각 해당함으로써 소정 형 중 징역형을 선택하고 그 소정형기 범위 내에서 피고인 서구원 최호극을 각 징역 2년에 변우식 양성기 고병택을 각 징역 1년 6월에 처하고 피고인 민태복의 판시 범인장닉의 소위는 형법 제103조 제55조에 동 협의의 소위는 치안유지법 제2조에 각 해당하는 바 위는 형법 제45조의 병합죄임으로써 모두 그 소정 형 중 징역형을 선택하고 동법 제47조 제10조에 의해 가장 중한 협의죄의 형에 법정 가중을 한다. 형기 범위 내에서 피고인을 징역 1년에 처한다. 또 동법 제21조에 의해 각 피고인에 대해 미결구류일수 중 각 150일을 각각 위에 서술한 본형에 산입하고 또 동법 제25조에 의해 피고인 서구원 최호극에 대해서는 5년간 피

66) 형법 제10조 제1항 "주형의 경중은 전조에 규정한 순서(사형, 징역, 금고, 벌금, 구류, 과료)로 한다. 다만 무기의 금고와 유기의 징역은 금고를 중한 형으로 하고, 유기의 금고의 장기가 유기의 징역의 장기의 2배를 초과하는 때에는 금고를 중한 형으로 한다." 제2항 "동종의 형은 장기의 긴 것 또는 다액의 많은 것을 중한 형으로 하고, 장기 또는 다액이 동일한 때에는 단기의 긴 것 또는 소액의 많은 것을 중한 형으로 한다." 제3항 "2개 이상의 사형 또는 장기 혹은 다액 및 단기 혹은 소액이 동일한 동종의 형은 범정에 의해 그 경중을 정한다."

고인 양성기 고병택에 대해서는 4년간 피고인 민태복에 대해서는 3년간 각각 그 형의 집행을 유예한다.

또 이재유는 1928년 3월 고려공청 일본총국에 가입하여 선전부 책임자로 활동하던 중, 그해 7월 귀국 중에 검거되어 1930년 11월 5일 치안유지법 위반혐의로 징역 3년 6월을 선고받고, 1932년 12월에 만기출소한 전력이 있다. 본 사건에서 이재유에 대해 인정된 최초 범죄사실의 실행시기가 1933년 2월이기 때문에 형집행이 종료한 후, 3개월이 지나기 전에 다시 재범을 한 것으로 파악된다. 당시 형법 제56조 및 제57조는 형집행이 종료된 후 5년 이내에 다시 범죄를 범하는 경우에는 재범의 형에 따라 징역 장기의 2배 이하로 가중처벌한다고 규정하고 있다. 이에 따라 이재유의 처단형은 1월 이상 14년 이하로 정해졌으며, 법원은 이 처단형의 범위에서 징역 6년을 선고하였다.[67]

이재유는 1934년 1월 서대문서에 검거되었다가 4월 탈출하여 농민으로 변장하여 숨어 지내면서 잠행운동을 계속하던 중 1936년 12월 25일 최종적으로 체포되었다. 이후 이재유는 경기도경찰부에서 조사를 받아오다가 1937년 5월 1일 검찰에 송국되고, 5월 10일에 검사에 의해 예심회부가 결정되어 사건기록이 예심판사에게 송부되었다.12) 그러나 해당 사건의 첫 번째 예심은 예심판사에게 송부된 후 6개월이 지난 1937년 11월 17일에 실시되었으며, 1938년 2월 17일 3차 예심에서야 공판회부가 결정되었다. 이후 1938년 6월에 1차 공판이 시작된 이래 1938년 7월 12일 3차 공판을 끝으로 치안유지법 위반혐의가 인정되어 징역 6년형을 선고받았다.

67) 박성민, 「일제강점기 사상범에 대한 형사사법절차: '이재유의 조선공산당재건 경성지방협의회사건'을 중심으로」, 『성균관법학』 제24권 제2호, 2012.6, 339쪽.

당시 일간지에서는 이재유 사건에 대해 다음과 같이 언급하였다.[68]

조선공산당 운동사상에 있어서 신출귀몰한 잠행운동으로 그 예를 보지 못한 좌익전선의 거두 이재유(李載裕) 등 20명은 작년 5월 1일에 경기도 경찰부에서 치안유지법 위반 기타 죄명으로 경성지방법원 검사국으로 일건서류와 함께 송국된 후 기소를 보게 되어 그 일당 20명은 동 법원 예심에 회부되어 그동안 와타나베(渡邊) 예심판사의 손을 거쳐 고바야시(小林) 예심판사의 취조를 받고 있던 중 이 사건이 17일 오후에 이재유 등 간부급 7명은 예심종결이 되는 동시에 동 법원 공판에 회부되었다.

쇼와 9년(1934년) 4월 14일에 서대문서에 검거되었다가 동 24일 밤 동서 2층 강당에서 수갑을 끊고 탈주한 이래 횟수로 4년 동안을 대담하게도 경성부 내외에서 야경 혹은 점원으로 또는 농민으로 변장하고 공산당재건을 끝까지 기도하고 신출귀몰하게 나타나고 있던 이재유는 재작년 12월 25일 새벽에 경기도 양주군 노해면 공덕리 뒷산 송림 속에서 도경찰부 형사대에 포위되어 체포된 후 검거선풍은 의외 방면까지 뻗치게 되어 그 일당 20명이 만 5개월 동안을 동 경찰부에서 취조를 받고 난 후 작년 5월 1일에 그와 같이 송국을 보게 된 터인데 이번에 공판에 회부된 자의 주소 성명은 다음과 같다.

공판회부된 7명: 농업 이재유(34), 상업 변우식(23) 서구원(25) 학생 최호극(23) 학생 양성기(23) 잡화상 민태복(28) 학생 고병택(28)

이재유는 국제파분자와 절연하기로 결심하고 난 후 첫째로 조선에 산업별적색노조를 조직하려고 강원도 공산당재건운동의 수모자 이소진

68) 『동아일보』, 1938.2.18.

을 위시하여 변우식 서구원 변홍대 등 기타 다수의 동지를 동원케 하여 경성에는 철도국 공장, 영등포피혁공장 경성고무공작 대륙고무공장 조선제사 종방제사 편차제사 연초전매공장 조선인쇄공장 등 기타 20여 부문에 긍하여 동지를 잠입케 한 후 적색노조를 조직케 하고 인천에는 부두인부 적색노조를 조직한 외에 양평 여주에 적색농민조합을 각각 조직하는 한편으로 동맹파업을 선동하였다.

이외에 성대(城大)와 전문교를 위시하여 배재 중앙 보성 동덕여고 여자상업 등 시내 중학, 전문 십수 교에 독서회를 조직하고 공산주의를 연구케 하는 동시에 동맹휴학을 단행케 하여 함흥 원산 평양 부산 등 중요도시에는 위원 대표를 각각 1명씩 파견하여 동지 획득에 노력하는 동시에 재작년 12월 25일에 양주군 노해면 공덕리 뒷산 속에 있는 그의 최후의 아지트에서 체포될 때까지의 동지연락과 그의 주밀할 행동은 실로 조선공산당운동사상에 있어서 특기할 바로 될 것이다.

예심종결서에 나타난 그들의 범죄사실을 보면 이재유는 일찍이 일본 공산당 총국 출판부의 첨예분자로 암약 중에 동경에서 체포되자 경성으로 송환되어 서대문형무소에서 3년의 형을 마치고 쇼와 7년 가을에 출옥하게 되었는데 이재유는 반제동맹에 관하여는 이론상으로 자신이 없으므로 이 방면의 책임자를 물색 중 당시 경성제대 법문학부의 조수로 있던 정태식의 소개로 동 대학 미야케(三宅) 교수를 알게 되자 서로 공명한 바가 되어 수차 밀회를 거듭하게 되었다.

이때에 모스크바에서 공산대학을 마치고 중대 사명을 띠고 조선에 잠입한 권영태와 전기 양명은 합류하여 금후 운동을 같이 하기로 하고 적색노동조합, 적색농민조합, 반제동맹에 관한 조선 문제를 결성하고 이재유, 미야케, 권영태 등 3명이 최고 간부로 되어 적극적으로 운동을 하게 될 쯤에 권영태, 미야케 등 중요간부가 의외에도 속히 경찰에 검거를 보게 되었으므로 이재유는 이론상 견지에서 다음과 같은 운동방침을 일신하게 되었다.

12월테제에 의하여 조선은 중국공산당 만주소위원회 동 조선국내공작위원회 태평양노동조합 등의 허다한 지시를 받고 있었기 때문에 각 파벌의 암투가 끊일 사이가 없는 동시에 국경에 인접한 함남북에서는 맹렬히 지하운동이 계속되고 있으므로 이 파벌암투에 의한 위험성을 지적하고 국외자와의 제휴를 배척하며 국제파분자와 절연하기로 하고 조선을 한 적색단체로 하여 조선공산당을 재건하려고 모든 힘을 써오게 되었다.

7

김희성과 치안유지법 사건(1938년)

김희성(金熙星) 등 예심종결결정(豫審終結決定)
(1937년 예 제12호, 昭和12年豫第12號, 京城地方法院)
김희성 등 판결
(1938년 형공 제732호, 昭和13年刑公第732號, 京城地方法院)

이 문서는 1938년 5월 21일 김희성 등 11인의 예심종결결정과 1939년 4월 14일 김희성 등 9인에 대한 경성지방법원 형사 제2부의 판결문이다. 먼저 예심종결결정의 내용을 살펴보면 다음과 같다.

본적 함경남도 홍원군 운학면 장남리 333번지
주거 경성부 황금정 5가 177번지
무직 김희성 당25년

본적 경성부 서린정 7번지
주거 동부 가회정 40번지 1호
무직 백윤혁(白潤赫) 당27년

본적 경성부 가회정 1번지 63호
주거 동부 계동정 2번지의 66호
경성방송국원 박인선(朴仁善) 당27년

본적 및 주거 경성부 명륜정 3가 116번지
철도국경성공장 전기 기사 최병직(崔秉稷) 당25년

본적 평안남도 용강군 오신면 월매리 430번지
주거 동도 대동군 대동강면 신리 11번지
우골비료조합사무원 이종덕(李種德) 당28년

본적 전라남도 강진군 대구면 수동리 557번지
주거 경성부 서계정 33번지의 96호
경성전기주식회사 전공(電工) 윤순달(尹淳達) 당25년

본적 함경남도 홍원군 운학면 신양리 126번지
주거 경성부 전농정 산9번지
노동 박인춘(朴寅椿) 당24년

본적 경성부 소격정 158번지 2호
주거 동부 관훈정 29번지 6호
무직 박온(朴溫) 당 24년

본적 경기도 수원군 성호면 양산리 417번지
주거 경성부 영등포정 번지불상
용산공작소 직공 문용배(文庸培) 당22년

본적 경성부 봉익정 29번지
주거 동부 청량리정 88번지 2호
무직 이병희(李丙禧) 당21년

본적 및 주거 경상북도 봉화군 춘양면 선양리 402번지

정미업 권태규(權泰圭) 당29년

위 김희성 및 이병희에 대한 치안유지법 위반, 영리유괴, 사기, 이종덕에 대한 치안유지법 위반, 범인 장닉, 백윤혁, 박인선, 최병직, 윤순달, 박인춘, 박온, 문용배 및 권태규에 대한 치안유지법 위반 각 피고사건에 대해 예심을 마치고 다음과 같이 결정한다.

주문

피고인 김희성, 동 백윤혁, 동 박인선, 동 최병직, 동 이종덕, 동 윤순달, 동 박인춘, 동 박온, 동 문용배, 동 이병희에 대한 다음과 같은 범죄사실을 경성지방법원의 공판에 부친다.

피고인 김희성, 이병희에 대한 각 영리유괴(營利誘拐),[69] 사기의 점 및 피고인 이종덕에 대한 범인 장닉(藏匿)의 점 및 피고인 권태규는 면소.

이유

제1. 피고인 김희성은 본적지에서 3년간 한문을 배운 이래 농사에 종사해 왔는데 쇼와 9년 (1934년) 3월 중 고학의 목적으로 경성에 온 후 공산주의자인 안용봉(安龍鳳)의 감화를 받아 공산주의 사상에 공명하여 이를 신봉해 오던 자로 조선 내에서 사유 재산제도를 부인할 목적으로써

1. 쇼와 9년(1934년) 9월 하순경부터 쇼와 10년(1935년) 8월 중순경까지의 기간에 경성부 봉래정과 기타 여러 곳에서 여러 차례 안용봉과 회

69) 재산상의 이익을 위하여 사람을 약취(略取) 또는 유괴한 죄.

합하고 서로 제휴하여 공산주의운동을 해야 할 것을 모의하고

2. 쇼와 10년(1935년) 8월 하순경 경성부 종로 2가 파고다공원에서 공산주의자 안임균(安任均)과 회합하고 동인으로부터 현재 경성의 공산주의운동에는 이재유(李載裕)와 권영태(權榮台)의 2파가 있는데 전자가 파벌 만드는 것에 반대하고 후자는 코민테른의 지도하에 있다면 금후는 후자에 참가하여 그 운동을 해야 한다는 취지를 종용 받고 이를 승낙하고

3. 쇼와 10년(1935년) 11월 상순 경성부 봉래정 4번가 159번지 민태복(閔泰福) 집에서 이덕수(李德洙)라는 자와 회합하고 동인에게 여공 홍종례(洪鍾禮)를 소개하여 동녀를 아지트 키퍼로 하여 동거하고 공산주의운동을 해야 한다는 취지를 종용하여 그 승낙을 얻고

4. 쇼와 11년(1936년) 1월 상순경 경성부 황금정 7가 94번지 2호 자택에서 여러 차례 피고인 이병희(李丙禧)와 회합하고 동녀에게 서로 제휴하여 공산주의운동을 해야 한다는 취지를 종용하여 그 승낙을 얻고

5. 쇼와 11년(1936년) 3월 상순경부터 동년 10월 하순경까지 사이 위 자택과 그밖의 곳에서 여러 차례 피고인 박인춘과 회합하여 동인에게 좌익서적을 탐독하여 노동자를 동지로 획득하고 공산주의운동을 하자는 취지를 종용하여 그 승낙을 얻고

6. 쇼와 11년(1936년) 3월 상순경부터 동년 12월경까지 사이에 위의 자택과 그밖에서 여러 차례 피고인 문용배와 회합하고 동인에게 좌익서적을 탐독하게 하여 의미 불명의 개소(個所)는 자기에게 소개시킬 우수 동지에게 지도를 받아 오로지 공산주의 이론을 연구한 후 공장 내에서 동지를 획득하여 공산주의운동을 해야 한다는 취지를 종용하여 그 승낙을 얻고

7. 쇼와 11년(1936년) 3월 하순경부터 6월 상순경까지 위의 자택과 그밖에서 여러 차례 피고인 박인선과 회합하여

1) 서로 제휴하여서 공산주의운동을 하게 할 것

2) 각 공장 내에서 1인의 오르그를 획득하여 이를 중심으로 서클을 만들고 점차 좌익적으로 지도하여 적색노동조합을 결성하게 할 것

3) 피고인 박인선에게 권태규, 유해길(柳海吉) 2명을 지도할 것 등을 서로 모의하고

8. 쇼와 11년(1936년) 5월 하순경 위의 자택에서 피고인 백윤혁과 회합하여 권우성(權又成) 및 안승락(安承樂) 사건을 비판한 후 과거 공산주의운동의 결점을 시정하여 금후에는 신중, 숙려해서 서로 제휴하여 그 운동을 해야 한다는 뜻을 서로 모의하고

9. 쇼와 11년(1936년) 7월 상순경 경성부 광희정 3가 122번지 자택에서 피고인 박인선, 동 백윤혁과 회합하여 위 두 명에게 경성에서는 관헌의 단속이 엄중하므로 공산주의운동을 하는 것이 곤란하니 잠시 남선 지방에 가서 활동하려 하니 종래 자기의 지도하에 있던 피고인 문용배, 이병희, 김중국(金中國)을 이후 대신하여 지도해 줄 것을 의뢰해서 그 승낙을 얻고

10. 쇼와 11년(1936년) 7월 하순경 경성부 황금정 5가 177번지 자택에서 피고인 백윤혁과 회합하여 아래로부터의 통일전선에 기초하여 각 공장 내에서 1인의 동지를 획득하거나 또는 외부로부터 오르그를 잠입시켜 이를 중심으로 서클을 만들어 점차 좌익적으로 지도하여 적색노동조합을 결성해야 한다는 뜻을 서로 모의하고

11. 쇼와 11년(1936년) 8월 중순경 위의 자택에서 피고인 박인선, 동 박인춘과 회합하여 공산주의운동을 왕성하게 하기 위해 좌익출판물을 간행해야 한다는 뜻을 서로 모의하고

12. 쇼와 11년(1936년) 9월 상순경 경성부 수은정 단성홀 뒤에서 김중국이라는 자와 만나 동인에게 좌익서적을 탐독하여 의식의 앙양을 도모

하고 공산주의운동을 해야 한다는 뜻을 종용해서 그 승낙을 얻고

이로써 모든 그 목적 사항의 실행에 관하여 협의를 하고

제2. 피고인 백윤혁은 만주국 간도 용정촌에서 태어나 동소(同所)의 보통학교를 졸업한 후 쇼와 2년(1927년) 4월 중 경성사립 보성고등보통학교에 입학했지만 제5학년 재학 중 퇴학처분을 받은 자로써 위의 고등보통학교 재학 중 공산주의자 안종서(安鍾瑞)의 감화를 받아 공산주의 사상에 공명하여 이를 신봉해 오던 자로 조선 내에서 사유재산제도를 부인할 목적으로

1. 쇼와 10년(1935년) 9월 상순경 경성부 종로구 3가 7번지 중앙의원에서 안승락(安承樂), 안창대(安昌大), 강탄구(姜彈求) 및 피고인 박인선과 회합하여 적색노동조합을 결성할 때까지의 준비는 각자 안승락을 연결점으로 하여 중앙의원에서 상의할 것을 서로 모의하고

2. 쇼와 10년(1935년) 9월경 경성부 종로 2가 이진우(李進雨) 상점 그 밖에서 여러 차례 피고인 박온과 회합하고 동녀에게 러시아는 원래 조선과 같은 자본주의 국가로 자본가는 노동자를 압박, 착취하고 사치의 끝을 다하고 있었는데 혁명으로 인해 공산제 국가가 되어 현재는 만민평등 모두 행복한 생활을 영위하게 됨으로써 우리들도 역시 러시아와 같은 국가를 수립하기 하기 위해 서로 활동하지 않으면 안된다는 뜻을 종용하여 그 승락을 얻고

3. 쇼와 10년(1935년) 11월 상순경부터 약1개월 사이 평양부 빈정(濱丁) 오카모토(岡本) 병원 앞과 그밖에서 여러 차례 피고인 이종덕과 회합하고

1) 피고인 이종덕(李種德)은 피고인 백윤혁의 지도에 복종해 공산주의운동 상의 기술을 습득함과 동시에 자기의 친한 인물을 동지로

획득할 것

2) 피고인 이종덕은 피고인 백윤혁으로 하여금 공산주의운동에 전념하게 하기 위해 운동자금을 공급할 것 등을 서로 모의하고

4. 쇼와 11년(1936년) 4월경 경성부 중학정(中學町) 1번지 백악회(白岳會)와 그밖에서 여러 차례 박인선과 회합하고 재차 서로 제휴하여 공산주의운동을 할 뜻을 서로 모의하고

5. 피고인 김희성의 범죄사실 8항 기재의 일시 장소에서 동 피고인과 회합하고 동항 적시와 같이 서로 제휴하여 공산주의운동을 할 것을 모의하고

6. 피고인 김희성의 범죄사실 9항 기재의 일시 장소에서 동 피고인과 회합하고 동항 적시와 같이 지도를 의뢰 받고 이를 승낙하고

7. 피고인 김희성의 범죄 사실 10항 기재의 일시 장소에서 동 피고인과 회합하고 동항 적시와 같이 적색노동조합의 결성에 관하여 서로 모의하고

8. 쇼와 11년(1936년) 5월 하순경부터 동년 12월 상순경까지 사이 경성부 관훈정 이문당(以文堂) 서점과 그 외에서 여러 차례 피고인 최병직과 회합하여

1) 서로 제휴하여 공산주의운동을 할 것

2) 피고인 최병직은 그가 근무하는 철도국 경성공장 내에서 친목회를 좌익적으로 지도하고 또 각 취미로서 모인 서클을 조직, 이를 좌익적으로 지도하여 적색노동조합 결성의 기초공작을 할 것

3) 이재유 일파는 파벌이므로 이를 배척하고 국제노선과 연락이 있는 콤그룹에 참가하여 공산주의운동을 할 것 등을 서로 모의하고

9. 쇼와 11년(1936년) 5월 상순경부터 동년 6월경까지의 기간에 경성부 가회정 40번지 1호 자택과 그밖에서 여러 차례 피고인 윤순달(尹淳

達)과 회합하고

1) 조선에서의 공산주의운동에는 각종의 파벌이 존재하지만 정통은 국제노선과 연락되는 콤그룹이므로 이에 참가하여 공산주의운동을 할 것

2) 피고인 윤순달에게 그가 근무하는 경성전기주식회사 내에서 동지를 획득해야 할 것 등을 서로 모의했다.

10. 쇼와 11년(1936년) 6월경 다시 평양에 가서 피고인 이종덕 집에서 동인과 회견하고

1) 평양부 내에서 공산주의운동을 왕성하게 하기 위해 경성으로부터 실천운동의 경험이 있는 동지를 파견할 것

2) 피고인 이종덕은 피고인 백윤혁의 공산주의운동을 활발하게 하기 위해 운동자금을 경성에 보낼 것 등을 서로 모의하고

11. 쇼와 11년(1936년) 7월경부터 동년 11월경까지 기간에 다시 경성부 종로 2번가 동아부인상회와 그밖에서 여러 차례 피고인 박온(朴縕)과 회합하고 피고인 박온은 그가 근무하는 화신 상회 안에서 점원의 불평불만을 이용하여 좌익적으로 지도하여 동지를 획득할 것을 서로 모의하고

이로써 모든 그 목적한 사항의 실행에 관해 협의를 하고

제3. 피고인 박인선은 쇼와 4년(1929년) 3월 중 경성제2공립고등보통학교를 졸업한 후 조선총독부 임시국세조사과에 근무했지만 당시 공산주의자 유정진(柳丁鎭)의 감화를 받아 공산주의 사상에 공명하여 이를 신봉한 결과 조선혁명자동맹 사건에 관계되어 쇼와 9년(1934년) 10월 26일 경성지방법원에서 치안유지법 위반으로 징역 2년에 4년간 집행유예의 판결을 받은 자로 조선 내에서 사유재산제도를 부인할 목적으로

1. 쇼와 9년(1934년) 12월 상순경 경성부 명치정 마루(丸)빌딩회관 앞에서 안창대라는 자와 회합하고 동인으로부터 조선혁명동맹 사건은 그 운동방법이 졸렬하여 검거되었으므로 이후에는 동지와 소개자의 씨명을 서로에게 비밀로 하고 서로 제휴함으로 공산주의운동을 할 것을 종용받고 그것을 승낙하고

2. 쇼와 10년(1935년) 4월경 경성부 입정정(笠井町) 80번지 유해길(柳海吉) 집에서 안승락(安承樂)이란 자와 회합하고 동인으로부터 동인이 속한 국제노선인 콤그룹에 참가하여 서로 제휴함으로 공산주의운동을 할 것을 종용받고 이를 승낙하고

3. 피고인 백윤혁의 범죄사실 1항 기재의 일시, 장소에서 동 피고인과 회합하고 동항 적시와 같이 적색노동조합의 결성에 관하여 서로 모의하고

4. 쇼와 10년(1935년) 6월 초경 경성부 명륜정 경학원(經學院) 뒷산에서 경성상공학원 생도 최호극(崔浩極)이란 자와 회합하고 동인에게 동학교 내에서 동지를 획득하여 공산주의운동을 할 것을 종용하고 그 승낙을 얻고

5. 피고인 김희성의 범죄사실 7항 기재의 일시, 장소에서 동 피고인과 회합하고 동항 적시와 같이 여러 가지의 모의를 하고

6. 피고인 백윤혁의 범죄사실 4항 기재의 일시, 장소에서 동 피고인과 회합하고 동항 적시와 같이 서로 제휴하여 공산주의운동을 할 것을 서로 모의하고

7. 피고인 김희성의 범죄사실 9항 기재의 일시, 장소에서 동 피고인과 회합하고 동항 적시와 같이 지도를 의뢰받고 이를 승낙하고

8. 쇼와 11년(1936년) 5월 상순경 경성부 장충단공원과 그밖에서 여러 차례 최호웅(崔浩熊)이란 자와 회합하고 서로 제휴하여 공산주의운동을 할 것을 종용해 그 승낙을 얻고

9. 쇼와 11년(1936년) 7월 상순경 경성부 광희정 2정목 122번지 김희성 집에서 피고인 문용배와 회합하여 동 피고인을 자기 지도하에 두고 서로 제휴함으로 공산주의운동을 할 것을 서로 모의하고

10. 쇼와 11년(1936년) 7월 10일경 경성부 영락정(永樂町) 과자점에서 피고인 이병희와 만나 동 피고인에게 종래의 공산주의운동은 여자의 지도를 등한시하고 혐오했지만 이후에는 그 방면에 적극적으로 운동해서 동지를 획득한 후 공산주의운동에 매진할 것을 종용해 그 승낙을 얻고

11. 피고인 김희성의 범죄사실 11항 기재의 일시, 장소에서 동 피고인과 회합하고 동항 적시와 같이 좌익 출판물의 간행에 관하여 서로 모의하고

이로써 모든 그 목적한 사항의 실행에 관해 협의하고

제4. 피고인 최병직은 경성 주교(舟橋)공립보통학교 졸업 후 경성 사립보성고등보통학교에 입학했지만 3학년 재학 중 퇴학처분을 받아 경성전기(電機)학교에 입학하여 쇼와 9년(1934년) 3월 중 동교를 졸업했는데, 위 고등보통학교재학 중 공산주의자 이석곤(李石昆)의 감화를 받아 공산주의사상에 공명하여 이를 신봉하기에 이른 자로 조선 내에서 사유재산제도를 부인할 목적으로

1. 피고인 백윤혁의 범죄시실 8항 기재의 일시, 장소에서 동 피고인과 회합하여 동항 적시와 같이 여러 가지 모의를 하고

2. 쇼와 11년(1936년) 5월 하순경부터 동년 12월 하순경까지 사이 경성부 명륜정 2가 경학원(經學院)의 뒤 산과 그밖에서 여러 차례 철도국 경성공장 직공 이인영(李仁榮)이란 자와 회합하고

1) 동인(同人)은 동 공장 선반직장의 책임자로써 동지를 획득할 것

2) 9월 첫째 일요일 무산청년데이에는 반전투쟁을 하고 종래의 직장

운동을 서클운동으로 전환 시킬 것을 서로 모의하고

3. 쇼와 11년(1936년) 7월 상순경부터 동년 9월경까지 사이 철도국 경성공장과 그밖에서 여러 차례 동 공장의 직공 김경주(金庚柱)란 자와 회합하고 동인에게 동 공장의 견습공 3~4명으로 하여금 서클을 조직하게 하여 이를 좌익적으로 지도하여 공산주의운동을 하게 할 것을 서로 모의하고

4. 쇼와 11년(1936년) 7월 상순경부터 동년 12월 상순경까지 사이 경성부 원정(元町) 3가 복해루(福海樓)와 그밖에서 여러 차례 철도국 경성공장의 직공 노일(魯一)이란 자와 회합하고

1) 동인은 동 공장 조립직장의 책임자로써 동지를 획득한 후 공산주의운동을 할 것

2) 8월 1일 반전(反戰) 데이에는 직공에게 전쟁의 의의를 설명하고 반전투쟁을 감행할 것을 서로 모의하고

이로써 모든 그 목적한 사항의 실행에 관해 협의하고

제5. 피고인 이종덕은 평양공립고등보통학교 부속 보통학교 졸업 후 다이쇼 14년(1925년) 4월 중 동 고등보통학교에 입학했지만 2학년 재학 중 가정 사정으로 퇴학했는데 쇼와 5년(1930년)경부터 좌익서적을 탐독한 결과, 공산주의사상에 공명하고 이를 신봉해 오던 자로 조선 내에서 사유재산제도를 부인할 목적으로

1. 쇼와 10년(1935년) 11월 상순경 평양부 신양리(新陽里) 65번지 자택에서 정태헌(鄭泰憲)이란 자와 회합하여 평양에서 공산주의운동의 부진함은 기독교 세력이 강대함과 평안 인사의 성질이 담담하고 급하여 조직적 소질이 결여되어 있어 금후는 이점을 고려하고 서로 제휴하여 공산주의운동을 할 것을 서로 모의하고

2. 피고 백윤혁의 범죄사실 3항 기재의 일시, 장소에서 동 피고인과 회합하고 동항의 적시와 같이 여러 가지 모의를 하고

3. 피고인 백윤혁의 범죄 사실 10항 기재의 일시, 장소에서 동 피고인과 회합하고 동항의 적시와 같이 여러 가지 모의를 하고

이로써 모든 그 목적 사항의 실행에 관해 협의하고

제6. 피고인 윤순달은 본적지의 보통학교 졸업 후 경성사립 중앙고등보통학교에 입학했지만 2학년을 수학하고 나서 퇴학하고 쇼와 7년(1932년) 4월 중 경성전기(電機)학교에 입학하여 쇼와 9년(1934년) 3월 중 이 학교를 졸업했는데 위 학교 재학 중 공산주의자 안병춘(安炳春)의 감화를 받아 공산주의사상에 공명하여 이를 신봉해 온 자로 조선 내에서 사유재산제도를 부인할 목적으로 피고인 백윤혁이 범죄사실 9항 기재의 일시, 장소에서 동 피고인과 회합하여 동항 적시와 같이 여러 가지 모의를 함으로써 그 목적한 사항의 실행에 관하여 협의하고

제7. 피고인 박인춘은 쇼와 5년(1930년) 3월 중 본적지의 보통학교 4학년을 수학 후 농업과 노동에 종사하여 오다가 공산주의자 서창원(徐昌源)의 감화를 받아 공산주의 사상에 공명하여 그것을 신봉해 오던 자로 조선 내에서 사유재산제도를 부인할 목적으로

1. 피고인 김희성의 범죄사실 5항 기재의 일시, 장소에서 동 피고인과 회합하여 동항 적시와 같이 서로 제휴하여 공산주의운동을 할 뜻을 종용받고 이를 승낙하고

2. 피고인 김희성의 범죄사실 11항 기재의 일시 장소에서 동 피고인과 회합하고 동항 적시와 같이 좌익출판물의 간행을 서로 모의함으로써 모든 그 목적한 사항의 실행에 관해 협의하고

제8. 피고인 박온(朴溫)은 경성 근화여자보통학교 졸업 후 쇼와 7년(1932년) 4월 중 경성사립 여자상업학교에 입학하여 2학년 재학 중 가정사정으로 퇴학했는데, 동교 재학 중 공산주의자 심계월(沈桂月)의 감화를 받아 공산주의사상에 공명하여 이를 신봉해 오던 자로 조선 내에서 사유재산제도를 부인할 목적으로

1. 피고인 백윤혁의 범죄사실 2항 기재의 일시, 장소에서 동 피고인과 회합하여 동항 적시와 같이 서로 제휴하여 공산주의운동을 할 뜻을 종용받고 그것을 승낙하고

2. 피고인 백윤혁의 범죄사실 11항 기재의 일시, 장소에서 동 피고인과 회합하여 동항 적시와 같이 동지 획득의 건에 관하여 서로 모의함으로써 모든 그 목적한 사항의 실행에 관해 협의하고

제9. 피고인 문용배는 본적지 보통학교를 졸업한 후 가사를 돕고 있던 중 쇼와 10년(1935년) 4월 중 경성에 간 후 공산주의자 안임균(安任均)의 감화를 받아 공산주의사상에 공명하고 이를 신봉해 오던 자로 조선 내에서 사유재산제도를 부인할 목적으로

1. 피고인 김희성의 범죄사실 6항 기재의 일시, 장소에서 동 피고인과 회합하고 동항 적시와 같이 서로 제휴하여 공산주의운동을 할 뜻을 종용받고 그것을 승낙하고

2. 피고인 박인선의 범죄사실 9항 기재의 일시, 장소에서 동 피고인과 회합하고 동항 적시와 같이 서로 제휴하여 공산주의운동을 할 뜻을 서로 모의하고

3. 쇼와 11년(1936년) 9월 중순경부터 12월 중순경까지 사이 경성부 영등포정 창화(昌和)공업주식회사와 그밖에서 여러 차례 동 회사의 직공 정진동(鄭鎭東)이란 자와 회합하고 동인에게 동 회사공장 내에서 노

동자를 동지로 획득하여 공산주의운동을 할 뜻을 종용하고 그 승낙을 얻고

4. 쇼와 11년(1936년) 9월 중순경부터 동년 10월 중순경까지 사이 경성부 영등포정 윤흥택(尹興宅) 집과 그밖에서 여러 차례 전기(前記) 회사의 직공 이경례(李敬禮)란 자와 회합하고 동인에게 동 회사 공장에서 노동자를 동지로 획득하여 공산주의운동을 할 뜻을 종용하고 그 승낙을 얻음으로써 모든 그 목적한 사항의 실행에 관해 협의하고

제10. 피고인 이병희는 경성 동덕여자보통학교를 졸업한 후 가사를 돕고 있던 중 쇼와 8년 (1933년) 5월 중 경성부 신설정 종연(鍾淵)방적주식회사 여공인 공산주의자 이효정(李孝貞) 및 변홍대(卞洪大)의 감화를 받아 공산주의사상에 공명하여 이를 신봉해 오던 자로 조선 내에서 사유재산제도를 부인할 목적으로

1. 피고인 김희성의 범죄사실 4항 기재의 일시, 장소에서 동 피고인과 회합하여 동항 적시와 같이 서로 제휴하여 공산주의운동을 할 뜻을 종용받고 그것을 승낙하고

2. 피고인 박인선의 범죄사실 10항 기재의 일시, 장소에서 동 피고인과 회합하여 동항 적시와 같이 서로 제휴하여 공산주의운동을 할 뜻을 종용 받고 그것을 승낙을 얻음으로써 모든 그 목적한 사항의 실행에 관해 협의하고

피고인 등(단, 피고인 윤순달을 제외)의 각 소위(所爲)는 모두 범의(犯意) 계속에 관계된 것이고 피고인 등의 이상 각 소위는 모두 치안유지법 제2조, 형법 제55조[70](단, 피고인 윤순달에 대해서는 형법 제55조를 제외)에 해당하고 공판에 회부하기에 충분한 범죄의 혐의가 있음으

로 형사소송법 제312조에 의해 이를 공판에 붙일 것을 언도한다.

본건 공소 사실 중

1. 피고인 권태규가 조선 내에서 사유재산제도를 부인할 목적으로 그 목적 사항의 실행에 관해 협의했다는 사실 2. 피고인 김희성, 이병희 두 명이 공모한 후 영리를 목적으로 홍종례 및 최경창이라는 사람을 유괴하고 게다가 이한영 및 박원응이라는 자를 기망(欺罔)하여 금액을 편취한 사실 3. 피고인 이종덕, 정태헌이라는 자를 동인이 벌금 이상의 형에 해당하는 죄를 범한 사정을 알면서 장닉한 점은 모두 공판에 부치기에 충분한 범죄의 혐의가 없음으로 형사소송법 제313조에 의해 모두 면소의 언도를 한다.

따라서 주문과 같이 결정한다.

쇼와 13년(1938년) 5월 21일

경성지방법원 예심괘 조선총독부 판사 고바야시(小林長藏)

다음 경성지방법 판결의 내용은 다음과 같다.

쇼와 13년(1938년) 형공 제732호

판결

본적 함경남도 홍원군 운학면 장남리 333번지

주거 경성부 황금정 5가 177번지

무직 김희성 당26년

70) 형법 제55조 "연속한 수개의 행위로 동일 죄명에 觸할 때는 一罪로서 이를 처단한다."라고 규정되어 있다.

본적 경성부 가회정 1번지 63호
주거 동부 계동정 2번지 66호
경성방송국원 박인선(朴仁善) 당28년

본적 및 주거 경성부 명륜정 3가 116번지
철도국경성공장 전기 기사 최병직(崔秉稷) 당26년

본적 평안남도 용강군 오신면 월매리 430번지
주거 동도 대동군 대동강면 신리 11번지
우골비료조합사무원 이종덕(李種德) 당29년

본적 전라남도 강진군 대구면 수동리 557번지
주거 경성부 서계정 33번지 96호
경성전기주식회사 전공(電工) 윤순달(尹淳達) 당26년

본적 함경남도 홍원군 운학면 신양리 126번지
주거 경성부 전농정 산9번지
노동 박인춘(朴寅椿) 당25년

본적 경성부 소격정 158번지 2호
주거 동부 관훈정 29번지 6호
무직 박온(朴溫) 당 25년

본적 경기도 수원군 성호면 양산리 417번지
주거 경성부 영등포정 번지불상

용산공작소 직공 문용배(文庸培) 당23년

본적 경성부 봉익정 29번지
주거 동부 청량리정 88번지 2호
무직 이병희(李丙禧) 당22년

위 9명에 대한 치안유지법 위반 피고사건에 대해 조선총독부검사 사카모토 이치로(坂本一郎) 관여 심리 판결한 내용은 다음과 같다.

주문

피고인 김희성을 징역 2년에 처한다.
피고인 박인선을 징역 3년에 처한다.
피고인 최병직을 징역 1년 6월에 처한다.
피고인 이종덕 동 윤순달 동 박인춘 동 박온 동 문용배 동 이병희를 각 징역 1년에 처한다.
단, 피고인 김희성 동 박인선에 대해 각 600일 그 나머지 피고인 등에게 각 300일의 각 미결구류 일수를 위 각 본 형에 산입한다.
피고인 최병직에게 4년간, 피고인 이종덕 동 윤순달 동 박인춘, 동 박온, 동 문용배, 동 이병희에게 각 3년간 위 형의 집행을 유예한다.

이유

제1. 피고인 김희성은 본적지에서 3년간 한문을 배운 이후 농업에 종사하며 쇼와 9년(1934년) 3월 고학을 목적으로 경성에 나와 노동에 종사하다가 함께 일하던 공산주의자 안용봉(安龍鳳)에게 감화를 받아 공산주의사상에 공명하여 이를 신봉하게 되고 조선 내에 사유재산제도를 부인할 목적으로

1. 쇼와 9년(1934년) 9월 하순경부터 쇼와 10년(1935년) 8월 중순경까지 사이 경성부 봉래정 그밖에서 안용봉과 회합하고 공산주의운동을 할 뜻을 서로 모의하고

2. 쇼와 10년(1935년) 8월 하순경 경성부 종로 2가 파고다 공원에서 공산주의자 안임균(安任均)과 회합하고 동인으로부터 현재 경성에서의 공산주의운동에는 이재유 및 권영태의 두 파인데 전자의 파벌에 반하여 후자는 코민테른의 지도 아래 있는데 금후는 후자에 참가하여 그 운동을 해야 한다는 뜻을 종용하게 되어 이를 승낙하고

3. 쇼와 10년(1935년) 11월 상순경 경성부 봉래정 4가 59번지 민태복 집에서 이덕수와 회합하고 동인에게 여공 홍종례를 소개하고 아지트키퍼로서 동거하고 공산주의운동을 해야 한다는 뜻을 종용하여 그 승낙을 얻고

4. 쇼와 11년(1936년) 1월 상순경 경성부 황금정 7가 94번지 2호 당시 자택에서 여러 차례 피고인 이병희와 만나 동인에게 서로 제휴하여 공산주의운동을 할 뜻을 종용하여 그 승낙을 얻고

5. 쇼와 11년(1936년) 3월 상순경부터 동년 10월 하순경까지 위 자택에서 여러 차례 피고인 박인춘과 회합하고 동인에게 좌익서적을 탐독하고 노동자를 동지로 획득한 후 공산주의운동을 해야 한다는 뜻을 종용하여 그 승낙을 얻고

6. 쇼와 11년(1936년) 3월 상순경부터 동년 12월경까지 문용배와 만나 동인에게 좌익서적을 탐독하게 하고 의미 불명의 부분은 자기가 소개받을 우수한 동지에게 배우고 지도를 받고 오로지 공산주의 이론을 연구

한 위에 공장 내에서 동지를 획득하고 공산주의운동을 해야 한다는 뜻을 종용하여 그 승낙을 얻고

7. 쇼와 11년(1936년) 3월 하순경부터 동년 6월 상순경까지 위 자택 그 밖에서 여러 차례 피고인 박인선과 만나

1) 서로 제휴하여 공산주의운동을 할 것
2) 각 공장 내에 한 사람의 오르그를 획득하여 이를 중심으로 서클을 만든 후 점차 좌익적으로 지도하여 적색노동조합을 결성할 것
3) 피고인 박인선에게 권태규, 유해길 두 사람을 지도할 것 등을 서로 모의하고

8. 쇼와 11년(1936년) 5월 하순경 황금정 5가 당시 피고인 박인춘의 집에서 백윤혁과 만나 권우성 및 안승락 사건을 비판한 후 과거의 공산주의운동의 결점을 시정하고 금후는 심사숙고하여 서로 제휴하여 그 운동을 해야 한다는 뜻을 서로 모의하고

9. 쇼와 11년(1936년) 7월 상순경 경성부 광희정 2번가 222번지 당시의 자택에서 피고인 박인선, 백윤혁과 만나 두 사람에게 잠시 남선(南鮮)지방에 가야하므로 종전 자신의 지도하에 있던 피고인 문용배, 동 이병희, 김중국을 금후에는 대신하여 지도 받아야한다는 뜻으로 의뢰하여 그 승낙을 얻고

10. 쇼와 11년(1936년) 7월 하순경 경성부 황금정 5가 177번지 당시 자택에서 피고인 백윤혁과 회합하고 통일전선에 기초하여 각 공장 내에 한 사람의 동지를 획득 하던가 또는 외부로부터 오르그를 잠입시켜 이를 중심으로 서클을 만든 후 점차 좌익적으로 지도하여 적색노동조합을 결성할 것을 서로 모의하고

11. 쇼와 11년(1936년) 8월 중순경 자택에서 피고인 박인선과 회합하고 공산주의운동을 왕성하게 하기 위해 좌익 출판물을 간행할 것을 서

로 모의하고

12. 쇼와 11년(1936년) 9월 상순경 경성부 수은정(授恩町) 단성홀 뒤에서 김충국과 회합하고 동인에게 좌익서적을 탐독케 하여 의식의 앙양을 도모하여 함께 공산주의운동을 할 것을 종용하여 그 승낙을 얻고

제2. 피고 박인선은 쇼와 4년(1929년) 3월 중 경성 제2공립고등보통학교 졸업 후 조선총독부 임시국세조사과에서 근무하던 중 당시 공산주의자 유정진(柳丁鎮)에게 감화를 받고 공산주의사상에 공명하고 이를 신봉하게 된 결과 조선혁명자동맹 사건에 관계하여 쇼와 9년(1934년) 10월 16일 경성지방법원에서 치안유지법 위반으로 징역 2년, 4년간 집행유예의 판결을 받고 그 후 쇼와 11년(1936년) 12월부터 경성방송국 사무과에 근무하고 있었는데 조선 내에서 사유재산제도를 부인할 목적으로

1. 쇼와 9년(1934년) 12월 상순경 경성부 명치정 마루(丸) 빌딩 앞에서 안창대와 회합하고 동인으로부터 조선혁명자동맹 사건은 그 운동 방법이 졸렬하기 때문에 검거된 것이니 이후에는 동지 및 소개자의 이름을 서로 비밀로 하여 상호 제휴해서 공산주의운동을 해야 한다는 뜻을 종용하여 이를 승낙하고

2. 쇼와 10년(1935년) 4월경 경성부 입정정(笠井町) 80번지 유해길(柳海吉) 집에서 안승락과 회합하고 동인으로부터 동인이 속한 국제노선인 콤그룹의 주지에 따라 서로 제휴하여 공산주의운동을 해야 한다는 뜻을 종용하게 되어 이를 승락하고

3. 쇼와 10년(1935년) 9월 상순경 경성부 종로 3가 7번지 중앙의원에서 백윤혁, 안승락, 안창대, 강탄구와 회합하고 적색노동조합을 결성할 때까지 준비는 각자 안승락을 연락점으로 하여 의논해야 한다는 뜻을 서로 모의하고

4. 쇼와 10년(1935년) 6월 초순경 경성부 명륜정 경학원 뒷산에서 경성상공학원 생도 최호극(崔浩極)과 만나 동인에게 동 학교 내에서 동지를 획득하고 공산주의운동을 해야 한다는 뜻을 종용하여 그 승낙을 얻고

5. 피고인 김희성의 범죄사실 7항 기재의 일시, 장소에서 동 피고인과 회합하고 동항 적시와 같이 모의를 하고

6. 피고인 김희성의 범죄사실 9항 기재의 일시, 장소에서 동 피고인과 회합하고 동항 적시와 같이 지도를 의뢰받고 이를 승낙하고

7. 쇼와 11년(1936년) 5월 상순경 경성부 장충단공원과 그밖에서 여러 차례 최호웅(崔浩熊)과 회합하고 동인에게 서로 제휴하여 공산주의운동을 할 것을 종용해 그 승낙을 얻고

8. 쇼와 11년(1936년) 7월 상순경 경성부 광희정 2가 122번지 김희성 집에서 피고인 문용배와 회합하고 동 피고인을 자기 지도하에 두고 서로 제휴하여 공산주의운동을 해야 한다는 뜻을 서로 모의하고

9. 쇼와 11년(1936년) 7월 10일경 경성부 영락정 모 과자점에서 피고인 이병희와 회합하고 동 피고인에게 종래의 공산주의운동은 여자의 지도를 등한시하고 혐오했지만 이후에는 그 방면에도 적극적으로 노력하여 동지를 획득한 후 공산주의운동에 매진해야 한다는 뜻을 종용하여 그 승낙을 얻고

10. 피고인 김희성의 범죄사실 11항 기재의 일시, 장소에서 동 피고인과 회합하고 동 항 게시와 같이 좌익 출판물의 발행에 관해 서로 모의하고

제3. 피고 최병직(崔秉稷)은 경성 주교공립보통학교 졸업 후 쇼와 3년(1928년) 4월 경성사립보성고등보통학교에 입학하여 3학년 재학 중 퇴학처분을 받고 쇼와 7년(1932년) 4월 경성 전기 학교에 입학하고 쇼와

9년(1934년 3월) 동교를 졸업했는데, 위 고등보통학교 재학 중 공산주의자 이석곤에게 감화를 받아 공산주의사상에 공명하여 이를 신봉하게 되었는데 조선 내에 사유재산제도를 부인할 목적으로

1. 쇼와 11년(1936년) 5월 하순경부터 동년 12월 상순경까지 경성부 관훈정 이문당서점과 그밖에서 여러 차례 백윤혁과 회합하고

1) 서로 제휴하여 공산주의운동을 할 것

2) 피고인은 근무하던 철도국 경성공장 내에 친목회를 좌익적으로 지도하고 또 각 취미로 모이는 조직원을 조직하여 이를 좌익적으로 지도할 것

3) 이재유 일파는 파벌임으로 이를 배척하고 국제노선과 연락되는 콤그룹에 참가하여 공산주의운동을 할 것을 서로 모의하고

2. 쇼와 11년(1936년) 5월 하순경부터 동년 12월 하순경 사이 경성부 명륜정 2가 경학원 뒷산과 그밖에서 여러 차례 철도국 경성공장 직공 이인영(李仁榮)과 회합하고

1) 동인은 동 공장 선반직장의 책임자로 하고 동지를 획득할 것

2) 9월 첫째 일요일 무산청년데이에는 반전투쟁을 하고 종래의 직장운동을 서클운동으로 전회할 것을 서로 모의하고

3. 쇼와 11년(1936년) 7월 상순경부터 동년 9월 하순경까지 철도국 경성공장, 그밖에서 여러 차례 동 공장 직공 김경주(金庚柱)와 회합하고 동인에게 동 공장의 견습공 3, 4명으로 서클을 조직케 하여 이를 좌익적으로 지도하고 공산주의운동을 하게 하는 것을 서로 모의하고

4. 쇼와 11년(1936년) 7월 상순경부터 동년 12월 상순경까지 경성부 원정 3번가 복해루, 그밖에서 여러 차례 철도국 경성공장의 직공 노일과 회합하고

1) 동인은 동 공장 조립직장의 책임자가 되어 동지를 획득한 후 공산

주의운동을 할 것

2) 8월 1일 반전 데이에는 직공에게 전쟁의 의의를 설명하고 반전투쟁을 감행하도록 할 것을 서로 모의하고

제4. 피고 이종덕은 평양공립고등보통학교 부속 보통학교 졸업 후 다이쇼 14년(1925년) 4월 평양공립고동보통학교에 입학했지만 2학년 재학 중 가정 사정으로 퇴학했는데 쇼와 5년(1930년)경부터 좌익서적을 탐독한 결과, 공산주의사상에 공명하고 이를 신봉해 오던 자로 조선 내에서 사유재산제도를 부인할 목적으로

1. 쇼와 10년(1935년) 11월 상순경 평양부 신양리 65번지 당시 자택에서 정태헌(鄭泰憲)과 회합하여 평양에서의 공산주의운동의 부진함은 기독교 세력의 강대함과 평양 인사의 성질이 담담하고 급하여 조직적 소질이 결여 되어 있어 금후는 이러한 점을 고려하고 서로 제휴하여 공산주의운동을 할 것을 서로 모의하고

2. 쇼와 10년(1935년) 11월 상순경부터 약 1개월간 평양부 빈정(濱町) 오카모토(岡本) 병원 앞, 그밖에서 백윤혁과 회합하고

1) 피고인은 동인의 지도에 복종하여 공산주의운동의 기술을 습득함과 동시에 자기와 친한 사람을 동지로 획득할 것

2) 피고인은 동인으로 하여 공산주의운동에 전념하게 하기 위해 운동자금을 공급하기로 모의하고

3. 쇼와 11년(1936년) 6월경 다시 위 자택에서 백윤혁과 회합하고

1) 평양부 내에서 공산주의운동을 왕성하게 하기 위해 경성에서 실천운동의 경험이 있는 동지를 파견할 것

2) 피고인은 백윤혁의 공산주의운동을 활발하게 하기 위한 운동자금을 경성에 송부할 것을 서로 모의하고

제5. 피고 윤순달은 본적지의 보통학교 졸업 후 경성사립 중앙고등보통학교에 입학했지만 2학년을 수학하고 나서 퇴학하고 쇼와 7년(1932년) 4월 중 경성전기(電機)학교에 입학하여 쇼와 9년(1934년) 3월 중 이를 졸업했는데 위 학교 재학 중 쇼와 8년(1933년) 무렵부터 공산주의자 안병춘의 감화를 받아 공산주의사상에 공명하여 이를 신봉해 온 자로 조선 내에 사유재산제도를 부인할 목적으로 쇼와 11년(1936년) 5월 상순경부터 6월경까지 경성부 가회정 40-1번지 백윤혁 집과 그밖에서 여러 차례 동인과 회합하여

1) 조선에서 의 공산주의운동은 각종 파벌이 있지만 정통은 국제노선과 연락되는 콤그룹이므로 이에 참가하여 공산주의운동을 할 것
2) 피고인이 근무하고 있는 경성전기주식회사 내에서 동지를 획득할 것을 서로 모의하여 그 목적한 사항의 실행에 관해 협의를 하고

제6. 피고 박인춘은 쇼와 5년(1930년) 3월 중 본적지의 보통학교 제4학년 수업 후 농업 및 노동에 종사하고 있다가 쇼와 7, 8년(1932~1933년) 경부터 공산주의자 서창원(徐昌源)의 감화를 받아 공산주의사상에 공명하고 이를 신봉하게 되어 조선 내에 사유재산제도를 부인할 목적으로 김희성의 범죄사실 5항 기재의 일시, 장소에서 동 피고인과 회합하고 동 항 적시와 같이 서로 제휴하여 공산주의운동을 해야 한다는 뜻을 종용하게 되어 이를 승낙하여 그 목적한 사항의 실행에 관해 협의를 하고

제7. 피고 박온은 경성 근화여자보통학교 졸업 후 쇼와 7년(1932년) 4월 중 경성사립여자상업학교에 입학하여 2학년 재학 중 가정 사정으로 퇴학했는데, 동 교 재학 중 공산주의자 심계월의 감화를 받아 공산주의사상에 공명하여 이를 신봉해 오던 자로 조선 내에서 사유재산제도를

부인할 목적으로

1. 쇼와 10년(1935년) 9월경 경성부 종로 2가 이진우(李進雨)의 상점, 그밖에서 백윤혁과 만나 동인으로부터 러시아는 원래 조선처럼 자본주의 국가여서 자본가는 노동자를 압박, 착취하였으나 혁명에 의해 공산제 국가가 되어 현재는 만만평등, 모두 행복한 생활을 하고 있음으로 우리들도 또한 러시아와 같은 국가를 수립하기 위해 서로 활동해야 한다는 뜻을 종용받고 이를 승낙하고

2. 쇼와 11년(1936년) 7월경부터 동년 11월경까지 경성부 종로 2가 동아부인상회, 그밖에서 백윤혁과 회합하고 피고인은 당시 근무하고 있던 화신상회 내에서 점원의 불평불만을 이용하여 이를 좌익적으로 지도하여 동지로 하게 할 것을 서로 모의하고

제8. 피고 문용배는 본적지의 보통학교 졸업 후 가사를 돕고 있던 중 쇼와 10년(1935년) 4월 경성으로 간 후 공산주의자 안임균(安任均)에게 감화를 받아 공산주의사상에 공명하고 이를 신봉하게 되어 조선 내에 사유재산제도를 부인할 목적으로

1. 김희성의 범죄사실 6항 기재의 일시, 장소에서 동 피고인과 회합하고 동항 적시와 같이 서로 제휴하여 공산주의운동을 할 뜻을 종용받고 그것을 승낙하고

2. 피고인 박인선의 범죄사실 8항 기재의 일시, 장소에서 동 피고인과 회합하고 동항 적시와 같이 서로 제휴하여 공산주의운동을 할 뜻을 서로 모의하고

3. 쇼와 11년(1936년) 9월 중순경부터 12월 중순경까지 사이 경성부 영등포정 창화(昌和)공업주식회사와 그밖에서 여러 차례 동 회사의 직공 정진동(鄭鎭東)과 회합하고 동인에게 동 회사공장 내에서 노동자를

동지로 획득하여 공산주의운동을 할 뜻을 종용하고 그 승낙을 얻고

4. 쇼와 11년(1936년) 9월 중순경부터 동년 10월 중순경까지 사이 경성부 영등포정 윤흥택(尹興宅) 집과 그밖에서 여러 차례 전기(前記) 회사의 직공 이경례(李敬禮)와 회합하고 동인에게 동 회사 공장에서 노동자를 동지로 획득하여 공산주의운동을 할 것을 종용하고 그 승낙을 얻음으로써 모든 그 목적한 사항의 실행에 관해 협의하고

제9. 피고 이병희는 경성 동덕여자보통학교 졸업 후 가사 일을 하고 있었는데 쇼와 8년(1933년) 5월 경성부 신설정 종연방적주식회사 여공으로 일하다가 공산주의자 이효정 및 변홍대의 감화를 받아 공산주의사상을 신봉하게 되어 조선 내에 사유재산제도를 부인할 목적으로

1. 피고인 김희성의 범죄사실 4항 기재의 일시, 장소에서 동 피고인과 회합하고 동항 적시와 같이 서로 제휴하여 공산주의운동을 할 것을 종용받고 이를 승낙하고

2. 피고인 박인선의 범죄사실 9항 기재의 일시, 장소에서 동 피고인과 회합하고 동 항 적시와 같이 서로 제휴하여 공산주의운동을 할 것을 종용받고 이를 승낙하고

이로써 모든 그 목적한 사항의 실행에 관해 협의를 한 자로서

피고인 등(단, 피고인 윤순달, 박인춘을 제외)의 이상 각 소위는 각각 범의 계속에 관계된 것으로 한다.

증거를 살펴보건데 피고인 김희성에 대한 판시 제1의 사실은 3 및 4의 사실 중 협의 사항의 점을 제외하고 동 피고인이 당 공정에서 각 판시 동 취지의 진술, 위 3의 사실에 대해 증인 이덕수에 대한 예심조서 중 판시 동 취지의 공술 기재, 동 4의 사실에 대해 피고인 이병희의 당 공

정에서의 판시 동 취지의 진술, 동 5의 사실에 대해 피고인 박인춘의 당 공정에서의 판시 동 취지의 진술, 동 6의 사실에 대해 피고인 문용배의 당 공정에서의 판시 동 취지의 진술 동 7, 9, 11의 사실에 대해 피고인 박인춘의 당 공정에서의 각 판시, 동 취지의 진술이 있음으로 이를 인정하고

피고인 박인선에 대한 판시 제2의 사실은 동 피고인의 당 공정에서의 각 판시 동 취지의 진술이 있을 뿐 아니라 동 5, 6, 10의 사실에 대해 피고인 김희성의 동 8의 사실에 대해 피고인 문용배 동 9의 사실에 대해 피고인 이병희의 당 공정에서의 각 판시 동 취지의 진술에 의해 이를 인정하고

피고인 최병직에 대한 판시 제3의 사실 피고인 이종덕에 대한 판시 제4의 사실 및 피고인 윤순달에 대한 판시 제5의 사실은 모두 동 피고인 등의 당 공정에서의 각 판시, 동 취지의 진술에 의해 이를 인정하고

피고인 박인춘에 대한 판시 제6의 사실은 동 피고인의 당 공정에서의 판시, 동 취지의 진술 및 협의한 점에 대해 피고인 김희성의 당 공정에서의 판시, 동 취지의 진술에 의해 이를 인정하고

피고인 박온에 대한 판시 제7의 사실은 동 피고인의 당 공정에서의 각 판시, 동 취지의 진술에 의해 이를 인정하고

피고인 문용배에 대한 판시 제8의 사실은 동 피고인의 당 공정에서의 각 판시, 동 취지의 진술 및 동 1의 사실에 대해 피고인 김희성 동 2의 사실에 대해 피고인 박인선의 당 공정에서의 각 판시 동 취지의 자백에 의해 이를 인정하고

피고인 이병희에 대한 판시 제9의 사실은 동 피고인의 당 공정에서의 각 판시 동 취지의 진술 및 동 2의 사실에 대해 피고인 박인선의 당 공정에서의 판시, 동 취지의 진술에 의해 이를 인정하고

피고인 윤순달 동 박인춘을 제외하고 그 나머지 피고인 등의 판시 각 소위가 각각 범의 계속에 관계된 것은 동종행위가 각각 단기간 내에 반복 누행된 사적(事跡)에 비추어 이를 인정함으로 판시 사실은 모두 범죄의 증명이 있는 것으로 한다.

법률에 비추어 보니 피고인 등의 판시 각 소위는 모두 치안유지법 제2조 피고인 윤순달, 동 박인춘을 제외하고 그 나머지 피고인 등에 대해서는 형법 제55조에 각 해당함으로 모두 그 소정 형 중 징역형을 선택하고 그 소정 형기 범위 내에서 각각 주문과 같이 양형 처단하고 형법 제21조에 의해 각 피고인에 대해 각각 주문과 같이 미결구류 일수의 통산을 하고 동법 제25조에 따라 피고인 김희성, 동 박인선을 제외하고 그 나머지 피고인 등에 대해서 각각 주문과 같이 그 형의 집행을 유예하는 것으로 한다.

또 본 건 공소 사실 중 피고인 박인선이 쇼와 11년(1936년)경 경성부 중학정 1번지 백악회, 그밖에서 여러 차례 백윤혁과 회합하고 다시 서로 제휴하여 공산주의운동을 할 것을 서로 모의한 사실 및 피고인 박인춘이 판시 제1의 11의 협의에 가담한 사실은 모두 이를 인정할 만한 범죄의 증명이 없으나 위는 모두 동 피고인 등에게 유죄 인정을 해야 한다. 판시 각 사실과 각각 연속된 하나의 죄와 관계되어 있어 기소된 것임으로 이들의 점에 대해 특별히 주문에서무죄 언도를 하지 않는다. 따라서 주문과 같이 판결한다.

해제

이 문서는 1938년 5월 21일 김희성(金熙星, 25세) 등 11인의 치안유지법 사건에 대한 경성지방법원의 예심종결결정(사건번호는 昭和12年豫第12號)과 1939년 4월 14일 김희성(金熙星, 26세) 등 9인의 치안유지법 사건에 대한 경성지방법원의 판결(昭和13年刑公第732號)로서 이 사건에 관여한 판사는 예심 판사 고바야시(小林長藏)와 경성지방법원 재판장 아라마키(荒卷昌之)와 판사 다카하라(高原富藏), 하리모토(播本格一) 등 3인이다.

1939년 4월 4일 경성지방법원 형사 제2부에서 판결은 받은 사람은 김희성 박인선 최병직 이종덕 윤순달 박인춘 박온 문용배 이병희 등 9인이다. 이들은 모두 치안유지법 2조에 의거하여 징역형을 선고받았다.

1928년 6월 29일 긴급칙령에 의해 개정된 치안유지법은 "제1조 國體를 변혁함을 목적하고 結社를 조직한 자나 결사의 役員 기타 지도자의 임무에 종사한 자는 사형이나 무기 혹은 5년 이상의 징역이나 禁錮에 처하며 情을 알고 結社에 가입한 자 또는 결사의 목적을 수행하려는 행위를 한 자에 2년 이상의 징역이나 금고에 처함. 사유재산제도를 부인함을 목적하고 結社를 조직한 자나 情을 알고 결사에 가입한 자 혹은 결사의 목적을 수행하라고 행위를 한 자는 10년 이상의 징역이나 금고에 처함. 前2項의 미수죄는 此를 罰함."이었고, "제2조 前條 제1항이나 제2항의 목적으로써 그 목적인 事項의 실행에 관하야 협의를 한 자는 7년 이하의 징역이나 금고에 처함."으로 규정되어 있었다.

따라서 김희성 등 9인은 1928년 개정치안유지법 제2조 "국체변혁을 목적 또는 결사 조직"의 '실행에 관하여 협의'를 했다는 '죄목'에 의거하여 김희성은 징역 2년, 박인선은 징역 3년, 최병직은 징역 1년 6월, 이종덕, 윤순달, 박인춘, 박온, 문용배, 이병희는 징역 1년에 처해졌다.

당시 『동아일보』는 「김희성 등 10명 예심, 공판에」라는 제목으로 다음과 같은 내용의 기사가 실렸다.

> "이재유 일파에 대립하여 자기들은 국제공산당의 지령을 받은 정통파라 하며 당시 전멸상태에 빠진 조선공산당의 재건기초공작으로 중요 공장과 상점, 학교 등에 잠입하여 동지규합과 야체이카조직의 비밀운동을 하다가 쇼와 11년(1936년) 12월중 종로경찰서에 체포되어 1건 서류와 함께 경성지방법원 검사국에 송국된 김희성 등 남녀 11명은 그간 예심에 회부되어 동 법원 소림(小林) 예심판사의 취조를 받아오던 중이든바 1년 반 만에 종결을 보게 되어 금 23일 드디어 다음과 같이 10명을 치안유지법 위반 등 죄명으로 동 법원 공판에 회부하고 권태규(權泰圭, 29) 만은 예심 면소를 보게 되었다."[71]
>
> 라고 사건 내용을 소개하고 있다.

먼저 김희성은 1913년 함경남도 홍원 출신으로 1934년 서울에서 권영태(權榮台) 그룹 관련자들과 함께 조선공산당 재건운동을 했다. 서울과 평양의 주요 공장과 상점, 학교, 회사에 적색노동조합, 독서회, 야체이카를 조직하고 종연방직공장 여공파업을 지도하고 명치제과 내에 적색노조를 결성했다. 1935년 경성전기학교 동맹휴학을 지도했고 1936년 이재유 그룹과 제휴를 시도했으나 성공하지 못했다. 1936년 2월 이병희와 결혼했다.[72] 김희성 등의 예심판결문과 경성지방법원의 1심 판결문에 따르면 그는 함경남도 홍원에서 3년간 한문을 수학하고 농사를 하다가 1934년 3월 경성에 와서 사회주의자 안용봉(安龍鳳)의 감화를 받아 사회주의운동을 하게 되었다고 한다.

71) 『동아일보』, 1938.5.24.

72) 강만길 · 성대경 편, 『한국사회주의운동인명사전』, 창작과비평사, 1996, 155~156쪽.

또 그의 판결문에 따르면 당시 "쇼와 10년(1935년) 8월 하순경 경성부 종로 2가 파고다공원에서 공산주의자 안임균(安任均)과 회합하고 동인으로부터 현재 경성의 공산주의운동에는 이재유(李載裕)와 권영태(權榮台)의 2파가 있는데 전자가 파벌 만드는 것에 반대하고 후자는 코민테른의 지도하에 있다면 금후는 후자에 참가하여 그 운동을 해야 한다는 취지를 종용 받고 이를 승낙"했다는 내용이 있다.

권영태는 김희성과 같은 함남 홍원 출신으로 홍원청년동맹에 관여했고 1929년 채규항(蔡奎恒)의 지도하에 조선공산당 재건운동에 참가했다. 1931년 5월 모스크바 동방노력자공산대학 속성과에 입학하여 1932년 5월 졸업하고 그해 12월 프로핀테른 극동 책임자로부터 서울의 공장지대를 중심으로 적색노동조합 준비활동에 종사하라는 지시를 받고 귀국했다. 1934년 정태식(鄭泰植)을 통해 경성제국대학 법문학부 미야케(三宅鹿之助) 교수와 제휴하여 각종 기관지, 격문, 팸플릿 등을 출판했다. 1934년 5월 적색노동자그룹을 조직하고 경성공산주의자그룹을 조직하여 책임을 맡는 등 활동하다가 1934년 5월 19일 검거되었다.

당시 1937년 5월 1일 자 『조선일보』 기사에 따르면 "金熙星 金潤赫 朴仁善 등은 1935년 7월경 동지 安承樂 李杜夢 安昌大 姜彈九 등과 함께 먼저 검거된 權榮台의 의지를 계승하여 '공산주의 그룹'이라는 비밀결사를 결정하였으나, 검거에 조우하게 되자 金熙星은 교묘히 도주하여 부내를 전전 잠복하면서 모 제사회사 및 직물공장 등의 여직공에 공작하여 수명의 동지를 획득하고, 혹은 閔泰福 외 수명의 동지로 하여금 자유노동자 획득에 당하게 하는 동시 2~3 학교에 대하여도 연락을 취하여 직공 층에 대한 좌익 그룹의 결성과 학교 내 조직에 분주하였다. 한편 尹淳達로 하여금 1,000여 圓을 제공시켜 운동비에 충당하는 등 이재유 일파와 별개로 공장, 가두 및 학교 내 좌익조직에 분주하여 공산당재건을 목표로 책동을 계속한 것이다. 李載裕 등 일당관계자는 20여 명으로서 그 주요한 자는 李載裕 邊雨植 徐球源 崔浩極 閔泰福 梁成基 高炳澤 金熙星 朴仁善 白潤赫 尹淳達이다."[73]

따라서 이러한 신문기사 및 판결 내용에 따르면 김희성 등은 당시 코민테른의 직접적인 지도를 받고 있는 '권영태그룹'의 '후계그룹'으로 여겨진다.

또 이 사건으로 징역 1년을 선고받은 이병희는 1916년 서울출신으로 시인이자 독립운동을 하였던 이육사와는 같은 집안으로 어려서부터 가깝게 교류했다고 한다. 이병희의 조부 이원식(李元植)은 만주 환인현(桓仁縣)에 성내에 이주한 대종교인 윤세용, 윤세복 등과 동창학교(東昌學校)를 설립하여 민족의식을 고취하는 활동을 하였다. 아버지 이경식(李京植)은 1925년 9월 대구에서 조직된 비밀결사 암살단 단원으로 활동하였는데, 1927년 '장진홍 사건'으로 알려진 '조선은행 대구지점 폭파 거사'에 연루되어 중국으로 망명, 외몽고 지역에서 활동하는 등 항일투쟁과 독립운동을 이어갔다. 노동운동가 이효정은 이병희의 조카다. 이병희가 종고모였으나 나이는 이효정보다 5살 더 어렸다. 이밖에도 어머니는 독립운동을 하다 검거되어 서대문형무소에서 옥사하는 등 독립운동가 집안에서 태어나고 성장한 이병희는 집안 분위기에 많은 영향을 받았다.

그녀는 동덕여자보통학교를 졸업하고 1933년 5월부터 경성부 신설정 종연방적주식회사 여공으로 일하다가 그의 조카이자 동지인 이효정(李孝貞), 변홍대 등과 교류하면서 종연방적주식회사 파업을 주도하였다. 1933년 9월 21일 종연방적(鍾淵紡績) 경성제사공장(京城製絲工場) 파업투쟁은 이재유의 지도하에 정칠성, 이병희 등 여성 노동자들과 파업에

73) 『조선일보』, 1937.5.1.

참여하여 선전, 선동투쟁과 공장 내 노동쟁의 확대를 꾀해 공장 내 조직을 확대하고 이를 토대로 산업별 적색 노동조합을 결성한다는 계획하에 일어났다.

당시 신문은 경성제사공장 노동자파업에 대하여 "(1933년 9월) 21일 오전 8시경 시외 신설리(新設里) 종연방직회사(鍾淵紡織會社) 경성제사공장(京城製絲工場) 직공 500여 명이 임금 인상과 대우개선 등을 요구하고 총파업을 단행하여 소관 동대문서에서는 정사복 경관이 회사로 출동하고 만일을 경계하는 일방 수모자로 인정되는 여직공 5~6명을 인치한 후 방금 엄중한 취조를 하는 중이라 한다. 회사 측에서는 500여 명이 일할 고치를 몰아 담아 논 채 휴업하게 되어 곧 해결되지 아니하면 손해가 많으리라 하고 금번 파업은 공장 지대인 신설리에서 수일 전 서울고무의 파업사건이 있을 후에 뒤이어 일어난 일이 되기 때문에 경찰에서는 파업단 배후에 무슨 사상적 계통이나 있지 아니한가 하여 방금 혈안으로 활동중이라고 한다"[74]고 그 내용을 언급하고 있다.

당시 파업 여직공들은 당일 오후 5시 반경 집에 돌아가는 도중 10여 명이 동대문 경찰서로 쇄도하여 검속자 석방을 요구하므로 동대문서에서는 일시 그들을 훈시실에 가둔 후 엄중히 설유하고 검속하는 잠깐 조사한 후에 21일 밤 안으로 석방하겠다고 말한 후 진무시켜 돌려보냈는데 현재 검속된 사람은 6명으로 그들의 씨명은 차자근(車自斤), 이남순(李南順), 이영자(李英子), 장은순(張銀順), 김어진(金於振), 오순이(吳順伊) 등이었다.[75]

당시 신문은 파업에 참가한 여직공의 말을 전하며 파업의 원인에 대

74) 『동아일보』, 1933.9.22.
75) 『동아일보』, 1933.9.22.

해서 언급하고 있다. 즉 "약 10일 전인 1933년 9월 11일에 설치한 기계가 나빠서 일이 되지 않자 전에 60전어치 일하던 것을 지금은 20전어치 밖에 못하여 한 달에 5~6원 벌이 밖에 안되는 것을 올려달라고 한 것이 조금도 부당한 요구가 아니다. 대우 문제에 있어서는 감독이 있는데도 불구하고 공장장과 공무주임이 간섭을 할 뿐 아니라 마구 폭행을 합니다. 그라고 고치에서 나온 누에 처치도 우리가 해야 되고 소제(청소)도 우리가 해야 되니 실 뽑는 객공에게 그런 일을 시키는 회사의 부당한 처치에 견딜 수 없을 뿐더러 일할 수 없습니다. 이 조건을 들어주지 아니하면 아주 그만 두겠습니다. 그만두어도 다른 직공이 그만한 보수로 할 사람이 없으니까요. 그러고 조금 전에 경찰서로 검속자 석방을 요구하러 간 동무들이 있으니까 검속된 사람이 나오기 전까지는 회사와 타협도 아니 하겠습니다."[76]

종연방적은 1887년(明治20년)에 창업된 일본회사로 면사(綿糸)뿐 아니라 견사(絹糸) 제조로 진출을 기도하여 사장 무도 산지(武藤山治, 1867~1934)는 종래의 가내공업적 견사업에서 근대적인 대규모 견사공장경영을 지향하여 1921년(다이쇼 10년) 군마현(群馬県) 신정(新町) 공장에서 조업을 개시하여 점차 확대하여 1925년 11월 동대문 제사공장을 필두로 경성(동대문, 영등포), 철원, 광주에 제사공장을 설립하면서 조선에까지 진출하였다. 미쓰이 계열의 하나였던 종연방적(鐘紡, 가네보)은 1930년 전남 광주에 제사공장에 이어 1935년 총공사비 600만 엔을 들여 면적 5만 5천 평 규모의 방적공장을 완공하였다. 1935년 9월 종연방적 광주공장은 방적기 35,000추, 직기 1,440대, 종업원 3,000여 명으로 조선 최대 규모였다.[77]

76) 『동아일보』, 1933.9.22.

1936년 2월 이병희는 김희성과 결혼하고 적색노동조합운동을 하다가 1936년 12월 종로경찰서에 체포되어 1938년 5월 21일 예심이 결정될 때까지 서대문형무소에서 1년 6개월을 복역하였고, 1939년 4월 14일 경성지방법원에서 1년형을 선고받고 미결 구류일수 300일을 적용받아 석방되었다.

이병희는 2년 4개월을 서대문형무소에서 옥고를 치르고 이듬해인 1940년 아버지 이경식이 활동하던 중국으로 건너가 베이징(北京)에서 10촌 할아버지뻘인 육사 이원록을 만나 독립운동을 이어갔다. 이육사(李陸史)는 의열단에 가입해 무장독립운동을 하고 있었는데, 이병희도 의열단에 가입하여 베이징과 연안, 만주를 넘나들며 군자금을 모금하거나 전달하고 동지들 간의 연락·문서 전달 등의 임무를 수행했다. 그러던 1943년 그는 국내에서 북경으로 망명 온 이육사와 독립운동을 협의하던 중, 이 해 9월 일경에 피체되어 북경감옥에 구금되었다. 그리고 잠시 국내로 잠입하였던 이육사도 피체되어 북경감옥에 함께 구금되고 말았다. 이병희는 1944년 1월 결혼을 조건으로 석방되었으나, 이육사는 같은 해 1월 16일 옥중에서 순국하고 말았다. 그러자 그는 이육사의 시신을 화장하고 유품을 정리하여 국내의 유족에게 전달하였다. 정부에서는 그의 공훈을 기리어 1996년에 건국훈장 애족장을 수여하였다.[78]

77) カネボウ株式会社.

78) 국가보훈처, 「독립유공자 공훈록」 참조.

8

함남적색노조 원산좌익위원회 사건과 치안유지법(1941년)

방용필(方龍弼) 외 43명 판결문
(1941년 형공 제82호, 昭和16年刑公第82號, 咸興地方法院)

이 문서는 1941년 12월 1일 방용필 등 43인에 대한 함흥지방법원 형사부의 판결문으로서 그 내용을 살펴보면 다음과 같다. 판결결과는 다음과 같다.

〈피고인 이름 및 판결 결과〉

창씨개명/본명	연령	직업	죄명	형명형기	미결구류 산입일수	형집행 유예기간
新方龍弼 方龍弼	26	前 원산철도기관구 난방수	치안유지법 위반, 조선불온문서 임시취체령 위반	징역 5년	800일	
和田台範 全台範	30	노동	상동	징역 3년 6월	상동	
宋光別立 宋別立	31	회조업(回漕業)	상동	징역 3년	상동	
劉柳錄 富山柳作	27	前 원산철도기관구 기관조수 견습	상동	징역 4년	상동	
金山麗燮 金麗燮	33	철공소직공	상동	징역 3년	상동	
宮本永勳 李永勳	29	노동	상동	징역 3년 6월	상동	
奇原益衡 奇益衡	27	前 원산철도기관구 기관수 견습	상동	상동	상동	
川本載永 車載勳	27	상동	상동	징역 3년	상동	
金宗淳	24	상동	상동	징역 2년	본형상당일수	

金村英俊	25	상동	상동	징역 2년 6월	800일	
鶴山智永	26	상동	상동	징역 3년	상동	
高島英贊	23	상동	상동	징역 2년	본형상 당일수	
淸原政義	22	상동	치안유지법 위반	상동	상동	
結城完法	24	상동	치안유지법 위반, 조선불온문서 임시취체령 위반	상동	상동	
山原憲用	26	상동	치안유지법 위반	상동	상동	
張勝權	26	노동	상동	징역 3년	800일	
張村孝雄	25	상동	상동	징역 2년	본형상 당일수	
林鳳現	28	상동	상동	징역 2년 6월	상동	
高濟億	31	상동	상동	징역 2년 6월	800일	
大山應弼 趙應弼	26	철공소직공	치안유지법 위반, 조선불온문서 임시취체령 위반	징역 2년	본형상 당일수	
金城國輔	38	회조업(回漕業)	치안유지법 위반	징역 2년	상동	
安車得煥 車得煥	26	전 복계(福溪)철도 기관구 기관조수 대리	상동	징역 3년 6월	800일	
平山泰鎭 申泰鎭	26	전 원산철도기관구 철도조수 대리	상동	상동	상동	
國本載善 李載善	27	전 원산철도검사구 청소원	치안유지법 위반, 조선불온문서 임시취체령 위반	징역 1년 6월	본형상 당일수	
利川萬豊 徐萬豊	22	전 원산철도기관구 기관조수견습	상동	상동	상동	
豊村俊	28	전 고산역(高山驛) 역원	상동	상동	상동	
牧野豊	24	전 원산역	상동	상동	상동	

羅州彰彬	27	전 원산철도기관구 기관조수대리	치안유지법 위반	징역 2년	상동	
岩村正夫	34	전 원산열차구 차장, 철도국고원	치안유지법 위반, 조선불온문서 임시취체령 위반	징역 1년 6월	상동	
蔡龍突	31	건축사무소 사무원	상동	상동	상동	
金原知云	27	전 원산철도보선구 선로수	상동	상동	상동	
長田國斌	34	전 원산철도건축구 정수수(定修手)	상동	상동	상동	
山本道泰	26	전 원산철도 검차구 청소원	상동	상동	상동	
최용달	40	보성전문학교 교수	상동	징역 3년 6월	450일	
이강국	38	동아증권주식회사 사원	상동	징역 2년	상동	
金澤正江(여)	30	전기회사사무원	치안유지법 위반	징역 1년 6월	500일	3년
金載甲	30	무직	치안유지법 위반, 조선불온문서 임시취체령 위반	징역 2년	400일	3년
新井鎭泰	28	경성제국대학 조수	치안유지법 위반	상동	본형상 당일수	
錦城永訓	31	경성제국대학 법문학부 3년생	상동	징역 1년 6월	300일	3년
淸原宗河	36	노동	출판법 위반	징역 1년	본형상 당일수	

위 피고인의 범죄사실은 다음과 같다.

第一. 피고인 방용필은 1931년 봄 원산공립상업학교 중도퇴학 후 좌익 서적을 탐독하고 공산주의에 공명하여 해(該) 주의에 의해 조선노농대중을 해방할 것을 갈망하기에 이르러 1933년 5월 원산철도기관구에 용인으로서 근무 후 동 기관구 종업원인 피고인 나창빈(羅彰彬) 및 석표원(石彪源) 등에 접촉하여 공산주의의 고취에 노력한 결과 동인 등 또한 점차 해주의에 공명하여 서로 좌익 동지로서 교유하고 있는 바, 1936년 10월 초순경 우(右) 피고인 양명(兩名)은 위 (석)표원의 알선에 의해 원산부 북촌동 김종국 집에서 당시 원산지방에서 공산운동의 지도자의 1인인 이주하(李舟河)와 회합하고 주의운동에 관한 자기의 소회를 피력하여 동인의 비판을 받듦과 더불어 장래에 실천적 지도를 간청하고 동인으로부터 "조선노농대중해방을 위해 종래 자본가 지주에 대한 경제투쟁이 반복되지만 이러한 경제투쟁만으로는 도저히 그 목적을 달성할 수 없고 정치투쟁에 의해 현재 사회의 역사적 발전을 저해하고 있는 사유재산제도 그것을 폐지하고 노농독재의 공산제 사회를 건설하여 노농대중의 해방을 실현시켜 조선의 현상을 보기에 일본제국으로 조선이 병합된 이래 조선민족을 노예화하고 이에 대한 자본주의적 착취를 자행하기 때문에 온갖 간책을 부려 조선의 자본주의적 발전을 방해하고 조선의 사회상태를 반봉건적 형태로 정체시키고 노동자계급의 성장을 거부함으로써 그러한 현상을 타파하여 노농대중을 해방시키는 것은 조선의 노동자계급이 스스로 지도적 지위에 서서 공산혁명을 수행하고 이에 의해 조선을 독립시켜 공산사회를 건설해야 하고 이를 위해 우리들 혁명적 노동자는 먼저 전선노동자계급의 공고한 단결을 도모하고 혁명적 조직으로서의 적색노동조합을 결성해야 한다"는 뜻을 교시하고 이에 공명하여 그곳에서 동인에 대해 이제부터(自今) 동인 지도하에 적색노동조합을 결성하여 조선의 독립 및 공산화운동에 매진할 것을 서약하고 조선의 독립 및 공산화 목적으로 그 목적인 사항의 실행에 관한 협의를 하고,

第二. 갑. 피고인 방용필은 그 후 원산부 내 각소에서 이주하와 회합을 거듭하고 적색노동조합 결성의 구체적 방책을 숙의한 결과, 조선의 독립 및 공산화를 목적으로 하는 전선적 적색노동조합을 조직하기에는 그 전제로서 우선 원산지방에 위와 동일한 목적을 갖는 지방적 적색노동조합을 조직하고 순차 동종의 적색노동조합 조직을 전선 각지로 파급시켜 최후에 이를 통합하여 전선적 통일기관을 만들고 원산지방에서 이를 조직할 경우에는 동지방의 산업발전의 현상으로부터 하여 그 산업부문을 철도부문, 금속부문, 화학부문의 3부문으로 구분하여 철도관계의 직장을 철도부문, 원산부 내 철공소관계의 직장을 금속부문, 조선석유주식회사 원산출장소 내의 직장을 화학부문으로 간주하고 이들의 각 산업부문 내에서 먼저 적색노동조합의 최하층 조직인 적노반을 가급적 다수 결성하여 다음에 그 적노반을 영도해야 할 상층기관인 위원회를 결성하여 마지막으로 이들 각 부문 내의 위원회를 총괄해야 할 기관인 중앙위원회를 결성하여 원산지방을 지반으로 하는 적색노동조합을 완성해야 한다는 방침을 세우며, 이에 따라 조직 활동을 시작하여 그 후

1. 피고인 방용필은 1937년 1월 중순경 원산부 명석동의 피고인 조응필(趙應弼, 大山應弼) 집에서 원산 철도기관구 종업원 김광인(金廣寅), 이시현(李時賢) 양명을 권유 획득하여 앞에서 나온 적색노동조합 조직운동에 가맹시켜 그 경우에서 위 양명(兩名)과 함께 철도부문의 적노반을 결성하여 피고인 방용필 스스로 그 반 책임자가 되어 그 후 동년 7월까지 약 10회에 걸쳐서 위 피고인 조응필 집에서 기타 반회를 개최하여 여러 활동방침을 협의하여 노동대중의 획득에 노력하고

2. 피고 방용필은 1937년 1월 하순경 원산부 명석동의 진기주(陳基柱) 집에서 원산 철도기관구 종업원인 피고인 유유록(劉柳錄, 富山柳作), 동기익형(奇益衡, 奇原益衡) 양명과 모여 동 피고인 두 명에 대해 앞에서

나온 적색노동조합 조직의 목적, 방침 등을 설명하여 가맹을 권유하여 동 피고인 두 명은 이에 공명하여 조선독립 및 공산화의 목적을 가지고 그 조직운동에 가맹하여 당장 거기서 우 피고인 3명에게 철도부문의 적노반을 결성하여 피고인 방용필은 그 반 책임자가 되며, 그 후 1938년 3월경까지 수십 번에 거쳐 원산부 명석동의 김종국(金鐘國) 집에서 판회를 개최하여 활동방침을 협의하여 동지의 획득에 노력하여

3. 위 김광인은 피고인 방용필의 취지를 받아 1937년 8월 상순경 원산부 과석동의 박복매(朴福梅) 집에서 원산 철도기관구 종업원인 피고인 차득환(車得煥, 安車得煥), 동 신태진(申泰鎭, 平山泰鎭) 양명과 만나 위 두 명에게 앞에서 나온 적색노동조합 조직의 목적 방침 등을 설명하여 가맹을 권유하니 동 피고인 두 명은 이에 공명하여 조선의 독립 및 공산화의 목적을 가지고 그 조직운동에 가맹하여 당장 거기서 김광인과 함께 철도부문의 적노반을 결성하여 김광인을 그 판 책임자로 하였지만 피고인 신태진은 동년 9월경에 우 운동의 무모한 것을 깨달았으니 두 명의 양해를 얻어 해당 운동부터 탈퇴하여 적색노동조합 조직을 완성에 이르지 않았으며,

4. 피고인 방용필은 이주하(李舟河) 지령에 의해 1937년 8월경부터 화학부문인 조선석유 주직회사 원산공장으로 운동을 촉수를 뻗치며, 동 공장의 인부인 피고인 이영훈(李永勳, 宮本永勳), 동 전태범(全台範, 和田台範) 등에 접근하여 동 공장 내 또는 그밖의 다른 곳에서 앞에서 나온 적색노동조합 조직의 목적, 방침 등을 설명하여 가맹을 권유하여 피고인 이영훈, 동 전태범 두 명은 이에 공명하여 그 조직운동에 가맹하면 함께 동년 11월 중순경 원산부 명석동 피고인 장승권(張勝權) 집에서 위 공장의 인부인 피고 장승권, 동 고제억(高濟億) 등과 만나 동 피고인 등에게 앞에서 나온 적색노동조합 조직의 목적, 방침을 전하여 가맹을 권

유하여 동 피고인 등 또 이에 공명하여 그 조직운동에 가맹하여 당장 거기서 피고인 이영훈, 전태범, 동 장승권 동 고제억 등 4명은 조선독립과 공산화의 목적을 가지고 화학부문의 적노반을 결성하여 피고인 이영훈을 그 반 책임으로 하여 그 후 위 장승권 집 기타 다른 곳에서 반회를 개최하여 활동 방침을 협의하였으나 피고인 전태범, 동 고제억 두 명은 1938년 1, 2월경에 이르러 이러한 운동에 참가하는 것의 잘못을 깨닫고 해당 운동에서 탈퇴하여 적색노동조합 조직의 완성까지 이루어지 않았다.

5. 피고인 방용필, 유유록, 기익형은 1938년 4월 상순경 원산부 명석동 피고인 기익형 집에서 원산 철도 종업원인 피고인 차재영(車載永, 川本載永)과 함께 만나 먼저 피고인 방용필, 유유록, 기익형 3명이 협의 뒤에 철도부문 내에 기성 적노반을 영도, 신 적노반을 결성 촉진 등을 위해 철도부문위원회를 결성할 필요가 있다고 하고 동 피고인 등 3명의 결성한 전시 적노반을 철도부문위원회로 승격시켜 피고인 방용필을 그 총책임으로 하는 것을 결정하여 피고 차재영은 위 피고인 방용필 등 3명의 권유에 의해 앞에서 나온 적색노동조합 조직의 목적에 공명하여 조선의 독립 및 공산화의 목적을 가지고 그 조직운동에 가맹하여 당장 거기서 위 위원회의 일원으로 가입하여,

6. 또 그때쯤 방용필, 유유록 등은 지나사변이 진전에 따른 일본국내에서 공산혁명적 기운이 점차 달성 범위 내로 접근하는 것을 보고 이에 대응하여 선내에서 혁명조직을 급해질 필요가 있다고 하여 당시 철도부문 내에는 위원회 하나 적노반 두 개 화학부문 내에는 적노반 하나의 결성을 확인할 수 있는 정도였고 금속부문 내에서는 아직 반, 위원회의 결성은 없는 상태인데도 또한 당초의 조직 방침에 변경을 시켜 바로 최고기관인 중앙위원회를 결성하여 적색노동조합을 완성한 뒤 하부조직

의 결성 확대를 도모하는 것으로 1938년 4월 중순경 원산부 북촌동의 김종국 집에서 전부터 접촉하고 있었던 원산 삼옥(三玉)철공소의 직공 피고인 김여섭(金麗燮, 金山麗燮)과 만나 동 피고인에 대해 앞에서 나온 적색노동조합 조직의 목적, 방침을 설명해서 가맹을 권유하여 피고인 김여섭은 이에 공명하여 조선의 독립 및 공산화의 목적을 가지고 그 조직운동에 가맹하여 당장 거기서 위 피고인 3명에게 전시 철도, 금속, 화학 등의 산업부문을 총괄하는 기관인 중앙위원회를 결성하여 이를 적색노동조합 원산좌익위원회라고 불러 그 부서를

총책임 겸 화학부문 책임 피고인 방용필

철도부문 책임 피고인 유유록

금속부문 책임 피고인 김여섭으로 결정하여

상술한 바와 같이 피고인 방용필, 유유록, 동 김여섭, 동 기익형, 동 차재영, 동 차득환, 동 이영훈, 동 장승권 등과 그 기획하는 결사 적색노동조합의 조직을 완성하여 해당 결사를 적색노동조합 원산 좌익으로 명칭하여

乙. 그 후 위 결사의 확대 강화를 도모하기 위해

1. 피고인 방용필, 동 유유록, 동 김여섭, 등은 쇼와 13년(1938년) 10월 경까지의 사이에 전후 20여 차례에 거쳐 원산부 명석동 피고인 김여섭 집, 기타 다른 곳에서 적색노동조합 원산좌익위원회를 개최하고 결사 확대 강화 방책, 기타 활동 방침에 대하여 여러 가지 협의를 하고 또 그 사이 동년 7월 중순경, 앞에서 나온 화학부문의 적노반 책임인 피고인 이영훈을 위 위원회의 위원으로 선임하여 화학부문 책임 및 방용필의 지위를 계승하고

2. 피고인 방용필, 유유록, 기익형, 차재영은 쇼와 13년(1938년) 9월 하

순경까지 사이에 약 10회에 거쳐 원산부 명석동에 있는 피고인 이재영 집 기타 다른 곳에서 철도위원회를 개최하여 운동 방침에 대한 협의를 거듭하여

3. 피고인 기재형은 피고인 방용필의 지령에 따라 쇼와 13년(1938년) 4월 하순경 원산부 본정에 있는 피고인 이지영(李智永) 집에서 동 피고인 및 피고인 김원섭(金元燮) 양명에 대해 전시 결사에 가입하는 쪽으로 권유하고 위 피고인 양명은 해당 권유를 기초하여 위 결사가 조선의 독립 및 공산화를 목적으로 하고 있다는 것을 지실하면서 이에 가입하고 그 자리에서 반원의 획득 교양에 노력하여

4. 피고인 유유록은 피고인 방용필의 지령에 따라 쇼와 13년(1938년) 7월 초순경 원산부 신흥동에 있는 피고인 김종순(金宗淳) 집에서 동 피고인 및 피고인 남광명(南光明, 南光祐) 양명에 대해 전시 결사에 가입하는 것을 권유하고 위 피고인 양명은 해당 권유에 기초하여 위 결사가 조선의 독립 및 공산화를 목적으로 한 것을 지실(知悉)하면서 이에 가입하고 그 자리에서 위 피고인 3명으로 위 결사의 하부 조직인 철도부문의 적노반을 결성하여 유유록을 반 책임자로 하고 반원의 획득 교양에 노력하고

5. 피고인 이영훈, 장순권은 앞에서 나온 화학부문 적노반을 결성한 후 반원인 피고인 전태범, 동 거제억이 전시와 같이 해당 적노반에서 탈퇴함으로 그 보강 공작으로서 이미 접촉한 피고인 임봉현(林鳳顯), 동 장서림(張瑞琳), 양명은 황광연(黃光衍)과 함께 해당 권유에 기초하여 위 결사가 조선의 독립 및 공산화를 해당 권유에 기초하여 위 결사가 조선의 독립 및 공산화를 목적으로 한 것을 지실하면서 이에 가입하고 위 적노반에 속하고 그 후 동년 10월 중순경까지의 사이에 십수 회에 거쳐 위 피고인 장서림의 집 기타 다른 곳에서 반회를 개최하여 상호

의식 교양에 노력하고

6. 피고인 차재영은 피고인 방용필의 지령에 따라 쇼와 13년(1938년) 중순경 원산부 영정에 있는 자택에서 피고인 장원철(張元哲), 이헌용(李憲用) 양명에 대해 위 결사 가입하는 것을 권유하고 동 피고인 양명은 해당 권유에 기초하여 위 결사가 조선의 독립 및 공산화를 목적으로 한 것을 지실하면서 이에 가입하고 그 자리에서 위 피고인 3명으로 위 결사 하부 조직인 철도부문의 적노반을 결성하여 차재영을 그 책임자로 하고

7. 피고인 유유록은 쇼와 13년(1938년) 9월 중순경 피고인 김종순(金宗淳)에게 지령하여 피고인 고영찬(高泳贊) 동 한병의(韓柄義) 양명을 획득하여 위 피고인 양명은 그때쯤 원산부 신흥동에 있는 피고인 김종순 집에서 동 피고인의 권유에 의해 위 결사가 조선의 독립 및 공산화를 목적으로 한 것을 지실하면서 이에 가입하고 피고인 유유록과 함께 위 결사의 하부 조직인 철도부문의 적노반을 결성하여 피고인 유유록을 반책임으로 하고 상호 의식 교양에 노력함으로써 위 결사의 목적 수행 행위를 하고

丙. 1. 피고인 방용필은 전시 결사의 조직 방침 획책 중인 쇼와 11년(1936년) 11월 중순경, 원산철도 운동장에서 이주하(李舟河)와 회합했을 때 동인으로부터 "위 결사의 조직운동을 촉진시킴과 함께 결사 성립 후에 조직 확대를 조장하는 한 방법으로서 『노동자신문』 팸플릿 등을 출판하고 노동대중의 혁명의식을 환기하고 적색노동조합운동에 선전을 할 필요가 있다고 해서 이들 문서의 인쇄는 이주하 및 그 부하들에게 담당해야 한다고 하면 피고인 방용필에게는 그 배포활동을 담당시키고" 취지의 지령하면서 이를 쾌히 승락하고 동월 중순경부터 쇼와 13년(1938년)

10월경까지 사이에 전후 삼십수 회에 걸쳐 원산부 내에 진성여학교 앞 기타 다른 곳에서 이주하 본인 또는 피고인 한종하(韓宗河) 및 김진성(金軫星), 김의일(金義一)의 손을 거쳐 이주하로부터 발행 책임자의 씨명 주소에 대하여 사실의 기재없이 또한 성문화된 규칙의 납본 수속을 이행한 출판물로서 "일본제국주의를 타도하라" "제국주의적 침략 전쟁을 내란으로" "소비에트동맹 사수" "적색노동조합 사수" 등의 표어를 개재하고 반일운동, 공산운동, 적색노동조합운동 등을 고무 선전하고 치안을 방해해야 한다는 기사를 게재한 『노동자신문』 창간호 내지 제35호, 「조선공산당 행동 강령」 「지원병제도 실시에 대항하여」 「조선노동자 빈농에 대해」 「조선의 혁명운동과 공산주의자의 임무」 「중국공산당 제15주년 기념일에 부쳐」 「경제투쟁의 제교훈」 「파시즘의 위협 및 공산당의 제 임무」 「우리들은 원산 제네스트로부터 무엇을 배웠는지」 「조선문제를 위한 국제공산당집행위원회 정치부 서기국의 결의(12월 테제)」 「조선의 혁명적 노동조합의 임무에 관한 결의(9월 테제)」 「일중 무장충돌과 조선노동계급의 임무」 등의 불온 문서를 각각 일부 내지 30부 수령하고 이를 자기의 연찬으로 제공함과 더불어 그 불온 문서임을 숙지하면서 전시 기간 중 전후 30~40회에 걸쳐 동 부내의 김종국의 집 기타 다른 곳에서 피고인 유유록, 동 조응필 및 김광인, 이시현, 백진일(柏眞一) 등에 대해 각각 그 일부 내지 백수십 부를 배포 반포하여 동인 등의 교양 획득에 노력함으로서 전시 결사에 목적 수행 행위를 하고

2. 피고인 전태범은 전시 결사의 확대강화를 도모하기 위해

1) 전시 「제2, 병 (1)」 기재한 바와 같이 피고인 방용필부터 전시 『노동신문』 창간호 내지 제7호를 각 호 4번 당 및 "경제투쟁의 제교훈" "파시즘의 협의 및 공산당의 제 임무" 각 일부를 수령하고 게다가 이가 전시함과 같이 불온 문서인 것을 숙지하여 쇼와 12년(1937년)

1월경부터 동년 7월경까지의 사이에 수회에 걸쳐 원산부 내에 피고인 이영훈 집 기타 다른 곳에서 동 동 피고인 및 유춘흥(劉春興) 등에 대해 각각 그 2부 내지 7부를 피고 반포하여 동인 등의 교양 획득에 노력하고

2) 쇼와 12년(1937년) 1월경까지 자택에서 "우리는 어떻게 하면 유복한 생활을 할 수 있는지"라는 주제로 노동대중가 유복한 생활을 하기 위해서는 혁명노동조합을 조직하여 투쟁해야 한다는 취지의 치안의 방해하는 내용의 원고를 기초하여 이를 『노동자신문』 제3호에 투고해서 동지의 계몽 교양의 노력하여

이것으로 전시 결사의 목적 수행 행위를 하고

3. 피고인 유유록은 전시 결사의 확대강화를 도모하기 위해

1) 전시 「제2, 병, (1)」 기재한 바와 같이 피고인 방용필부터 전시 『노동자신문』 창간호 내지 제35호 「조선공산당 행동 강령」 「조선문제를 위해 국제공산당 집행위원회 정치부 서기국의 결의(12월 테제)」 「조선의 혁명적 노동자조합의 임무에 관한 결의(9월 테제)」 「우리는 원산 제네스트로부터 무엇을 배웠는지」 「지원병제도의 실시에 대항해서」 「조선노동자빈농민에게」 「조선의 혁명운동과 함께 공산주의자의 임무」 「중국공산당 제15주년 기념일에 기하여」 「일중무장충돌과 조선노동자 계급의 임무」 등을 수부 수령하여 이가 전시와 같이 불온문서인 것을 숙지하여 쇼와 12년(1937년) 12월경부터 쇼와 13년(1938년) 10월경까지의 사이에 수십 번에 걸쳐 원산부 내 명석동에 있는 김종국 집 기타 다른 곳에서 피고인 차득환, 동 기익형, 동 이지영, 동 차재영, 동 김여섭, 동 김종순, 동 남광유, 동 이영훈, 동 고영찬 등에 대해서 각각 그 일부 내지 수십 부를 배부 반포하여 동인 등의 교양 획득에 노력하여

2) 피고인 방용필의 종용에 의하여 쇼와 13년(1938년) 2~3월경 자택에서 "스포츠 그룹 역할과 의의"로 주제를 잡아 스포츠 그룹을 조직하여 혁명적 노동자를 교양하는 취지를 치안을 방해하는 내용의 원고를 기초하여 이를 『노동자신문』 제17호에 두고 개재하면서 동지의 계몽 교양에 노력하여

이로써 전시 결사의 목적 수행 행위를 하고

4. 피고인 기익형은 쇼와 12년(1937년) 1월경부터 쇼와 13년(1938년)까지의 사이에 피고인 방용필, 유유록 등부터 전시 『노동자신문』 제3호 내지 제35호를 합계 수십 부 수령하여 이가 전시와 같이 불온문서인 것을 숙지하여서 전시 결사의 확대 강화를 위해 쇼와 13년(1938년) 4월경부터 동년 10월경까지의 사이 전후 수십 회를 걸쳐 피고인 이지영, 김원섭 등 집에서 동 피고인 등에게 각각 『노동자신문』 제21호 내지 제35호를 십수 부 배포 반포하여 동 피고인 등의 획득 교양에 노력하여

이로써 전시 결사의 목적수행행위를 하고

5. 피고인 이영훈은 전시 결사의 확대 강화를 도모하기 위해

1) 쇼와 12년 1월경부터 쇼와 13년 9월경까지의 사이에 전태범, 방용필 등부터 전시 『노동자신문』 창간호 내지 제35호를 합께 백수십 부 수령 이를 전시와 같이 불온문서인 것을 숙지하면서 쇼와 13년(1938년) 9월 중 수번에 걸쳐 자택 기타 다른 곳에서 피고인 장승권, 동 장서림, 동 임봉현 및 홍광연 등에 대해 각각 『노동자신문』 제31호 내지 제35호를 각 일부 배포 반포하여 동인 등의 획득 교양을 노력하여

2) 쇼와 13년(1938년) 9월경 자택에서 "침략전쟁에 반대하자"라는 주제로 지나사변, 일소충돌 사건을 일본제국주의의 중국인민도살침략전 소비에트침략전인 것으로 인해 이에 반대투쟁을 위한 것인

치지의 치안을 방해해야 한다는 내용의 원고에 기초하여 이를『노동자신문』제33호에 투고 게재하며 동지의 반일사상 환기에 노력하고

이와 같이 전시 결사의 목적 수행 행위를 하고

6. 피고인 김여섭은 쇼와 13년(1938년) 4월경부터 동년 10월경까지의 사이 피고인 유유록으로부터 전시『노동자신문』제22호 내지 제32호를 합계 수십 부를 수령하여 이것이 전시와 같이 불온문서인 것을 숙지하여 전시 결사의 확대강화를 위해 동년 8월경부터 동년 10월경까지의 사이에 전후 4번에 걸쳐 피고인 조응필 집 기타 다른 곳에서 동 피고인에 대해 위『노동자신문』제29호 내지 제32호를 각 일부 배포 반포하여 동 피고인의 획득에 노력하여

이와 같이 전시 결사의 목적 수행 행위를 하고

7. 피고인 이지영은 쇼와 13년(1938년) 4월경 피고인 기익형부터 전시『노동자신문』제21호를 2부 수령하여 이가 전시와 같이 불온문서인 것을 숙지하여 전시 결사의 확대 강화를 위해 당시 피고인 김원섭(金元燮) 집에서 동 피고인의 교양을 위해

이와 같이 전시 결사의 목적 수행 행위를 하고

8. 피고인 고영찬은 쇼와 13년(1938년) 4월경부터 동년 10월경까지의 사이에 피고인 김원섭, 동 유유록으로부터 전시『노동자신문』제21호, 제28호 내지 제35호를 합계 십수 부를 수령하여 이것이 전시와 같이 불온문서인 것을 숙지하여 전시 결사의 확대 강화를 위해 당시 수회에 걸쳐 피고인 차재영 집 기타 다른 곳에서 동 피고인 등의 교양자료로서 제공하여

이와 같이 전시 결사의 목적 수행 행위를 하고

第三. 甲. 피고인 방용필, 동 유유록, 동 차재영 동 이지영, 동 김원섭 등은 쇼와 13년(1938년) 5~6월경 원산부 명석동의 피고인 기익형 집 기타 다른 곳에서 회합 협의를 거듭한 결과 원산철도 종업원의 친목 상호원조를 표방하는 단체를 설립하여 다수의 철도 종업원을 획득하여 회원을 점차 좌익화하여 이를 전시 적색노동조합 원산 좌익에 가입시켜 이에 따라 그 확대 강화를 다하며 궁극적으로 조선의 독립 및 공산화를 도모한 의도 아래에서 철우회(鐵友會)라는 단체를 조직한 것을 의논하여 정하며 그 후 이가 준비 공작으로 각자 직장에서 철도 종업원 등에 대해 혁명적 노동자 양성의 점은 이를 비밀로 하여 오로지 친목 상호원조 단체 설치가 필요한 것을 선전하여 유지(有志)의 획득에 노력하여 게다가 동년 7월 5일 밤 원산부 영정(榮町)에 있는 피고인 차재영 집에서 정보를 알고 있는 피고인 김종순, 동 고영찬, 홍성유(洪性裕), 피고인 이재선(李載善), 동 김지운(金智云), 동 장국빈(張國斌), 동 허온(許穩), 동 채용돌(蔡龍突), 동 장원철(張元哲), 동 최진태(崔進泰), 동 김좌용(金佐龍) 및 안선호(安先浩), 주기섭(朱基燮), 홍종연(洪鐘淵), 최윤복(崔允福), 박흥석(朴興錫), 김영옥(金永玉), 정창섭(鄭昌燮), 박호봉(朴浩奉), 이창순(李昌舜), 홍권표(洪權杓) 외 수명의 철도 종업원을 수집하여 동인 등에게 피고인 방용필부터 철도종업원의 친목 상호원조 기관을 설치할 필요가 있다는 것을 거듭하여 역설하여 동인 등의 찬동을 얻어서 그 자리에서 전원일치로 철우회라고 하는 단체를 창립하여 동회 내 최고결의기관으로서 상임위원회를 설치하여 그 밑에 조직부, 선전부 등을 두고 각각 그 부서를

상임위원회 위원장 피고인 방용필, 상임위원 피고인 유유록, 피고인 차재영, 홍성유, 피고인 이재선, 피고인 김지운, 장국빈, 허온, 피고인 채용돌

조직부 부장 피고인 유유록, 부원 피고인 차재영, 피고인 김종순, 홍성유, 피고인 김지운, 피고인 장원철, 피고인 채용돌, 피고인 최진태, 피고인 김좌용, 안선호, 홍종연, 최윤복, 박흥석, 김영옥, 정창섭

선전부 부장 피고인 이재영, 부원 피고인 기익형, 부원 피고인 김원섭, 피고인 허온, 피고인 김성택(金星澤), 주기섭, 임호봉, 이창순, 홍권표라고 정하며, 나중에 피고인 방용필, 동 유유록, 동 기익형, 동 차재영, 동 이지영 동 김원섭 등은 전시와 같이 의도에 기초하여 결사 철우회의 조직을 수행하여

乙. 그 후

1. 피고인 김종순은 쇼와 13년(1938년) 8월 하순 피고인 고영찬은 동년 9월 하순경 모두 원산철도기관구 사무소 기다 다른 곳에서 철우회가 피고인 방용필 등의 전시와 같은 의도를 바탕으로 조직된 것인 것을 알면서도 의연 회원으로서 동회에 있어 이에 가입하여

2. 피고인 남광우는 쇼와 13년(1938년) 7월 상순경 원산부 용동 자택에서 피고인 한병의는 동월 중순경 원산 철도기관구 사무소에서 피고인 유유록의 권유로 정을 알고 철우회원이 되고, 피고인 남광우는 동년 8월경 피고인 한병의는 동년 10월경 원산부 신흥동 피고인 김종순 집 그밖에서 모두 철우회가 피고인 방용필 등의 전시와 같은 의도에 따라 조직된 것임을 알면서도 여전히 회원이 되어 동회에 남음으로써 이에 가입하고

丙. 피고인 방용필, 동 이지영, 동 기익형, 동 차재영 등이 쇼와 13년(1938년) 6월경 철우회의 조직준비공작을 위해 원산부 명석동에 있는 피고인 기익형 집 기타 다른 곳에서 회합을 열려 하고 있는 사이에 동

인 등 사이에 철우회의 성립에 앞서 동 회의 취지 선전기관지를 발행해야 한다는 의안이 일어나 곧 동인 등의 손에 의해 『신호기(信號旗)』 창간호 및 제2호가 출판하게 되며 동년 7월 5일 철우회 성립과 함께 해당 『신호기(信號旗)』는 정식으로 그 기관지로서 정해지며 그 후 동년 10월경까지 사이에 제3호 내지 제6호가 출판되며 회원의 획득 교양에 제공하는 것으로 된 바

1. 피고인 방용필, 동 이지영 등은

1) 쇼와 13년(1938년) 6월 중순경 피고인 김성택과 공모하여 원산부 명석동의 피고인 방용필 및 동부 해안통의 원산상공회의소 사무실에서 "철우청년들이여"라는 주제로 "현재 조선인이 품은 한(恨)은 그 선조의 희생적 정신으로 투쟁하셨기 때문에 조선이 일본으로 병합된 것에 한을 드린 것으로 인해 조선청년들은 어떤 희생을 가지고 미래의 자손을 위해 조선동포를 위해 끝까지 투쟁해야 한다"라는 취지의 치안을 방해하는 기사를 게재하여 또 발행 책임자의 씨명 주소를 기재하는 불온문서, 『신호기』 창간호 약 70부를 등사판을 사용하여 인쇄하여 성문화된 규칙의 납본 소속을 이행하여 당시 동 부내에서 이를 다수 동지에 배포, 반포하여

2) 동년 7월 초순경 피고인 김성택과 공모하여 동부 명석동의 피고인 이지영 집 및 전시 상공회의소 사무실에서 '창간호 독후감'이라는 주제로 "조선이 일본제국에 병합된 결과 조선인은 조선의 뼈를 묻은 땅, 자손에 줘야 되는 초목조차 복상(服喪)한 것으로 하며 이의 현상에 통분하지 않는 자 없을 거요"라는 취지의 치안을 방해하는 기사를 게재하여 또 발행책임자의 씨명 주소를 기재하지 않는 불온문서, 『신호기』 제2호 약 70부를 등사판을 사용하여 인쇄하여 성문화된 규칙의 납본 소속을 이행하며, 당시 동 부내에서 이를 다수

동지에 배포 반포하여

3) 동년 8월 중순경 피고인 고영찬과 공모하여 위 피고인 이지영 집 및 동 부에 있는 피고인 고영찬 집에서 "우리의 목적이 자주적 소비조합을 만들자"라는 주제로 "日支전쟁[중일전쟁]에 의해 노동자의 생활고는 극도화하고 더욱이 국가는 국방헌금, 군인위문 등의 명목으로 용서없이 약탈하기 때문에 이 전쟁으로 인해 사망하는 자는 군대뿐만 아니라 노동자도 똑같다"라는 취지 및 "소식란"이라고 하여 "신사 참배 응소군인을 송별하는 반동적 행사임"이라는 취지의 치안을 방해하는 기사를 게재하여 또 발행책임자의 씨명 주소를 기재하지 않는 불온문서『신호기』제4호 약 70부를 등사판을 사용하여 인쇄하여 성문화된 규칙의 납본 소속을 이행하며 당시 동 부내에서 이를 다수 동지에 배포 반포하여

4) 동년 9월 하순경 피고인 고영찬, 동 장원철, 동 서만풍(徐萬豊)과 공모하여 위 피고인 이지영, 고영찬 집 등에서 "철우회는 각 부분적 병합조직을 완전히 지도하라"라는 제목으로 "일본제국은 조선을 대륙침략의 병참기지로 하여 만주를 침략하여 그 강도적인 탐욕을 채우려고 참혹한 전쟁을 계속하고 게다가 소비에트동맹에 대해서도 침략전쟁을 시작하려고 함"이라는 취지의 치안을 방해하는 기사를 게재하여 또 발행책임자의 씨명 주소를 기재하지 않는 불온문서,『신호기』제6호 약 70부를 등사판을 사용하여 인쇄하여 성문화된 규칙의 납본 소속을 이행하며, 당시 동 부내에서 이를 다수 동지에 배포 반포하여

이와 같이 철우회의 목적 수행 행위를 위해

2. 피고인 기익형은 쇼와 13년(1938년) 8월경 피고인 차재영부터『신호기』제4호를 이십수 부 수령하여 이가 전시와 같이 불온문서인 것을

숙지하면서 그때 원산부 명석동의 피고인 이재선 집에서 동 피고인에 이를 배포 반포하여 동 피고인의 교양자료로서 제공하여

이와 같이 철우회의 목적 수행 행위를 하고

3. 피고인 차재영은 쇼와 13년(1938년) 6월경부터 동년 10월경까지의 사이에 방용필 기타 다른 자로부터『신호기』창간호 제2호 제4호 등을 수십 부 수령하여 이가 전시와 같이 불온문서인 것을 숙지하면서 그때 수십 번에 걸쳐 원산철도부기관구 기타 다른 곳에서 피고인 김원섭 동 기익형, 기타 종업원 수십 명에게 이를 배포 반포하여 동인 등의 교양자료로서 제공하여

이와 같이 철우회의 목적 수행 행위를 하고

4. 피고인 김원섭은 쇼와 13년(1938년) 6월경부터 도년 9월경까지의 사이에 피고인 이지영, 동 차재영 등으로부터『신호기』창간호 제2호, 제4호 등을 수부 수령하여 이가 전시와 같이 불온문서인 것을 숙지하면서도 철우회원의 획득 좌익화의 위해 그때 수번에 걸쳐 피고인 기익형 집 기타 다른 곳에서 동 피고인 외 수명에 배포 반포하여 동인 등의 교양자료로서 제공하여

이와 같이 철우회의 목적 수행 행위를 하고

5. 피고인 김종순은 쇼와 13년(1938년) 6월경부터 동년 10월경까지의 사이에 피고인 방용필 기타 다른 자로부터『신호기』창간호 제2호, 제4호, 제6호 등을 수십 부 수령하여 이것이 전시와 같이 불온문서인 것을 숙지하면서 철우회원의 획득 좌익화를 위해 당시 수번에 걸쳐 원산철도기관구 기타 다른 곳에서 피고인 유유록 기타 수명이 종업원에 배포 반포하여 동인 등의 교양자료로서 제공하여

이와 같이 철우회의 목적 수행 행위를 하고

6. 피고인 남광우는 쇼와 13년(1938년) 10월경 피고인 김종순으로부터

『신호기』 제4호, 제6호 등을 수부 수령하여 이가 전시와 같이 불온문서인 것을 숙지하면서도 철우회원의 획득 좌익화를 위해 피고인 신태진 집에서 동 피고인에 배포 반포하여 동 피고인의 교양자료로서 제공하여, 이와 같이 철우회의 목적 수행 행위를 하고

7. 피고인 고영찬은 앞에서 나온 "제3, 丙, 1- 3) 및 4)" 게기한 바와 같이 피고인 방용필 기타 다른 자와 공모하여 전시 불온문서 『신호기』 제4호, 제6호 등을 인쇄 반포하여 철우회의 목적 수행 행위를 하고

第四. 1. 피고인 조응필(趙應弼)은 쇼와 13년(1938년) 10월 중 피고인 방용필부터 앞에서 나온 『노동자신문』 제34호 2부를 수령하여 이것이 전시와 같이 불온문서인 것을 숙지하면서도 당시 원산부 본정(本町)에 있는 이학봉(李鶴鳳) 집에서 동인의 의식 교양을 위해 그 일부를 동인에게 배포 반포하고

2. 피고인 장원철은 앞에서 나온 "제3. 丙 - 1 -4)" 제기한 바와 같이 피고인 방용필 기타 다른 자와 공모하여 전시 『신호기』 제6호를 인쇄 반포하여 또한 쇼와 13년(1938년) 7월경부터 동년 10월경까지의 사이에 피고인 차재영으로부터 『신호기』 창간호 제2호, 제4호를 수부 수령하여 이것이 전시와 같이 불온문서인 것을 숙지하면서도 당시 수번에 걸쳐 원산철도기관구 사무소 기타 다른 곳에서 피고인 이헌용 기타 종업원에게 배포 반포하고

3. 피고인 차재선은 쇼와 13년(1938년) 6월경부터 동년 10월경까지의 사이에 피고인 이재영 동 기익형으로부터 『신호기』 창간호 제2호, 제4호, 제6호 등을 수십 부 수령하여 이것이 전시와 같이 불온문서인 것을 숙지하면서도 그때쯤에 수번에 걸쳐 원산철도검차(檢車)구 사무소 기타 다른 곳에서 피고인 최진태 외 수십 명의 종업원에 배포 반포하고

4. 피고인 허온은 쇼와 13년(1938년) 8월 말경 피고인 차재영으로부터 『신호기』 제4호를 2부 수령하여 이것이 전시와 같이 불온문서인 것을 숙지하면서도 당시 원산철도열차구 사무소에서 그 일부를 종업원 오의삼(吳義三)에게 배포 반포하고

5. 피고인 서만풍은 전시 "제3 丙, (1)(4)" 제기한 바와 같이 방용필 기타 다른 자와 공모하여 『신호기』 제6호를 전시와 같이 불온문서인 것을 숙지하면서 인쇄 반포하고

6. 피고인 김좌용은 쇼와 13년(1938년) 8월 하순경 피고인 이재선으로부터 『신호기』 제4호를 7부 수령하여 이를 전시와 같이 불온문서인 것을 숙지하여 기타 원산역 내에서 피고인 김성택 외 수명의 역원에게 배포 반포하고

7. 피고인 김성택은 전시 "제3 丙, (1)(1) 및 (2)" 게기한 바와 같이 방용필 기타 다른 자와 공모하여 불온문서 『신호기』 창간호 제2호 등을 인쇄 반포하여 또한 동년 8월경부터 동년 10월경까지의 사이에 피고인 김좌용, 동 차재영으로부터 『신호기』 제4호, 제6호를 수부 수령하여 이가 전시와 같이 불온문서인 것을 숙지하면서도 당시 2번에 걸쳐 원산역 구내 기타 다른 곳에서 동 역원 오복만(吳福萬)에게 이를 일부 배포 반포하고

8. 피고인 최진태는 쇼와 13년(1938년) 6월경부터 동년 10월경까지 피고인 이재선 기타 다른 자로부터 『신호기』 창간호 제2호, 제6호를 수십부 수령하여 이가 전시와 같이 불온문서인 것을 숙지하면서 당시 몇 번에 걸쳐 원산철도검차구 대기소에서 조병하(趙炳夏) 외 수명의 종업원에게 배포 반포하고

9. 피고인 채용돌은 쇼와 13년(1938년) 7~8월경 최윤복으로부터 『신호기』 제2호, 제4호를 수부 수령하여 이가 전시와 같이 불온문서인 것을

숙지하면서도 당시 수번에 걸쳐 원산철도 전기구 사무소에서 이승준(李承俊) 외 수명의 종업원에게 배포 반포하고

10. 피고인 김지운은 쇼와 13년(1938년) 6월경부터 동년 10월경까지의 사이에 피고인 감종순 기타 다른 자로부터 『신호기』 창간호 제2호, 제4호, 제6호 등을 수부 수령하여 이가 전시와 같이 불온문서인 것을 숙지하여 당시 수번에 걸쳐 원산철도 보선구 선로반 대기소 기타 다른 곳에서 임호봉, 홍종연 등의 종업원에게 배포 반포하고

11. 피고인 장국빈은 쇼와 13년(1938년) 7~8월경 피고인 김종순으로부터 『신호기』 제2호, 제4호 등을 수부 수령하여 이것이 전시와 같이 불온문서인 것을 숙지하면서 당시 2번에 걸쳐 원산철도 검축구 사무소에서 종업원 박홍석에 일부 배포 반포하고

12. 피고인 한종하는 김진성(金軫星)이란 자의 소개에 의해 이주하와 만나게 되며, 게다가 동인을 통해서 피고인 송별립(宋別立), 동 김재갑(金載甲)과 만나게 되며 이주하의 의뢰를 바탕으로 동인일파의 자의 저작에 관한 전시 『노동자신문』 제7호 및 제9호가 전술과 같이 불온문서인 것을 동인일파의 자에게 배포해야 할 만한 것인 정보를 알게 되며 쇼와 12년(1937년) 7월 하순부터 동년 8월 하순까지의 사이에 전후 3번에 걸쳐 원산부 신흥동에 있는 자택에서 피고인 송별립 혹은 피고인 김재갑과 함께 소관 관청의 허가를 받지 않고 등사판을 사용하여 위 『노동자신문』 제7호 내지 제9호를 각호 30부 등사 인쇄하여 그때마다 동부 명석동의 진성여학교 근처 길거리에서 피고인 방용필에게 교부 반포하고

第五. 피고인 송별립은

1. 이주하가 조선의 독립 및 공산화의 목적을 가지고 결사조직운동에 분주하는 것을 알고 동인에게 금품을 공여하여 이의 활동을 배후부터

지원하여 그 목적 달성을 용이하게 하는 의도로 쇼와 12년(1937년) 5월 중순경부터 쇼와 13년(1938년) 10월 초순경까지의 사이 전후 10번에 걸쳐 이주하의 요구에 응하여 원산부 용동 남산 기슭 기타 동부 여러 곳에서 이주하 본인 혹은 동인으로 지정된 김의일, 최춘화(崔春花) 등에게 활동자금 합계 610원, 기관지 출판용 미농백지 합계 4,000매를 교부 공여하고

2. 쇼와 12년(1937년) 7월 하순경 이주하와 공모한 뒤 원산부 신흥동의 피고인 한종하 집에서 동 피고인과 협력하여 이주하 일파의 자의 저작에 관한 전술 『노동자신문』 제7호를 앞에서 언급한 바 같이 불온문서인 것을 숙지하면서도 등사판을 사용하여 약 30부 인쇄하여 피고인 한종하의 손을 거쳐 이주하의 동지에 배포하고

第六. 피고인 김국보(金國輔)는 쇼와 12년(1937년) 7월경 원산부 욱정(旭町)에 있는 동 피고인 집에서 이주하로부터 등사판 한 대를 입수, 알선을 의뢰 받아 동인이 당시 조선의 독립 및 공산화의 목적을 가지고 결사조직운동에 분주 중이므로 위 등사판은 해당 운동에 사용하는 비밀 출판물의 인쇄에 사용되는 것을 알면서도 동인의 활동을 지원하여 동인을 가지고 위 목적의 달성에 노력하는 의도 아래서 위 의뢰에 대해서 바로 동부 내의 마루젠(丸善) 문구점에서 금 49원짜리 등사판 한 대, 부속품 약간을 구입하여 당시 자택에서 피고인 한종하의 손을 거쳐 이주하에 교부 공여하고

第七. 피고인 최용달(崔容達)은 쇼와 5년(1930년) 3월 경성제국대학 법문학부를 졸업하여 약 2년간 동 학부 사법연구실 조수로서 근무한 후, 쇼와 7년(1932년) 4월 경성사립보성전문학교에 봉직하여 강사를 거

쳐 쇼와 12년(1937년) 4월 동교 교수가 된 자로서 위 대학 재학 중부터 좌익서책을 탐독하고 교우의 감화로 점차 공산주의에 공명하여 쇼와 9년(1934년) 1월 치안유지법 위반의 혐의로 인해 경성지방법원 검사국에서 기소유예 처분을 받았는데도 불구하고 개전(改悛)하는 바가 없고 더욱 주의 이론의 연구, 동지의 교양에 몰두하고 있는바

1. 쇼와 11년(1936년) 7월 하순경 원산부 내에서 미리 교유관계가 있는 피고인 김월옥(金月玉) 소개로 이주하와 회합하여 그때 동인으로 공산주의 이론 연구 재료의 기증의 요구를 받아 동인이 당시 조선의 독립 및 공산화의 목적을 가지고 결사조직을 기획하고 있는 것을 알게 되고 동인으로부터 공산주의 정확한 운동 이론을 파악하게 되며 그 목적 달성에 노력하는 의도 아래서 위 청구에 응답하여 동년 10월경 및 쇼와 12년(1937년) 12월경 2번에 걸쳐 경성부 돈암정에 있는 자택에 이주하의 취지를 받아 방문한 피고인 김월옥에 부탁하여 시미-친(シミーチン) 著『사적 유물론』 역본 한 권, 레닌 저『유물론과 경험비판론』 역본 3권, 레닌 저『제국주의론』 역본 1권, 마르크스 엥겔스 저『자본론』 역본 1권 외, 좌익문헌 4권을 당시 원산부 내에 거주하고 있는 이주하에 교부 공여하여 또 쇼와 12년(1937년) 12월 중 독문잡지『Rundschau』에 게재된『EL-Goli 전쟁문제』『스페인 문제』『중국공산당 제15주년 기념일에 기하여』『중국인민의 독립과 자유를 위해 15년간의 투쟁』으로 주제한 좌익기사의 조선어 역문 각 1부를 원산부 내에 스스로 이주하에 수교 공여하여

2. 1) 쇼와 12년 6월중순경 경성부 한강교 부근의 한강장정원 내에서 이주하와 피고인 이강국(李康國)을 소개, 접촉시켜 그때 피고인 이강국으로부터 "쇼와 10년(1935년) 코민테른 제7회 세계대회에서 인민전선운동방침이 채택된 것으로 구주제국의 공산운동 전선에서

는 인민전선운동 점차 세력을 얻어 독일 에스파냐에서는 인민전선파가 정권을 자기의 수중에 넣고 파쇼와 대항하여 과감하게 전투하여 프랑스에서는 이미 인민전선파가 승리하여 정권을 장악한 상황이므로 향후 세계의 공산운동은 인민전선 이론을 기초하여 인민전선의 결성으로 의해 제국주의 타도를 향하여 진전하는 추세에 있다"라는 취지 서술하자마자 이에 공명하여 피고인 이강국 및 이주하와 함께 향후 상호 제휴하여 조선 내에 인민전선운동을 전개하여 조선의 독립 및 공산화 달성에 노력하는 것을 약속하여 조선의 독립 및 공산화의 목적을 가지고 그 목적인 사항의 실행에 관한 협의를 하고

2) 쇼와 13년(1938년) 10월 중순경 피고인 이강국과 함께 경성부 외 우이동에 있는 조준호(趙俊鎬) 소유 방갈로에서 당시 원산지방을 기반으로 하여 공산운동에 분주하고 있었던 이주하와 회합하여 그때 동인으로부터 "원산방면에서 공산운동의 진전을 도모하기 위해서는 먼저 산하 노동자에 대해 이론적 교양 훈련을 실시하는 것이 급무인 것을 깨닫고 이것의 실시를 기획하고 있기 때문에 그 교양 훈련을 담당해야 한다"라는 취지를 간청받자 피고인 이강국과 함께 이주하의 위 운동을 원조하여 조선의 공산혁명 달성에 기여하는 목적하에 이를 쾌락한 뒤 그 자리에서 3명의 구수(鳩首)로 그 교양 훈련의 구체적 방법을 평의하여 동년 10월 28일까지 이주하로부터 제1회 강습생으로 하여 산하 노동자 3명을 파견하는 것으로 피고인 최용달, 동 이강국이 두 명은 우이동에서 적당한 가옥을 물색하면서 빌려서 동월 말경부터 몇 일 동안 동소에서 위 피(被)파견 노동자 교양을 위해 강습회를 개최하고 강습 제목은 "경제공황 및 대중생활의 빈곤화" "파시즘 및 국제노동운동"으로 하여 이

들 문제를 레닌주의에 기초하여 강석(講釋)하는 것으로 결정하여

조선 공산화의 목적을 그 목적인 사항을 실행에 관한 협의를 하고

3. 쇼와 13년(1938년) 7월경 원산부 내에서 이주하로부터 발행책임자의 씨명 주소에 대해 사실의 기제 없이 또 성문화된 규칙의 납본 소속을 이행하지 않는 출판물로서 "조선 노동자 빈농에게"라는 주제로 공산주의를 선전하여 치안을 방해하는 기사를 게재한 불온문서 일부를 수령하여 이를 열독하다가 그 불온문서인 것을 숙지하면서도 동년 9월경 경성부 명륜정에 있는 피고인 이강국 집에서 동 피고인에게 이를 교부 반포하고

第八. 피고인 이강국은 쇼와 2년(1927년) 경성제국대학 법학부 입학 후 좌익 서책의 탐독과 교우의 감화로 인해 공산주의에 공명하여 쇼와 5년(1930년) 봄 동 학부 졸업 후 약 2년간 동 학부 정치공법 연구실 조수(助手)를 봉직한 뒤, 직을 사퇴하여 유럽으로 건너가 베를린 법과대학 연구과에 입학하여 헌법, 행정법 연구를 함과 동시에 베를린 재주 일본인 공산주의자 구니자키 데이도(國崎貞(定)藏) 도조 모(東條 某) 기타 다른 자와 교유하여 공산주의 이론의 연구를 쌓고 독일에서 공산운동의 실정을 견문한 뒤 쇼와 10년(1935년) 말 귀선하여 경성부 내에 동아증권 주식회사에 사원으로서 봉직하면서 피고인 최용달 기타 다른 동지와 함께 공산주의의 연구에 몰두하여 귀선 직후 치안유지법 위반 혐의로 경성지방법원 검사국에서 기소유예 처분을 받았는데도 불구하고 개전하는 모습이 없고 쇼와 12년(1937년) 6월중 피고인 최용달을 통해서 이주하와 접속하게 되며 동인과 제휴하여 실천 활동에 진출하는 것을 결의하기에 이르고

1. 1) 조선의 독립 및 공산화의 목적을 가지고 이주하, 피고인 최용달

두 명과 함께 전시 "第七, 2.-1)" 기재한 일시장소에서 그 기재한 바와 같이 위 목적 사항을 실행에 관한 협의를 하고

2) 이주하의 공산운동을 원조하여 조선의 공산혁명 달성에 기여하는 목적 아래서 이주하, 피고인 최용달 두 명과 함께 전시 "第七, 2-2)" 기재한 일시장소에서 그 기재한 바와 같이 위 목적 사항의 실행에 관한 협의를 하고

2. 이주하가 조선의 독립 및 공산화의 목적을 가지고 그 운동에 분주하고 있는 것을 알면서 동인에게 공산주의운동 이론을 공급하고 혹은 그 운동자금을 제공하여 동인에게 그 목적 달성에 노력하는 의도 아래에 동인의 청구에 응하여 쇼와 12년(1937년) 12월 초순경 원산부 내에 대홍교(大虹橋) 부근 길거리에서 운동자금 2,000원을 동인에게 수교 공여하여 다음에 동년 12월 말경 「코민테른 제7회 세계대회 결의」「코민테른 제7회 세계대회에서의 피크의 연설」「조선공산당 행동 강령」의 조선어 역문 각 1부를 피고인 최용달에게 부탁하여 당시 원산부 내에 거주하는 이주하에게 교부 공여하고

3. 쇼와 13년(1938년) 9월경 피고인 최용달로부터 전시 "第七. 3." 기재의 "조선의 노동자 빈농에게"라는 주제의 불온문서 일부를 수령하고 이것이 전시와 같이 내용이 불온문서인 것을 숙지하면서 동년 10월경 경성부 화동정의 민병옥(閔丙玉) 집에서 동인에게 이를 교부 반포하고

第九. 피고인 김월옥은 쇼와 7년(1932)년 여름 경성사립 용곡여학교 재학 중 공산주의자 정태식(鄭泰植)과 알게 되어 동인의 지도 감화에 의해 공산주의에 공명하게 된 자로서 쇼와 9년(1934년) 7월 19일 및 쇼와 11년(1936년) 4월 10일 2번에 걸쳐 경성지방법원 검사국에서 치안유지법 위반의 협의로 인해 기소유예 처분을 받은 바가 있지만 쇼와 11년

(1936년) 6월에 미리 친교가 있었던 친구 이예분(李禮粉)의 소개로 동인의 형 이주하와 접촉하여 동인이 조선의 독립 및 공산화의 목적을 가지고 활동 중인 것을 알게 되고 동인을 원조하여 그 목적 달성에 노력하려 하고

1. 쇼와 11년(1936년) 10월 하순경 원산부 내의 이주하 집에서 동인이 공산운동 이론연구를 위해 좌익문헌 입수에 부심하고 있는 것을 알자 동인에 대해 당시 위 피고인 및 그 일파인 백윤혁(白潤赫)이 평양부 거주 이종덕(李鐘德)에게 기탁하고 있는 좌익문헌 수십 권을 기증하는 것을 약속하고

2. 1) 동년 10월경 및 쇼와 12년(1937년) 2월경의 2번에 걸쳐 전시 "第七 - 2." 기재한 바와 같이 피고인 최용달이 이주하의 운동 원조를 위해 좌익문헌 수십 권을 증여할 때 이주하의 의뢰에 기초하여 이 정(情)을 알게 되자 동인을 위해 그것의 수수(授受) 운반을 위해 당시 경성부 돈암정에 있는 피고인 최용달 집을 방문하여 동 피고인으로 위 문헌을 수령하고 이를 원산부의 이주하 집으로 운반하여 동인에게 교부하고

2) 쇼와 12년(1937년) 10월 하순경 이주하의 지령을 바탕으로 경성부 명륜정의 피고인 이강국 집에 방문하여 동 피고인에 대해 "이주하의 공산운동 자금으로서 2,000~3,000원을 제공한다"는 취지의 이주하의 의향을 전달하여 동 피고인으로 하여 전시 "第八 -2" 기재한 바와 같이 운동자금 2,000원을 이주하에게 제공하였고,

이와 같이 이주하의 위 금품 획득 공작을 방조하고

第十. 피고인 정진태는 경성제국대학 법문학부를 졸업하여 동 학부 국제법 외교사연구실 조수로 근무하고 있는 자이고, 피고인 김재갑은

쇼와 9년(1931년) 4월 동학부에 입학하여 쇼와 12년(1937년 7월 동 학부를 중도 퇴학하는 자로 이들은 모두 동 대학 예과 재학 중부터 좌익서책을 탐독하고 교우의 감화에 의해 공산주의에 공명하여 현재 우리나라의 자본주의사회는 붕괴의 과정에 있으며 조선에서도 곧 공산혁명운동이 발발하여 공산사회가 실현하는 것이 필연임으로 해당 혁명운동에서 피고인 등 인텔리 공산주의자의 역할은 대중의 의식 교화 이론적 지도 등에 있으며 이러한 역할을 하기 위해 먼저 피고인 등 스스로 공산주의 혁명 이론에 통효(通曉)하여 이론적 지도자가 되어 실천적 투사 및 일반 무산대중에 대해서 정확한 혁명이론을 파악시켜 투쟁의 방침을 내리고 조선의 공산혁명 달성에 기여 공헌하려고 선망하고 있고

1. 피고인 정진태, 동 김재갑, 동 정방훈(丁邦勳) 등은 동창생 고광학(高光學) 동 조동개(趙東凱)와 함께 쇼와 12년(1937년) 4월 하순경 경성부 혜화정의 피고인 김재갑 집에서 회합하여 피고인 정진태부터 “현재 조선은 자본주의사회이기 때문에 생산, 분배, 기타 여러 부문에서 자본주의적 모순 결함 충만하고 사회 불안은 날마다 증대하고 있으며 그칠 줄 모르며 우리는 그 모순 결함을 제거하여 사회 불안을 일소하기 위해 자본주의사회의 근본을 이루는 사유재산제도 자체를 철폐하고 조선에 공산주의의 사회를 건설해야 하며, 그리고 마르크스주의는 자본주의적 모순을 분석하여 그 공산사회 건설의 운동 이론을 천명한 점에서 가장 우수한 것이므로 우리 동지는 먼저 공산사회 건설의 운동 이론을 파악하기 위해 마르크스주의 연구에 힘을 써야 한다“라는 취지의 연설을 하여 다른 피고인 고광학, 동 조동개 등 모두 이에 공명하고 위 피고인 등 일동 그 자리에서 조선에 공산사회를 건설할 목적으로써 그 운동이론 파악을 위해 마르크스주의의 공동연구에 힘을 다할 것을 정하고 조선공산화의 목적을 가지고 그 목적인 사항의 실행에 관한 협의를 하고 그

후 동년 7월경까지의 사이에 약 10번에 걸쳐 경성부 효제정의 피고인 정방훈(丁邦勳) 집에서 비밀 회합을 개최하여 마르크스 저 『자본론』의 공동연구를 위해 동년 7월 하순경 피고인 김재갑이 후기(後記)와 같이 실천운동에 몰두하여 이후는 다른 피고인 등과 동창생 마츠모토(松本重喆), 최학선(崔學善) 등을 이에 참가하게 하여 쇼와 13년(1938년) 봄경까지 경성부 창신정의 고광학(高光學) 집 기타 다른 곳에서 마르크스주의 레닌주의의 연구를 계속하고

2. 피고인 정방훈은 동창생 마츠모토를 동지로 획득하여 전시 마르크스주의 공동연구의 일원으로 추가하여 조선공산화의 목적 달성을 위해 그 운동 이론의 파악에 협력하는 의도 아래에서, 쇼와 12년(1937년) 8월경 경성부 효제정 자택에서 마츠모토에게 “마르크스주의 연구를 위해 매주 동지의 비밀회합을 개최하여 이에 참가하기 바란다”는 취지를 권유하여 마츠모토 또한 전시한 바와 같이 목적 의도하에 즉시 이에 쾌락(快諾)하여 조선공산화의 목적을 가지고 그 목적인 사항의 실행에 관한 협의를 하고 그 후 마츠모토도 추가하여 전기한 바와 같이 피고인 정진태 등과 함께 마르크스, 레닌주의의 연구를 계속하고

3. 피고인 김재갑은 그 후 앞에서 언급한 바와 같이 마르크스주의 연구뿐만 아니라 남모르게 실천투쟁에 진출함을 결의하여 그 기회를 보고 있었는데

1) 쇼와 12년(1937년) 7월 하순경 안변군 석왕사 산중에서 피고인 최용달의 소개로 이주하와 접촉하여 이에 경도하여, 조선민족해방을 위해서는 신명을 내던지며 후회하지 않는 취지의 열의를 토로하여 동인에게 실천적 지도를 간청하여 그 쾌락을 얻어 동인과 함께 상호 제휴하여 조선의 독립 및 공산화를 위해 실천운동을 전개하는 것을 의논하여 정하여 조선의 독립 및 공산화의 목적인 사항의 실

행에 관한 협의를 하고

2) 그 후 이주하의 지령에 따라 동년 8월 초순경부터 쇼와 13년(1928년) 10월 중순경까지의 사이 전후 29회에 걸쳐 원산부 신흥동의 피고인 한종하 집 및 동부 녹정(綠町)의 자택에서 피고인 한종하와 협의 혹은 피고인 김재갑 단독으로 이주하 일파의 저작에 관한 전시 『노동자신문』 제8호 및 제36호를 앞에서 언급한 바와 같이 불온문서인 것을 숙지하면서도 등사판을 사용하여 각 30부 등사인쇄한 뒤 당시 원산부내에서 위 제10호 내지 제34호 및 제36호를 정보를 모르는 김의일에게 이주하의 동지에게 배포 반포하는 것으로 하여 피고인 방용필, 동 유유록, 동 기익형, 동 차재영, 동 이지영, 동 김원섭, 동 김종순, 동 고영찬, 동 김재갑의 전시 치안유집법 위반, 조선 불온문서 임시 단속령 위반이 각 소위 피고인 남광우, 한병의, 송별립, 동 최용달, 동 이강국, 동 김월옥, 동 정방훈의 치안유지법 위반위 소위 피고인 전태범, 동 이영훈, 동 김여섭 동 장원철 동 이재선, 동 김성택, 동 최진태, 동 채용돌, 동 김지운, 동 장국빈, 동 한종하의 조선불온문서임시단령 위반의 소위는 각각 범의 계속에 관한 자로 하고,

또한 피고인 김국보는 쇼와 7년(1932년) 9월 28일 함흥지방법원에서 폭력행위 등 처벌에 관한 건 위반, 주거침입사체령득죄에 의해 징역 2년으로 처하며, 피고인 이영훈은 쇼와 10년(1935년) 6월 1일 경성복심법원에서 치안유지법 위반죄에 의해 징역 1년에 처하며, 피고인 전태범은 쇼와 9년(1934년) 7월 16일 함흥지방법원에서 치안유지법 위반죄로 인해 징역 2년 6개월로 처하며, 피고인 송별립은 동일 동법원에서 치안유지법 위반죄로 인해 징역 3년으로 처하며, 피고인 장서림은 쇼와 11년(1936년) 6월 1일 함흥지방법원 원산지청에서 절도죄로 인해 징역 1년

6개월로 처하여, 모두 당시 형의 집행을 마무리하였다.

해 제

이 문서는 1941년 12월 1일 방용필(方龍弼, 26세)에 대한 치안유지법 사건에 대한 함흥지방법원 형사부의 판결문(사건번호는 16年刑公第82號)이다. 이 사건에 관여한 판사는 함흥지방법원 판사인 재판장 조선총독부 판사 후지이(藤井尙三) 등 3인이다.[79)]

당시 함흥지방법원 판사인 재판장 후지이는 이 사건에 다음과 같이 법률적용을 하였다.

즉 법률에 따르면 피고인 방용필의 판시 소위 중 국체변혁 및 사유재산제도 부인을 목적으로 하는 결사를 조직하고 해 결사의 목적수행을 위한 행위를 한 점은 치안유지법 제1조 전단 제10조[80)]에. 전시 목적으로써 그 목적 사항의 실행에 관한 협의를 한 점은 치안유지법 제5조[81)] 제11조[82)]에, 불온문서반포의 점은 불온문서임시취체법[83)] 제2조 형법

79) 이 판결문은 朝鮮總督府 高等法院 檢事局 思想部, 『思想彙報』 續刊, 1943.8, 139~177쪽에 수록되어 있다.

80) 치안유지법 [시행 1941.5.13] [조선총독부법률 제54호, 1941.3.8, 전부개정] 제10조 사유재산제도를 부인하는 것을 목적으로 결사를 조직한 자 또는 결사에 가입한 자나 결사의 목적수행을 위한 행위를 한 자는 10년 이하의 징역 또는 금고에 처한다.

81) 치안유지법 [시행 1941.5.13] [조선총독부법률 제54호, 1941.3.8, 전부개정] 제5조 제1조 내지 제3조의 목적으로 그 목적 사항의 실행에 관하여 협의 또는 선동을 하거나 그 목적 사항을 선전하고 기타 그 목적수행을 위한 행위를 한 자는 1년 이상 10년 이하의 징역에 처한다.

82) 치안유지법 [시행 1941.5.13] 제11조 전조의 목적으로 그 목적 사항의 실행에 관하여 협의를 하거나 그 목적 사항의 실행을 선동한 자는 7년 이하의 징역 또는 금고에 처한다.

83) 조선불온문서임시취체령 [시행 1936.8.8] [조선총독부제령 제13호, 1936.8.8, 제정] 불온문서의 단속에 관하여는 불온문서임시단속법에 의한다. 다만, 동법 중 출판법 또는 신문지법에 의한 납본을 하지 아니하는 것은 출판규칙, 신문지규칙 또는 1907년

제55조에 각 해당하는 바 위 치안유지법 위반의 각 소위는 각각 연속범에 관계함으로 형법 제55조 제10조에 의해 더 무거운 각 결사조직죄의 일죄로 하고, 위 각 결사조직죄 및 위 각 결사조직죄와 그 목적수행 행위인 나머지 소위는 각각 일개의 행위로 하여 수개의 죄명에 저촉되는 경우이므로 형법 제54조 제1항 전단 제10조를 적용하여 그 가장 무거운 국체변혁을 목적으로 하는 결사조직죄의 형에 따르고 위 결사조직죄에 대해서는 개정규정에 정해진 형에 가중함으로써 치안유지법 부칙 형법 제10조에 의해 구치안유지법 제1조 제1항 전단의 형에 따라 소정 형 중 유기징역형을 선택하고 그 형기 범위 내에서 주문의 형을 양형한다.

또 피고인 최용달의 판시 소위 중 국체변혁 및 사유재산제도부인의 목적으로써 그 목적 사항의 실행에 관해 협의를 한 점은 치안유지법 제5조 제11조에 판시 이주하에 대한 금품제공의 점은 치안유지법 제9조[84] 전단 제13조[85] 전단에 불온문서반포의 점은 불온문서임시취체법 제2조에 각 해당하는 바 위치안유지법 위반의 소위는 각각 연속범이고 일개의 행위로 하여 수개의 죄명에 저촉하는 경우이므로 형법 제55조 제54조 제1항 전단 제10조에 의해 가장 중한 국체의 변혁을 목적으로 하는 목

법률 제1호 신문지법에 의한 납본을 하지 아니하거나 1909년 법률 제6호 출판법에 의한 허가를 받지 아니한 것으로 한다.
1909년 법률 제6호 출판법 또는 1907년 법률 제1호 신문지법에 전조가 있는 행위로 그 벌이 전항의 규정에 의할 것을 정한 불온문서임시단속법의 벌보다 무거운 것에는 전항의 규정에 불구하고 동법을 적용한다. 부칙 〈조선총독부제령 제13호, 1936.8.8〉 이 영은 공포일부터 시행한다.

84) 치안유지법 [시행 1941.5.13] 제9조 전8조의 죄를 범하게 하는 것을 목적으로 금품 기타 재산상의 이익을 공여하거나 그 신청 또는 약속을 한 자는 10년 이하의 징역에 처한다. 공여를 받거나 그 요구 또는 약속을 한 자도 같다.

85) 치안유지법 [시행 1941.5.13] 제13조 전3조의 죄를 범하게 하는 것을 목적으로 금품 기타 재산상의 이익을 공여하거나 그 신청 또는 약속을 한 자는 5년 이하의 징역 또는 금고에 처한다. 공여를 받거나 그 요구 또는 약속을 한 자도 같다

적 사항의 실행에 관해 협의를 한 죄의 형에 따르고 위 협의죄에 대해서는 개정규정에 정해진 형에 가중함으로써 치안유지법 부칙 형법 제10조에 의거 구치안유지법 제2조의 형에 따라 소정 형 중 유기징역형을 선택하고 전시 불온문서 반포의 죄의 형에 가중을 한 형기 범위 내에서 주문의 형을 양형한다.

피고인 이강국의 판사 소위 중 국체변혁 및 사유재산제도 부인의 목적으로써 그 목적 사항의 실행에 관해 협의를 한 점은 치안유지법 제5조 제11조에 판시 이주하에게 금품을 제공한 점은 동법 제9조 전단 제13조 전단에 각 해당하는 바 위 각 소위는 각각 연속범인바 일개의 행위로 하여 수개의 죄명에 저촉하는 경우이므로 형법 제55조 제54조 제1항 전단 제10조에 의해 가장 중한 국체의 변혁을 목적으로 하는 목적 사항의 실행에 관해 협의를 한 죄의 형에 따르고 위 협의죄에 대해서는 개정규정에 정해진 형에 가중함으로써 치안유지법 부칙 형법 제10조에 의거 구치안유지법 제2조의 형에 따라 소정 형 중 유기징역형을 선택하고 그 형기 범위 내에서 주문의 형을 양형한다.

이 사건은 함경남도 원산에서 조선의 독립 및 공산화를 목적으로 적색노동조합 원산좌익위원회 등을 조직하고 그 목적 수행을 위해 다수의 불온문서를 출판, 반포하여 인민전선운동을 전개하다 치안유지법 위반 혐의로 기소되어 재판을 받은 사건이다. 당시 일제의 고등경찰에 따르면 '함경남도 원산부(府)를 중심으로 한 조선민족해방통일전선결성 및 지나(支那)사변 후방 교란운동 사건'으로 불리웠다.

먼저 이 사건에 대해 당시 일제는 1939년 12월 조선총독부 고등법원 검사국 사상부에서 출간된『思想彙報』제21호[86]에「함남원산부를 중심

86) 朝鮮總都府 高等法院 檢事局 思想部,『思想彙報』제21호, 1939.12, 179~192쪽.

으로 한 조선민족해방통일전선결성 및 지나사변 후방교란운동 사건개요」를 다음과 같이 수록하고 있다. 그 내용을 살펴보면 다음과 같다.

제1. 1938년 10월 18일을 기해 함경남도 원산경찰서가 중심이 되어 일제 검거를 단행한 제목과 같은 사건은 여러 의미에서 반도에 있어 근래 가장 주목할 만한 공산주의운동 사건이었다. 반도에서 좌익운동은 누차의 탄압과 사상정화공작의 전개 및 그와 병행한 만주사변의 발발을 계기로 하여 도도한 낙조(落潮) 일로를 걷고 있으며, 특히 금번 지나사변(支那事變) 발발에 즈음하여 현저하게 국민정신의 앙양을 보여 전 조선적으로 열렬한 총후(銃後) 애국운동이 전개되고 사상전향자가 속출하며 반도 사상계의 호전은 전적으로 격세지감을 나타낼 정도에 이르렀다. 이와 같은 정세하에서 일반 좌익 특히 비전향 사상 전과자의 무리들은 시국의 중압에 눌려 어쩔 수 없이 침묵 내지 정관(靜觀)하며 적극적으로 준동을 피하는 것으로 관찰되었는데 이 사건의 검거는 보기 좋게 그 관찰을 배반한 것이라고 할 수 있다. 그들의 견해를 요약하연 지나사변은 당연히 일소(日蘇) 개전으로까지 진전되어 일본은 경제적 파탄으로부터 필연적으로 패전에 이를 것이라는 견지에서 "전쟁을 내전으로"라는 슬로건에 기초하여 반전반군 사상의 선전에 노력하며 대중을 획득하여 반일인민전선의 결성에 의거해서 일본을 패전으로 이끌 기운이 성숙해지면 무장봉기, 후방교란의 수단에 나서 일거에 일본제국주의를 타도하고 민족의 해방 및 소비에트정권 수립의 목적을 달성하려고 한 것이었는데, 그 전술은 전적으로 코민테른 제7회 대회가 채용한 인민전선운동방침에 기초한 것이었다. 지나사변 발발 후에 있어 인민전선운동방침에 의한 우리 후방 교란사건으로서는 목하 함흥지방법원 예심괘에서 심리중인 소위 혜산사건이 있고, 그 검거는 당시 반도를 뒤흔든 바 있는데, 원산사건은 현재까지의 취조 정황에 의하면 위 혜산사건과는 전혀 별개에 속하며 혜산사건이 전적으로 중국공산당 만주성위의 영도하에 있는 운동인데 반해, 원산사건은 동 사건과 같은 인민전선운동에 의존하여 우리 후방 교란을 목적으로는 하고 있으나 코민테른, 중국공산당 또는 일본공산당 등과는 하등 연락도 없이 전부 사상 전과자 일군에 의한 적색노동조합 조직운동을 기초로 하여 아래로부터 고조된 운동인 점에서 현저한 특색을 보이고 있다. 본 사건은 혜산사건처럼 테러행위로까지 발전하지는 않고 있으나, 수뇌부의 공산주의 의식의 깊이, 인민전선술의 정확한 파악, 그 운동 전개의 교묘한 점, 특히 대중 획득을 위한 적극적인 문서 활동의 전개 등은 혜산사건에 비할 바 아니며, 그 대상이 국경 산악지대의 의식수준이 낮은 농민과 원산처럼 수준 높은 노동자와의 차이가 있으며, 현저하게 운동이 첨예화되어 있다는 점 등이 주목할 만한 것이라고 생각한다. 원산은 소위 원산제네스트(원산총파업) 사건 이래 반도에서 적색노동조합운동의 아성이고 조선질소(朝鮮窒素)를 거느리고 있는 흥남과 함께 예로부터 프로핀테른이 군침을 흘리는 곳이었음은 주지하는 바이고, 이곳에서 적색노동조합 조직운동을 중심으로 하는 활발한 인민전선운동이 전개된 것도 또한 우연한 일은 아닌 것이다.

본 사건의 검거 총수는 합계 110명에 달하며 그중 피의자로서 송국된 자는 77명으로 목하 함흥지방법원 예심괘에서 심리중이다(쇼와 14년 8월 31일 기소).

검사처분 내역은 기소처분 44명, 기소유예 2명, 무혐의 12명, 기소중지 12명이다. 이미 본건의 검거에서 단서를 찾아 함경남도 평야지대인 영흥, 문천, 정평, 홍원 등의 각 군내에 적색농민조합 재건조직운동을 중심으로 인민전선운동에 의거하여 우리 후방 교란운동이 전개 중에 있는 것이 발각되어 목하 검거 취조 중(정평 관계의 것만 송국 완료)에 있고, 그 총수 300명을 넘는 상황이다. 위 함남 평야지대에서의 운동은 본 원산사건과 밀접한 연락이 있는 것으로 추측되는데, 주모자 미검거 등의 이유 때문에 그간의 사정은 아직 충분히 규명되지 않고 있기에 마침내 원산사건만 취조의 편의상 분리하여 송국하는 것이다. 이미 함북 청진방변에서 적색노조 조직이 있는 것도 발각되어 이것도 함남의 사건과 병합하여 수사 중에 있다. 함북의 적색노조 사건도 결국 원산사건과 유기적 연계가 있는 것으로 상상하지 않으면 안 되나 이것이 아직은 명확하지 않다. 원산사건 및 이와 관련하여 검거된 정평 이하 각 군에서의 사건 그리고 함북 청진사건 동의 주모자는 거의 전부가 사상전과자이고 그중에는 보호관찰처분을 받은 자도 다수 섞여있어 표면적으로 전향을 위장하며 암약하고 있음은 장래 가장 경계를 요하는 점이라고 생각된다.

독소불가침조약 체결 이후 소연방은 노골적인 적색제국주의 침략을 발휘하며, 이것이 일심동체의 코민테른전술에 어떠한 변화를 미칠 것인지 전 세계의 주목의 대상에 되어있는데 이미 코민테른의 간부는 고도 자본주의국가에 대하여는 계급투쟁의 격화로써 적화방침을 삼아야 할 것, 식민지 및 반식민지에 대해서는 의연 인민전선운동방침은 변경시킬 것은 아니라는 견해를 표명한 것처럼 전해지고 있다. 여하튼 코민테른이 인민전선운동을 유효적절한 전술이라고 간주하는 한 이를 포기할 리가 없고, 당분간 코민테른의 인민전선운동 이론이 반도 사상운동을 리드하여 가리라고 생각하는 것이 좋지 않을까 한다. 이런 의미에서 본건은 중대한 시사를 포함하고 있다고 할 수 있다.

제2. 주모자의 경력

1. 이주하(李舟河)(별명 李世民, 무직, 당 35세)

본적 : 원산부 상리 1동 101번지

주거 : 원산부 신홍리 71번지

함남 북청군 신포의 빈농의 2남으로 출생, 다섯 살 때 부모를 따라 원산으로 이주하여 빈곤하게 성장하고, 사립 보통학교 졸업 후에는 사립 휘문고등보통학교를 3학년 중도 퇴학하고 1924년 일본으로 도항하여 니혼대학(日本大學) 전문부 사회과 동 문예과 혹은 외국어학교 등등으로 전전하며 재학했는데 학비 부족 및 병 때문에 중도에 퇴학하지 않을 수 없게 되어 1928년 5월 귀국하였다. 동경 유학 중 좌익문헌류를 탐독한 결과 공산주의를 신봉하기에 이르렀고, 귀국 후 원산에서 노동에 종사하는 한편 원산총파업에 의해 괴멸된 원산노동조합의 재건에 노력하던 중 1930년 5월 프로핀테른으로부터 파견된 김호반(金鎬盤)의 지도하에 들어가 적색노동조합 조직운동(소위 제1차 태로(太勞)사건)에 광분 중 검거되어 1933년 3월 13일 함흥지방법원에서 치안유지법 위반죄로 징역 5년(미결구금일 400일 통산)에 처해졌다가 1936년 2월 25일 복역을 종료하고 출옥했는데도 의연히 전향하지 않고 재거사의 기회를 노리고 있다.(미검거)

2. 방용필(方龍弼)(원산철도사무소 기관구 난방수, 당 23세)

본적 : 원산부 명석동 173번지

주거 : 원산부 명석동 172번지의 1

함남 안변군 단곡면의 부유한 농가에서 출생하여 여섯 살 때 부모를 따라 원산으로 이주했고 공립보통학교 졸업 후에는 원산공립상업학교에 입학했다. 실형(實兄)이 운수업에 실패하여 가산을 탕진했기 때문에 동교 1학년 종료와 동시에 퇴학하고 1933년 5월 원산철도 기관구고 내수(內手)가 되어 기관조수 견습, 기관조수, 난방수 등등이 되다가, 1938년

10월 퇴직하였다. 집안의 몰락 때문에 현 사회제도에 대한 반감과 좌익 문헌류를 탐독한 결과 공산주의를 신봉하기에 이르렀고 실천운동의 기회를 엿보고 있던 자이다.

3. 최용달(崔容達)(사립 경성 보성전문학교 교수, 당 37세)

본적 : 강원도 양양군 양양면 화천리 120번지

주거 : 경성부 돈암정 471번지의 55

본적지 중류 농가의 장남으로 출생하여 함흥공립고등보통학교, 경성제국대학 예과를 거쳐 1930년 3월 동 대학교 법문학부를 우수한 성적으로 졸업함과 동시에 동 학부 조수로 임명되었다. 1932년 3월에는 이를 사직하고 같은 해 4월 사립 경성 보성전문학교 강사로, 1937년 4월에는 동교 교수로 임명되었다. 대학 재학 중부터 동 대학교 교수이며 공산주의자인 미야케 시카노스케 등의 지도하에 있으면서 공산주의를 연구하던 중에 이를 신봉하기에 이르렀는데 동 교수에 대해 운동자금을 제공했기 때문에 1934년 7월 19일 경성지방법원 검사국에서 치안유지법 위반죄로 기소유예 처분을 받았음에도 불구하고 의연히 전향하지 않고 실천운동에 나설 기회를 엿보고 있던 자이다.

4. 이강국(李康國)(증권회사 중역, 당 35세)

본적 : 경성부 사직동 65번지

주거 : 경성부 명륜정 3정목 154번지

지방 봉건적 양반의 2남으로 출생하여 경성 사립 보성고등보통학교 경성제국대학 예과를 거쳐 1930년 3월 동 대학 법문학부 졸업과 동시에 동 학부 조수로 임명되어 1932년 사직했고, 사비를 갖고 독일에 유학하여 백림대학에서 공부하다가 1935년 10월 귀국했다. 경성제대 재학 때부터 앞서 말한 미야케 시카노스케 등의 지도하에 있으면서 최용달(崔容達) 등과 함께 공산주의를 연구하다가 이를 신봉하기에 이르렀고 독일 유학 중에도 독일공산당원과 접촉하며 공산주의 연구에 노력했다. 앞서 말한 미야케 또는 최용달 등에 대해 좌익문헌류를 우송했기 때문에 귀국 직후인 1935년 12월 28일 경성지방법원 검사국에서 치안유지법 위반죄로 인해 기소유예 처분을 받았음에도 불구하고 아직 전향하지 않고 실천운동의 기회를 엿보고 있던 자이다.

5. 정진태(鄭鎭泰)(경성제국대학 법문학부 조수, 당 25세)
   본적 : 전라북도 정읍군 태인면 태흥리 516번지
   주거 : 경성부 돈암정 417번지의 77

본적지 중류 농가의 장남으로 출생하여 경성 제일고등보통학교, 경성제국대학예과를 거쳐 1937년 동 대학 법문학부를 졸업함과 동시에 동 학부 조수로 채용되어 현재 국제법연구실에 근무하고 있다. 고등보통학교 재학 때부터 광주학생 사건에 자극되어 민족의식을 각성한 이래 공산주의 연구에 노력하고 이를 신봉하기에 이른 자이다.

제3. 본 사건의 발단은 지나사변 발발 전으로 소급된다. 앞서 말한 바와 같이 소위 제1차 태로사건에 연좌되어 징역 5년에 처해진 이주하가 형의 집행을 끝내고 고향인 원산에 돌아온 것이 1936년 2월이었다. 그는 표면적으로는 병을 정양하는 중이라고 칭하고 근신하는 척하며 위장하고 있었는데, 그 본심은 적색노동조합 조직운동을 계속하는 동지와의 연락에 노력하고 있었다. 그러던 중 마침 같은 해 4월 제2차 태로사건에 연루되어 징역 2년 6월의 형을 마친 전태범(全台範)이란 자가 원산에 왔었는데, 곧바로 동인과 연락하여 적노(赤勞) 조직 준비의 협의를 진전시

켰고, 이에 재운동(再運動)의 제일보를 내딛은 것이다. 이리하여 동인의 소개에 의해 원산철도기관구 조수 견습 석표원(石彪源) 및 동인의 친구인 방용필, 나창빈(철도종업원) 등을 차례로 획득하여 교양을 위한 준비를 해나갔고 동년 10월 상순경 위의 방(方), 나(羅), 석(石) 세 사람을 자기 집으로 불러 자기를 총책임으로 하는 적노조직 준비기관인 무명 비밀결사의 조직을 완료하고 실천운동 전개의 기초를 구축했다. 당시 이주하가 지녔던 운동이론은 소위 태로 10월 서신의 직역(直譯)을 한걸음도 벗어나지 않았으며 위의 준비기관을 지도기관으로 하여 아래로부터 위에의 이론에 기초하여 적노반, 직장위원회, 산업별위원회의 결성을 통해 지역적 적노위원회로 발전시켜 이를 통합하여 전 조선적인 좌익적노조합조직의 완성에로 영도하려 하고 있었다. 동인은 이미 프로핀테른으로부터 파견된 김호반의 지도하에서 운동하고 있었는데, 이번에도 코민테른과 연락을 갖고 있는 유력한 오르그의 파견을 구해 그 지도하에서 이론의 오류를 피하고 정통 노선상의 운동을 전개하려고 기도하여 동년 10월부터 1938년 9월까지의 사이에 자기 또는 방용필이 획득한 동지 신재영(申在英), 김진성(金軫星), 김광인(金光寅), 차득환(車得煥)을 계속해서 소연방에 잠입시켰으나, 소기의 목적 즉 오르그의 획득은 이루지 못한 모양이다. (그중에서도 차득환은 함북 웅기까지 갔으나 경계가 엄중하여 도중에 돌아왔다). 위와 같이 이주하는 코민테른과의 연락에 노력하는 한편 '이론'의 공급자인 유력한 동지를 물색하는 중이었다가 우연히 최용달, 이강국 두 사람과 서로 제휴하여 '이론'과 함께 '지금'의 공급을 받게 되어 이주하의 활동은 과연 활발하게 되기에 이르렀다.

제4. 최용달은 전기와 같이 미야케 교수사건에 연루되어 기소유예 처분을 받은 후 동 교수의 처 미야케 히데에게 금품을 증여하는 등 구원

사업을 벌이고 있었는데, 1935년 11월 학우 이강국이 독일로부터 귀국하자 동인으로부터 코민테른 제7회 대회에서 결정된 인민전선운동에 관한 결의 내용을 청취하고 공명하여, 동인과 제휴하여 해(該)신운동방침에 기초한 운동을 전개할 것을 서로 서약하기에 이르렀다.

한편 최용달은 마찬가지로 미야케 교수사건으로 연좌하여 투옥된 정태식의 정부로 최용달과도 친교가 있는 김월옥(金玉月)이란 여자가 고향인 원산으로 귀환하는 도중 옛 친구 이예분의 소개로 그녀의 친오빠인 이주하와 서로 알게 되어 동인과 연애관계를 맺기에 이르렀다. 그리하여 최용달이 때마침 1936년 7월 하순 폐병 요양 때문에 원산에 가게 되었을 때 이를 안 김옥월이 동인에게 이주하를 소개했고 이에 처음으로 본 사건 두 거두의 악수가 성립되었다. 최용달은 이주하의 투쟁경력과 확고한 신념을 높이 평가했고, 이(李)는 최(崔)의 이론을 존중해서 상호 제휴하여 운동을 전개할 것을 서약하기에 이른 것이다. 그 후 최용달은 이(李)에 대해 김옥월을 통해 레닌의 저작 기타 좌익문헌 및 운동자금 1백 원을 교부해 왔는데, 1937년 6월 이주하가 최용달과 연락을 위해 상경했을 때 한강 모래사장에서 최(崔), 이주하, 이강국 3명이 회동하여 최(崔)로부터 이강국을 소개하여 의견의 교환을 했다. 그때 이강국으로부터 독일 유학 중 알게 된 인민전선운동의 신이론이 설명되었고 이 노선에 따라 반파쇼운동을 전개하며 이것을 통해 조선민족해방의 전선을 통일해야 할 것이라는 요지가 역설되어 일동의 찬동을 얻고, 최용달 이강국 두 사람은 공동 지도자로서 앞의 제3항에 기재된 적노조합준비기관에 가입한 이주하와 협력하게 되었다. 그때 최용달 및 이강국은 주위 환경상 직접운동의 표면에 부상하는 것을 피하고 이주하를 표면으로 세워 실천운동을 시키고, 그에게 좌익문헌 및 자금의 제공 그리고 출판물 원고작성 등의 측면적 원조를 하기로 협정했다. 그 결과 이강국은

1937년 7월 및 동년 10월 2회에 걸쳐 이주하에게 최용달을 통해 2천2백원을 교부했고(이강국의 처가는 자산 3백만 원의 부호였다), 활발한 출판활동을 한 것 외에도 독일공산당원 안니라는 자가 우송해주어 받은 좌익문헌류 다수를 번역하여 이주하에게 우송했다(코민테른 제7회 대회 결의, 에르고리 전쟁문제 등). 최용달도 역시 자필 원고를 작성하여 교부했고 이것들은 모두 지도기관의 기관지 『노동자신문』 그밖의 불온출판물의 자료가 되었다. 또한 이강국은 사변 발발 후인 1937년 11월 원산 송도원(松濤園)에서 이주화와 회견하고 동인에 대해 사변하에서 반전투쟁의 중요성을 지적하고 그것의 확대 강화를 강조했으며, 다시 동년 12월 최용달은 이주하가 있는 곳을 방문하여 조선공산당 행동강령을 수교함과 동시에 조선지원병제도 반대운동의 필요성을 역설하는 외에 1938년 3월, 동년 6월, 동년 10월 3회에 걸쳐 서울에서 최용달, 이주하, 이강국 3명의 지도자 회동을 개최하고 반전반군을 슬로건으로 하고 시국에 대응한 인민전선운동 전개방침에 대하여 여러 가지의 협의를 한 것이다.

제5. 이주하는 앞서 말한 바와 같이 이강국으로부터 인민전선운동에 관한 설명을 청취하고 이에 공명하고 원산으로 돌아가자마자 지나사변의 발발에 맞추어 방용필에 대해 운동방침의 변경에 관한 새로운 지령을 내렸다. 그 내용은 전적으로 코민테른의 인민전선운동방침을 옮겨놓은 것에 불과하지만, 본 사건의 성질을 아는 자료로서 그 요지를 적어보면 다음과 같다.

조선에 있어 혁명운동은 일본제국주의에 의한 조선침략 이후 국가적 자주성을 상실한 이래 완전히 일본제국주의의 식민지로서 자본주의 발전이 저지되어 반봉건적인 형태로 기형적으로 성장했다. 조선 부르조아지는 3·1운동에서의 반동 이후 일본제국주의에 규합하고 조선에서 자기의 계급적 임무까지를 포기했다. 조선의 노동자계급은 원산제네스트 이래 혁명적으로 성장하여 조선에서 자기문제 해결을 위해 자본민주주의혁명의 제창자로서 태어났다 조선의 농민은 봉건적 지주의 착취와 일본제국주의의 착취에 의해 노동자의 혁명적 성장과 함께 그 부족한 정치적 역량을 보조하는 층으로서 성장했다. 조선의 전인민은 일본제국주의의 기반(羈絆)으로부터 벗어나 자기 민족에 의한 국가의 성장을 위하여 3·1운동을 계기로 민족해방을 기도했으나 일본제국주의의 폭력에 의해 모두 좌절 실패했다. 그러나 조선의 전 민족 가운데에는 조선민족의 조선을 위해 일본제국주의 반대의 잠재의식이 전체적으로 공통의 것으로 되어 있다.

일본제국주의가 아시아 침략과정에 있어서 중국민중의 무장항전하에 일어난 지나사변인 전쟁은 필연적인 것으로 되고, 이에 덧붙여 자국에 있어 경제적 정치적 파멸의 위기의 증대에 의해 약화되는 정세는 조선의 혁명운동의 과정에 있어 일본제국주의 세력을 조선으로부터 구축하는 것을 당면의 과제로 함과 동시에 그 수행을 용이하게 한 것이다. 따라서 조선의 공산주의자는 조선에 있어 반일적 제요소를 규합하고 광범한 조선민중에 의한 민족해방전선 결성을 급무로 하는 것이다. 조선의 민족해방전선은 극동에 있어 공동의 목적을 갖는 일본제국주의 세력을 식민지 반식민지로부터 구축하는 모양으로 통일행동을 하지 않으면 안 되는 것이다. 또한 일본제국주의는 중국에 대한 침략전쟁으로 자기의 썩어가는 생명을 유지해 보려고 하는 야망을 노골화하고 자기의 최후의 운명을 결정할 시기를 촉진해가고 있는 것이다.

조선의 혁명적 노동자는 이 혁명적 위기가 성숙해 가는 정세하에서 일본제국주의를 결정적으로 타도하고 자기 권력을 수립하기 위해 과감하고도 희생적인 투쟁을 준비 수행하지 않으면 안 된다. 이 투쟁의 결정적 수행 및 승리를 보장하는 것은 혁명적 조직의 사수 및 확대 강화와 진실로 올바른 정책하에서 종합적 전략 전술의 성공적 실천에 있는 것이다. 혁명적 노동자들은 이 정세를 올바로 파악하고 각자 자기에 부과된 계급적 임무를 인식하고 자기 영역에 있어서 혁명적 회동을 활발히 전개하는 것을 요구하는 것이다.

혁명적 노동자들은 그 조직을 일본제국주의의 결정적 공업, 산업의 결정적 공장 직장 속에 근거를 내리고, 늘 부단한 투쟁활동을 통해서 직접 간접으로 일본제국주의의 힘을 약화시켜 중국에 대한 침략전쟁을 패전으로 이끌어 중국민족해방투쟁 혁명의 성공적 전진과 연달아 조선에 있어 혁명을 보장하는 민족성 해방투쟁을 결정적으로 수행하는 준비투쟁을 하지 않으면 안 된다. 그것을 위해서는 일본제국주의의 중국침략의 파괴성을 광범한 대중 가운데 폭로하고 이를 이 전쟁에 의한 직접 간접의 이해관계를 충분히 여론화하고, 그것을 반전여론으로 집중시켜야 할 것이다. 이 반동적 약탈전쟁의 희생을 일본제국주의 타도 민족해방투쟁으로 전환시키기 위해 선동하고, 혁명적 전략전술 및 우리들의 제 정책을 대중 가운데 명료하게 하고, 그 승리에 대한 확신을 불러일으키도록 선전하고, 행동을 요구하는 모양으로 호소활동에 노력해야 할 것이다. 조선의 혁명적 노동자들은 각자의 전선에 있어 혁명적 조직을 강화하고 노동자 대중을 그 주위에 집결시켜 부단한 정력적 활동에 의하여 그 임무를 다하지 않으면 안 된다.

그러므로 과거 우리들의 적색노동조합원의 대중생활에 조합원 층에만 국한하지 말고 각 산업부문에 있어 우리들은 일상의 불평불만을 모아 선전선동으로써 계급투쟁을 강화하고 이 투쟁을 통해 적색노동조합

원의 획득에 주력하는 것이 현금 세계제국주의 국기에 있어 파시즘의 대두, 특히 중국 및 조선에 있어 일본제국주의의 위기 절박에 수반하는 파시즘의 급진적 대두의 정세에 비추어 우리들에게 이에 대처하고 타도해야 할 코민테른 제7회 대회에서 결의된 인민전선운동의 방침에 기초하여 앞의 민족해방통일전선을 결성, 강화해야 할 것이다. 이를 위해 우리들은 종래의 적색노동조합 조직의 확대 강화의 방침에로 일보 전진하고, 우리들 공산주의자에게 조선민족해방통일전선의 공동목표인 '일본제국주의 타도'의 슬로건을 높이 들고 이 공동목표 아래서 노동자계급만이 아닌 농민, 소부르주아, 학생, 인테리겐챠, 각종 종교단체 기타 제 계층 민족개량주의 및 각종 반동단체들 가운데까지 침투하고 그들 사이에 일상적으로 부단히 일어나는 제 문제를 개별적으로 취급하여 가장 적절하고 타당한 방식으로 그들의 이익 옹호를 위해 우리들 공산주의자는 최전선에 서서 투쟁하며, 그 투쟁 가운데서 그들의 신임을 얻고 그리하여 이들 제 계층 민족대중을 지도하고 계급 없고, 성별 없고, 직업 구별 없고, 정당 구별 없는 초당파적 통일기관을 설치하고 이를 중심으로 해서 민족해방통일전선을 결성할 결정적 시기에 도래하면 공산주의적 제 조직의 영도하에 통일전선을 반일폭동전선으로 동원시킴으로써 지나사변을 내란으로 이끌고 우선 조선독립의 목적을 달성할 것이다.

그러므로 이 사이에 우리 공산주의자들은 민족해방통일전선 조직의 영도권을 확보함과 동시에 공산주의적 제 조직의 확대 강화를 게을리하지 않고 그리고 그 조직의 확대 강화가 고도화함에 따라 민족해방통일전선의 최고 지도자인 공산당의 결성으로까지 이르러야 할 것이다.

그리고 또 민족해방투쟁의 결정적 시기에 있어 무장봉기의 수단 방법은 1) 민족해방전선의 전국적 조직과 지도인식의 강화 2) 객관적 정세의 성숙에 의한 결정적 시기의 선택 3) 부단한 직접 간접의 투쟁을 경험하고 결정적 투쟁에 참가하는 대중의 적극성의 증대와 결의의 강화 4) 강고한 지도기관에 의한 통일적 계획과 준비의 완성 등 주관적 객관적 정세 및 조건의 성숙의 구비를 전제로 한다.

그러므로 1) 경향과 조직의 여하를 불문하고 항일의식이 있는 인민으로 광범한 전국적 민족해방통일전선을 결성하고, 이것이 통일적 지도기관을 설치하고 일본제국주의 세력을 조선으로부터 구축하며 민족을 전체적으로 향상시키기 위한 투쟁에 궐기하도록 부단한 선전선동을 하지 않으면 안 된다. 2) 일본제국주의의 세력을 강화시키기 위해 광범위한 투쟁을 의식적 계획적으로 격발시키며 그 투쟁을 보다 높은 단계로 이끌어 일본제국주의의 강화와 조선민족의 결정적 투쟁 참가를 증대시키는 것과 더불어 부분적 투쟁을 전체적 투쟁으로 광범위하게 확대시킴으로써 투쟁전략의 공세를 멈추어서는 안 된다. 3) 조선민족투쟁의 지도기관은 이 투쟁을 통해서 전선을 바로 평가하고 정세를 유리하게 전환시켜 부단한 투쟁과정에 있어 최정수 분자를 중심으로 하는 자위단조직 등과 같은 행동대를 조직하고 여하한 투쟁에 있어서도 활발한 투쟁을 전개하고 훈련하지 않으면 안 된다.

다시 이 지도기관은 무장봉기를 위해 적의 주력에 결정적 타격을 주고 힘을 분산시켜서 전투력을 짓부수며, 자기의 주력 공격을 강화하기 위해 일본제국주의의 정치, 군사, 경제, 문화 기타의 주요 거점을 점령 수탈하기 위해 충분한 계획을 미리 수립하고 각자의 공격목표에 대해 정치(精緻)하고 가장 첨예한 행동대를 배치하지 않으면 안 된다.

결정적인 무장봉기는 충분한 준비활동과 투쟁을 통해 총체적인 여론을 결정적 투쟁에 집중시키고 완전한 계획하에 행하지 않으면 안 된다. 그 전략전술은 1) 조선민족 해방을 목적으로 하는 지도적 투쟁조직을 전위로 하고 노동자 빈농을 중심으로 하는 조선민족의 해방전선(특히 행동대 조직을 핵심으로 하는)을 주력군으로 하고, 일본의 혁명전선 및 중국의 민족해방투쟁전선과의 완전한 연결 그리고 소비에트동맹의 지지를 예비군으로 하며 2) 적의 주요 거점을 점령하고 그 통일을 파괴하며 적의 주력을 분산시키고 이 투쟁의 성과로써 적을 고립시키고 중심행동조직을 일거에 박멸하는 양상으로 행동해야 할 것이다. 특히 이 투쟁은 기민하고 또 단시간 내에 행하여 완전히 일거행동에 가깝게 하는 것에 의해서만 승리를 보장할 수 있다. 민족해방군에 의해 점령된 각 거점에 민족해방군을 점차 충실화하는 군사적 장비를 증강하고 공세력을 완전히 유지하여 적의 궤멸을 위해 전력을 집중시키지 않으면 안 된다. 점령지 내에 있어 제 기관은 완전히 민족해방전선에 의해 운영 통제하고 이것의 확보와 강화는 특히 정력적으로 하지 않으면 안 된다.

이 때문에 조선민족은 국가적 자주성 상실과 식민지 민족화 때문에 군사적 교련이 일반화되지 않은 특수성으로 인하여 일본제국주의군대와 같은 훈련이 있는 군대조직은 불가능하다고 하더라도 적의 군사적 제 시설과 군사적 제 정책에 의해 필연적으로 성장하는 조선인 중의 군사적 제 요소의 존재를 부정해서는 안 된다. 조선민족해방군의 행동대에 의거하여 적의 군사적 제 시설, 제 기관의 점령에 기타 조선민족해방군의 군사적 제 행동과 그 조직적 활동을 보장한다. 다시 일본의 혁명전선, 중국민족해방전선, 소연방은 일본 파쇼군대의 자기분열과 조선민족해방군과의 행동통일을 보장한다. 그렇기 때문에 조선민족해방 무장봉기에 경찰서, 헌병대, 병참부 기타 군사적 제 시설을 일거에 기습적 공격으로써 정령하고 그 성과로써 일본 부르조아 정규군의 수뇌부를 섬멸시키고 군대의 무장해제, 해방, 개편을 행하고 정치적 경제적 제 기관 및 문화기관 특히 선전 선동적 역할이 큰 시설을 점령함으로써 결정적 승리에로 투쟁을 진전시켜야 할 것이다.

라고 되어 있고 이 지령에 기초하여 그 후 이주하 지도하에서 종래 적색노동조합 조직운동과 병행적으로 조선민족해방통일전선 결성 그리고 지나사변 후방 교란계획이 전개되게 된 것이다.

제6. 앞서 제3항에 기재된 조직준비기관 결성 후의 활동상황은 다음과 같다. 즉 동기관은 앞서와 같이 1936년 10월 상순 결성되었는데, 우선 원산 내에 있는 3대 산업 즉 철도, 금속(주로 철공장 방면), 화학(주로 조선석유 원산공장 방면)의 세 부문에서 각각 산업별위원회를 조직하고 그 하부조직인 적노반의 결성에 착수한 것이다.

우선 철도부문에 있어서 전적으로 방용필의 활동에 의해 착착 철도종업원 중에서 동지의 획득에 성공했고 1936년 말경부터 하부조직인 적노반의 결성에 성공했으며, 1937년 4월 이주하의 지령에 의해 방용필을 지도자로 하고 유유록(劉柳綠)을 책임으로 하는 적노 원산철도위원회를 결성하고 이를 중심으로 하여 더욱더 적노반의 결성 증가를 위해 노력했다. 그 사이 지나사변의 발발에 때맞추어 이주하로부터 방용필에 대해 인민전선운동방침에 의한 전술 변경의 지령이 있었던 것은 앞서 기재한 바와 같다. 한편 화학부문에서는 앞에 언급한 김태범이 중심이 되어 1937년 10월 이영훈을 책임자로 하는 조선석유 원산공장 적노반의 결성에 성공했으나 금속부문에서는 책임자인 김여섭(金麗燮)의 의식수준이 낮아 방용필의 독려에도 불구하고 적노반의 결성은 지지부진하게 진행되고 있는 상황이다. 이렇게 적노 하부조직의 진전과 반일대중단체 결성의 기운이 양성된 것을 간취한 방용필은 적노 지방중앙기관 조직의 기운이 무르익었다고 보고 이주하의 지휘를 받아 1938년 4월 동인을 지도자로 하고 방용필을 책임자로 하는 적색노동조합 원산좌익위원회의 결성을 완료한 것이다. 동 위원회는 적노조직 겸 민족해방통일전선 결성운동의 지방적 중앙지도기관이었고 유유록이 철도책임, 김여섭이 금속책임, 방용필이 화학책임을 겸무하게 되었다(동년 7월이 이르러 이영훈이 화학책임이 되었다). 동 위원회는 1938년 10월경까지의 사이에 차재영(車載永) 외 수명의 가입을 보았고 진영의 정비에 노력했다. 각 부문에 있어서 구체적 인민전선운동을 개관하면 우선 화학부문에서는 이영훈의 활동에 의해 조선석유 원산공장에 1938년 6월 친목회가 조직되어 회원 26명을 획득했고, 금속부문에서는 김여섭의 활동에 의해 그즈음 스포츠단 및 친목계의 조직에 성공하여 수십 명의 철공소 직공을 획득할 수가 있었다. 다시 철도부문에서는 방용필의 활동에 의해 동년 7월 5일을 기해 원산철도사무소 내 종업원 수십 명을 망라한 철우회라는 대중친목단체의 결성에 성공했다. 이상의 각 친목 또는 스포츠단체는 지도자에 있어 표면으로는 친목을 가정하고 이면으로는 반전반군사상을 선전하며 반일인민전선의 일익으로서 활약할 것을 기도하는 조직인 것인데 대부분의 회원은 최초 그 뜻을 알지 못하고 가입한 것이었지만, 각각 임금인상투쟁 등의 일상운제를 파악하고 활발한 활동을 전개하고 있었고 이중 가장 유력하고 또 조직적인 활동을 한 것은 철도종업원에 의해 조직된 철우회였다. 동회는 회원도 많고 비합법적인 『신호기』라는 기관지를 갖고 매 호 70부 정도를 제6호까지 발간해서 회원에 대해 반전반군사상을 주입하기에 광분했다. 이상과 같이 지나사변 발발 후에 전개된 인민전선운동은 상당히 뿌리 깊고 광범한 것인데, 전해 듣는 바에 의하면 방용필 및 유유록은 검거되었을 때 이번의 검거가 지연되고 앞으로 1, 2년간 운동이 계속된다면 원산철도사무소 관내 2천 수백 명에 달하는 종업원은 물론, 원산에 있는 금속 및 화학부문 방연의 노동자를 대부분 획득하고 어느 때고 무장봉기에 동원할 수 있는 준비가 완료될 것이라고 전망해도 충분할 것이라고 한 바, 금번의 검거에 실패했다면 유감스럽다고 탄식했을 것이다.

제7. 활동 중 가장 주목할 만한 것은 출판활동인데 앞서 언급한 『신호기』 외에도 지도기관 기관지로서 1936년 11월 11일부터 1938년 10월에 이르기까지 『노동자신문』을 매 호 30부 정도로 36호까지 발행하는 외에도 "지원병제 실시에 저항하라"는 제목 등 10종의 팸플릿을 발행했다. 아무튼 불온문서임시취체령에 위반되는 불온문서였고 원고는 주로 이주하, 최용달, 이강국, 방용필, 김태범 등의 집필과 관계가 있는 것이다. 출판책임은 최초에는 김진성이었으나 동인이 소련으로 간 후에는 송별립이 이를 담당했고, 1937년 12월 이후는 김재갑이 담당했다. 위 김재갑은 신의주 공립고등보통학교, 경성제국대학 예과를 거쳐 동 대학 법문학부에 입학했으나 대학교육은 노예교육이라고 하여 1937년 7월 자발적으로 퇴학했고 최용달의 소개로 이주하의 지도하에 들어가 실천운동에 종사한 자이다.

제8. 본 건에 파생하여 발간된 것으로 경성제국대학 내의 독서회 사건이 있다. 정진태 및 김재갑은 경성제국대학 법문학부 재학 중에 서로 주의적 교유를 지속했고 1937년 동 학부 학생 조동개(趙東凱) 외 수명을 권유하여 비합법적 적색독서회를 결성하고 마르크스 자본론 등을 교과서로 하여 수시로 집회를 개최하고 공산주의 연구에 몰두해 오다가 1938년 1월 회원 중 예과생을 분리하여 본과 그룹과 예과 그룹으로 개조했다. 이 독서회는 정진태의 지도하에 있었는데 1937년 12월 중 동인과 최용달과의 사이에 연락이 생긴 이래 최용달의 영향 아래 들어가 앞서 말한 본과, 예과별 조직 개조와 같은 것은 최의 진언에 의한 것이었다.

이 '함남적색노조 원산좌익위원회' 사건을 주도한 이강국은 해방 후 남로당의 2인자로 활동하다가 박헌영과 월북하여 북한에서 외무성 부상을 역임했으나 한국전쟁 직후인 1955년 '국가전복음모 및 반국가적 간첩테러 사건'으로 박헌영과 더불어 처형당하였다.[87] 그는 1906년 경기도 양주에서 양반 이기택(李起澤)의 2남으로 태어나서 1925년 3월 보성고등보통학교를 우등으로 졸업했다. 당시 일간지에는 "보성고등보통학교 제3회 졸업식은 작일 오후 1시에 거행하였는데 금년 졸업생은 59명 중 우등졸업생은 李康國(21)군과 高裕燮(22)군인데 둘이 모다 일학년 때부터 통학하였다하며 목적은 경성예과대학이라하며…"(『동아일보』, 1925. 3.6)라는 기사와 이강국과 고유섭의 사진이 실렸다. 그는 1925년 3월 보성고보를 수석으로 졸업하고 그해 4월 경성제대 예과에 입학하였던 것이다.

1924년에 5월에 개교(開校)한 경성제국대학에는 전국 각지의 수재들이 몰려들었다. 경성제대 예과 1회는 168명의 합격자 가운데 조선인이 44명이었다. 이 1회 입학시험에서 유진오는 일본인을 포함한 전체 수석을 차지하였다. 이강국은 당시 유진오, 허규(許逵)와 더불어 경성제대 3대 천재로 알려졌다.[88]

이강국의 경성제대 입학은 그의 운명을 바꾸어 놓았다. 대구고보 출신 박문규(朴文圭), 함흥고보 출신 최용달(崔容達)과 경기도 양주 출신으로 한학을 배우다가 보성고보를 수석 졸업한 이강국, 이들 세 사람은 경성제대 예과 2회 동기였다. 훗날 이들은 1930년대 식민지 조선의 혁명적 인텔리겐챠로서 노동운동과 사회주의운동에 적극 개입하게 되었

87) 전명혁, 「1930년대 이강국(李康國)과 코민테른 인민전선론 인식」, 『마르크스주의연구』 제5권 제3호(통권 제11호), 2008.8.

88) 李忠雨, 『京城帝國大學』, 다락원, 1980, 85~88쪽.

고 또 '비극적' 숙청의 역사에 연루되었던 것이다.

그들은 모두 경성제대 법문학부에 진학하여 1927년 법문학부 재정학 담당 조교수로 부임한 미야케 시카노스케(三宅鹿之助)로부터 맑스주의 정치경제학을 배우게 되었다. 맑스주의 이론에 빠져있었던 20대 후반의 청년 교수 미야케와 20대 초반의 제자 이강국, 최용달, 박문규의 만남은 그야말로 '고기가 물을 만난 격'이었다.

또한 이들 3인은 1926년 유진오, 전승범 등이 조직한 사회과학 이론 써클인 경제연구회(經濟硏究會)에 가입하여 활동하면서 당시 맑스의 『자본론』, 힐퍼딩의 『금융자본론』, 플레하노프의 『유물사관의 근본문제』, 부하린의 『유물사관』 등을 학습하였다. 그들은 1930년 3월 졸업과 함께 '미야케(三宅)경제학교실'의 조수(助手)로 채용되어 이강국은 정치공법 연구실, 최용달은 사법연구실, 박문규는 경제연구실에서 일하게 되었다.

1932년 2월 이강국은 베를린으로 유학을 떠난다. 그의 스승이자 동지인 미야케가 베를린에서 돌아온 지 10개월 후였다. 이강국은 경성제대 예과 2년 때인 1926년 6월 조준호(趙俊鎬)의 누이인 조갑숙(趙甲淑)과 결혼하였다. 조준호는 당시 자산 300만 원의 부호요, 여동생 조갑숙은 숙명여고보를 졸업한 재원으로 알려졌다(『동아일보』, 1926.6.25). 대학 조교 신분으로서 이강국이 독일유학을 떠날 수 있었던 것은 그의 처남 조준호로부터의 재정적 지원이 있었기 때문에 가능하였다.

이강국이 베를린으로 떠난 것은 단순한 학문적 유학은 아니었다. 그것은 그에게 맑스주의 경제학을 가르쳐준 스승 미야케의 권유와 추천이 있었을 것이다. 미야케(三宅)는 독일 유학 시 친교가 있었던 독일공산당 일본부 책임자 구니자키 데이도(國崎定洞)에게 이강국을 추천했을 것이다.[89] 이강국은 독일에 건너가 사회주의이론을 공부하는 한편 조선의 민족해방과 혁명을 위해 코민테른과의 직·간접적인 연락선을 확보하려 하였다. 미야케에 이어 베를린의 독일공산당, 코민테른과의 관계는 그의 제자인 이강국으로 이어졌다.

1955년 12월 이강국의 진술에 따르면 그는 "1932년 5월 독일에 도착하여 재독일공산주의자를 만나 지도를 받았습니다. 여기서 프롤레타리아 과학동맹에 가담하였고 혁명적 아세아인 회의에도 참가하였습니다. 1932년 10월 독일공산당에 가입하여 일본인 그루빠 책임자"[90]로 있었다.

1932년 2월에 출발하여 3개월 만인 1932년 5월 독일에 도착한 이강국은 베를린 법과대학 연구과에서 헌법과 행정법을 전공하는 한편, 주로 재독 사회주의자들을 만나면서 사회주의 이론을 공부하였다.[91] 이강국이 '프롤레타리아과학동맹'에 가담하였다고 하였는데 이는 당시 독일공산당 일본인 섹션 내의 준당원들이 주로 문화관계, 연극동맹관계, 작가동맹관계, 반제독일지부관계, 적색스포츠관계, 문예 및 미술관계, 프로과학관계, 반제기관지배포 등의 역할을 하였는데 그중 '프로과학관계' 일을 의미하는 것으로 여겨진다.[92]

이강국이 귀국하게 된 계기는 1934년 5월에 발생한 '三宅교수 적화공작 사건'이었다. 이 사건으로 그의 스승인 미야케와 정태식 등 동지들이 검거되었고 그는 베를린에 있었기 때문에 1934년 7월 19일 경성지법에

89) 京城地方法院檢事局(京高特秘第2410號). 1934.8.31, 93쪽.

90) 조선민주주의인민공화국 최고재판소, 「이강국 재판기록」, 1955.12(심지연, 『이강국 연구』, 백산서당, 2006 참조).

91) 朝鮮總督府 高等法院檢事局思想部, 「朝鮮思想事件判決 : 咸南元山府を中心とせる朝鮮民族解放統一戰線結成幷支那事變後方攪亂事件」. 1943.10, 164쪽.

92) 일본인의 독일공산당 입당자격은 이 무렵 상당히 엄격히 되어 이런 활동에서 어느 정도 검증이 되면 정당원의 자격을 부여했고 주로 구니자키(國崎)가 이를 결정했다고 한다(川上 武, 『流離の革命家―国崎定洞の生涯』, 勁草書房, 1976, 155~156쪽).

서 치안유지법 위반으로 기소중지 처분을 받았다.[93] 그는 귀국을 주저하였으나 나치스의 탄압과 일본영사관의 박해로 1935년 11월 미국을 거쳐 국내에 돌아왔다.[94]

이강국은 귀국하자마자 경찰에 체포되어 예심에 회부되었다. 경기도 경찰부에서 작성한 그에 대한 「意見書」에 따르면 그는 첫째, "베를린에서 독일공산당원으로 활동 중인 당시 동경제국대학 의학부 교수 구니자키(國崎定洞)에게 조선의 정세를 통보하고 구니자키(國崎)를 통해 조선의 운동을 국제공산당에게 소개하고 조선에서 주의운동을 전개하기 위해 협의하고" 둘째, "미야케(三宅鹿之助)로부터 伯林(베를린) 도항 후는 독일공산당원 구니자키(國崎定洞)의 지도를 받을 것을 명받고 구나자키(國崎)가 미야케(三宅)와 연락하여 조선 내에서 공산혁명운동의 원조에 종사할 것이라는 정을 알고 이를 승낙"하고 셋째, "스위스에서 발행한 독일어잡지 '룬드샤워'에 제13회 '플레남테제'가 게기(揭記)되자, 조선의 혁명운동을 활발하게 하기 위한 전시 목적을 달성하기 위해 최용달, 박문규, 유진오 등에게 밀송(密送) … 이를 등사하여 팜플렛으로서 실천운동의 투사에게 널리 배포하게 함으로써 미야케(三宅)와 정태식, 권영태와의 운동을 방조" 한 혐의를 받았으나 '경성제대그룹'의 최용달, 박문규가 기소유예 처분을 받아 이강국 또한 기소유예 처분을 받았고, 1935년 12월 28일 증거불충분으로 기소유예 처분을 받고 석방되었다.

이강국은 석방된 후 그의 처남 조준호가 사장으로 있는 을지로 2가 소재 동아증권주식회사 사원으로 일하였다. 그러나 이 무렵 서울에서는 미야케 교수의 집에서 40일간 숨어있던 경성트로이카그룹의 이재유가

93) 京畿道警察部, 「李康國 意見書」, 1935.12.13.
94) 金午星, 『指導者群像』, 大成出版社, 1946, 158쪽.

이관술 등과 '조선공산당재건경성준비그룹'을 조직하여 활동하고 있었고,[95] 함흥과 흥남의 조선질소비료주식회사 등을 무대로 1931~1934년 4차에 걸친 '태로사건'(태평양노동조합사건)에 연루되었던 이주하(李舟河, 1905~1950), 송별립(宋別立, 1911~?), 전태범(全泰範, 1912~?) 등과 원산지역의 철도노동자 방용필(方龍弼, 1916~?), 유유록(劉柳錄), 김여섭(金麗燮) 등을 중심으로 1936년 10월 원산지역의 '적색노동조합조직준비기관'을 결성하고 『노동자신문』을 창간하는 등 활발히 움직이고 있었다.

먼저 '제1차 태로사건'으로 투옥되었던 이주하는 1936년 2월 16일 함흥형무소를 만기출옥하여 원산으로 돌아와 4월부터 전태범, 방용필, 석표원, 나창빈 등 철도노동자들과 결합함으로써 '적색노동조합'운동에 착수했다. 이주하는 1936년 7월 폐결핵으로 원산의 임해장(臨海莊)에 요양 온 최용달을 정태식의 부인 김월옥(金月玉)을 통해 소개 받았다. 이주하 역시 감옥에 있을 때 폐를 상하였는데 요양을 잘 받아 회복되어 이에 대해 이야기 하였던 것이 첫 만남이었다. 원산의 혁명적 노동자 이주하와 '경성제대그룹'의 최용달의 운명적 만남이었다.

이후 서울에 돌아온 최용달은 1936년 10월과 1937년 2월 이주하에게 레닌의 『유물론과 경험비판론』, 『제국주의론』, 맑스의 『자본론』 등을 보내는 등 교류를 하였다. 원산의 활동가 이주하가 '경성제대그룹'의 리더 이강국과 만나게 된 것은 1937년 6월이었다. 이주하는 최용달을 통해 이강국을 한강교 부근 한강장(漢江莊)에서 만났다.

이때 이강국은 "쇼와 10년(1935년) 코민테른 제7회 세계대회에서 인민전선운동방침이 채택되었을 때부터 구주 제국의 공산운동전선에서는

95) 이재유의 '경성트로이카그룹'의 조선공산당 재건운동과 혁명적노동조합운동에 대하여는 김경일(2007, 푸른역사)을 참조할 수 있다.

인민전선운동이 점차 세를 얻고 독일 서반아에서는 인민전선파가 정권을 자기의 수중에 장악하기 위해 파쇼와 대항하여 과감하게 투쟁하고 불란서에서는 이미 인민전선파가 승리하여 정권을 장악한 상황이며 금후 세계의 공산운동은 인민전선이론을 기조로 하여 인민전선의 결성에 의해 제국주의타도를 향하여 진전해나가는 추세에 있다"며 조선에서의 인민전선운동의 전개를 주장했다.

1937년 6월경부터 이주하를 리더로 하는 원산의 선진노동자그룹인 '원산그룹'과 이강국을 리더로 하는 '경성제대그룹'이 실질적으로 결합한 것이다. 또한 1937년 12월 최용달은 독문잡지『룬트샤우 Rundschau』에 게재된 '에르고리 전쟁문제' '스페인문제' '중국공산당제15주년기념일에 부쳐' '중국인민의 독립과 자유를 위한 15년간의 전쟁' 등의 조선어역문 각 1부를 원산의 이주하에게 제공하였다. 물론 이의 번역은 이강국이 담당하였다. 같은 시기 이강국은 거금 2천 원을 운동자금으로 제공하기도 하였고 '코민테른 제7회세계대회결의' '코민테른제7회세계대회에서 피크의 연설' '조선공산당행동강령'의 조선어 번역문을 최용달을 통해 이주하에게 전달하는 등 헌신적으로 투쟁하였다.

1937년 6월 이강국을 만난 뒤 이주하는 원산으로 돌아가 방용필에게 운동방침의 변경에 대한 새로운 지침을 내렸다.

> 현금 세계제국주의 국가에 있어 파시즘의 대두, 특히 중국 및 조선에 있어 일본제국주의의 위기 절박에 수반하는 파시즘의 급진적 대두의 정세에 비추어 … 코민테른 제7회 대회에서 결의된 인민전선운동의 방침에 기초하여 … 민족해방통일전선을 결성 강화해야 할 것이다. 이를 위해 우리들은 종래의 적색노동조합 조직의 확대강화의 방침에로 일보 전진하고, 우리들 공산주의자에게 조선민족해방통일전선의 공동목표인 '일본제국주의 타도'의 슬로건

을 높이 들고, 이 공동목표 아래서 노동자계급만이 아닌 농민, 소부르주아, 학생, 인텔리켄챠, 각종 종교단체 기타 제계층 민족개량주의 및 각종반동단체들의 가운데까지 침투하고 … 이들 제층 민족대중을 지도하고 계급 없고, 성별 없고, 직업 구별 없고, 정당 구별 없는 초당파적 통일기관을 설치하고, 이를 중심으로 해서 민족해방통일전선을 결성할 결정적 시기에 도래하면 공산주의적 제조직의 영도하에 통일전선을 반일폭동전선으로 동원시킴으로써 지나사변을 내란으로 이끌고 우선 조선독립의 목적을 달성할 것이다.[96]

이와 같이 '원산그룹'은 이강국을 통해 코민테른의 인민전선론을 수용하여, 1928년 코민테른 6차 대회의의 '계급대계급노선'에서 광범위한 '통일전선'인 '인민전선'노선으로 그 방향을 전환하여 '초당파적 통일기관'을 설치하고 향후 민족해방통일전선의 최고 지도자인 '공산당'의 결성으로 나아가야 할 것을 지시하였다.

한편 경성제일고보 출신으로 경성제대 법문학부 국제법연구실 조교인 정진태(鄭鎭泰)는 1937년 4월 김재갑, 정방훈, 고광학, 조동개 등을 만나 "현재 조선은 자본주의 사회이기 때문에 생산, 분배, 기타 모든 부문에 걸쳐 자본주의적 모순 결함이 충만하고 사회불안은 날로 증대하여 정지할 줄을 모르고 우리들은 그 모순 결함을 제거하고 사회불안을 일소하기 위해 … 그리고 맑스주의는 자본주의적 모순을 분석하고 그 공산주의사회건설의 운동이론을 천명하는 점에서 가장 우수한 것임으로써 우리들 동지는 우선 공산사회건설의 운동이론을 파악하기 위해 맑스주의연구를 축적하지 않으면 안된다"고 하고, 1937년 7월 이주하를 만나 '조선의 독립 및 공산화를 위해 실천운동을 전개할 것'을 다짐하였다.[97]

96) 朝鮮總督府 高等法院檢事局 思想部, 『思想彙報』第21号, 1939.12, 188쪽.
97) 朝鮮總督府 高等法院檢事局 思想部, 『思想彙報』續刊號, 1943.10, 167쪽.

이후 정진태를 비롯한 '경성제대그룹'의 성원들은 1937년 8월부터 기관지 『노동자신문』을 발간하여 '원산그룹'의 주요 인물들에게 배포하는 일을 담당하였다. 『노동자신문』의 집필은 주로 이강국, 최용달 등 '경성제대그룹'과 이주하, 방용필, 전태범 등 '원산그룹'이 담당하였다.

'원산그룹'은 원산지역의 '적색노동조합조직준비기관'을 해소하여 1938년 4월 '적색노동조합 원산좌익위원회'를 결성하였다. 이강국, 최용달 등 '경성제대그룹'은 1938년 10월 18일 '원산사건'으로 조직이 와해될 때까지 '원산좌익위원회'의 일원으로 활동하였다. 그들은 1938년 10월 중순 우이동에서 이주하와 만나 "원산방면의 공산운동의 진전을 도모하기 위해서는 우선 산하 노동자에 대해 이론적 교양훈련을 실시하는 것이 급무임을 깨닫고 이 실시를 기도함으로써 그 교양훈련방안을 담당해 달라"는 이주하의 요청에 따라 원산의 선진노동자의 '교양훈련'의 구체적 방법을 논의하여 "1938년 10월 28일까지 이주하로부터 제1회강습생으로서 산하 노동자3명을 파견할 것, … 우이동에서 적당한 가옥을 물색하고 이를 빌려 동월 말경부터 수일간 동소에서 피파견노동자 교양을 위해 강습회를 개최할 것, 강습제목은 '경제공황 및 대중생활의 빈곤화' '파시즘 및 국제노동운동'으로 하고 이들 문제를 레닌주의에 기초하여 강석(講釋)할 것을 결정"하였다. 그러나 이 계획은 '원산사건'이 발생하여 실행되지 못했다.[98]

98) 전명혁, 「1930년대 이강국(李康國)과 코민테른 인민전선론 인식」, 『마르크스주의연구』 제5권 제3호(통권 제11호), 2008.8 참조.

9

홍인의 등 치안유지법 사건(1942년)

홍인의(洪仁義) 외 55명 예심종결결정(豫審終結決定)
(1942년 예 제34호, 昭和17年豫第34號, 京城地方法院)
홍인의 외 15명 판결문(1944년 형공 제349호, 1546호,
昭和19年刑公第349, 1546號, 京城地方法院)
이상호(李相昊) 판결문
(1945년 형상 제21호, 昭和20年刑上第21號, 高等法院)

이 문서는 1943년 10월 25일 홍인의(洪仁義, 40세) 등 56인에 대한 치안유지법 사건에 대한 경성지방법원 예심괘의 예심종결결정문과 홍인의 외 15명에 대한 경성지방법원 형사부의 판결문, 이상호(李相昊)에 대한 고등법원의 판결문으로서 그 내용을 살펴보면 다음과 같다.

먼저 경성지방법원 예심괘의 예심종결결정은 홍인의를 비롯하여 총 56명의 치안유지법 위반, 불온문서임시단속령 위반, 육군형법 위반 등 사건에 대한 예심 결정이다. 예심 대상 56인은 다음과 같다.

덕산인의(德山仁義, 홍인의), 대산주상(大山冑相, 이주상), 금택순룡(金澤順龍, 김순룡), 덕포청정(德浦清正), 덕산희영(德山喜永)에 대한 치안유지법 위반, 조선불온문서 임시단속령 위반, 이종갑(李鍾甲)에 대한 치안유지법 위반, 조선불온문서 임시단속령 위반, 육군형법 위반, 해군형법 위반, 산본병희(山本秉喜), 화산영주(華山永周), 좌정종활(佐井宗活), 임양려(林良麗), 암본현우(岩本鉉雨), 덕본광의(德本光毅), 아산진영(牙山軫榮), 방산용모(方山容模), 금천상준(金川相俊), 송본길평(松本吉平), 궁본권현(宮本權鉉), 대산순원(大山順元), 김학성(金學成), 횡전융웅(橫田隆雄), 평소명의(平沼命儀), 이가경희(李家敬姬), 송본일평(松

本一平), 여운철(呂運徹), 중원선래(中原善來), 송촌강홍(松村康弘), 유촌진강(兪村鎭綱), 백하종두(白河鍾斗), 유천석하(柳川錫河), 고광학(高光學), 마츠모토(松本重喆), 삼산선부(三山善夫), 서원재오(西原載午), 신구현(申龜鉉), 최산재선(崔山在善), 박진홍(朴鎭洪), 대산일영(大山一榮), 해기석(解基錫), 삼산금숙(森山金淑), 무촌무웅(茂村武雄), 이상호(李相昊), 최성세(崔成世), 계궁문웅(桂宮文雄), 황원순(黃原純), 청정환(淸井桓), 조동준(趙東浚), 유천태진(柳川太璡), 산본일근(山本一根), 풍전수홍(豊田修弘), 신원국웅(新原國雄), 송본문홍(松本文弘)에 대한 치안유지법 위반, 목자동화(木子東華)에 대한 치안유지법 위반, 육군형법 위반, 해군형법 위반, 유촌도신(柳村道信), 암촌상옥(岩村相玉)에 대한 치안유지법 위반, 절도, 송원문헌(松原文憲)에 대한 치안유지법 위반, 육군형법 위반 각 피고사건에 대해 예심을 마치고 결정함이 다음과 같다.

주문

피고인 덕산인의 동 대산주상 동 금택순룡 덕포청정 동 덕산희영에 대한 좌기(左記) 치안유지법 위반, 조선불온문서 임시단속령 위반, 피고인 이종갑에 대한 좌기 치안유지법 위반, 조선불온문서 임시단속령 위반, 육군형법 위반, 해군형법 위반, 피고인 산본병희, 동 화산영주 동 좌정종활 동 임양록 동 암본현우 동 덕본관의 목산항규 동 아산진영 방산용모 금천상준 송본길평 궁본권현 대산순원 횡전융웅 평소명의 이가경희 송본일평 여운철 고광학 마츠모토 최산재선 동 박진홍 동 대산일영 동 해기석 동 삼산금숙 동 무촌무웅 동 이상호 동 최성세 동 황원순 동 청정환 동 조동준 동 유천태진 동 산본일근 동 풍전수홍 동 신원국웅

동 송본문홍(이상 42명)에 대한 좌기 치안유지법 위반 피고인 목자동화에 대한 좌기 치안유지법 위반, 육군형법 위반, 해군형법 위반, 피고인 유촌도신 동 암촌상옥에 대한 좌기 치안유지법 위반, 절도, 피고인 송원문헌(이상 3인)에 대한 치안유지법 위반, 육군형법 위반 각 피고사건(총 45명)을 경성 지방법원 합의부의 공판에 부친다.

피고인 김학성 중원선래 송촌강홍 유촌진강 백하종두 유천석하 삼산선부 서원재년 신구현 계궁문웅(총 10명)을 면소한다.

본적 함경남도 홍원군운학면 차상리 44번지
주거 경성부 동대문구 전농정 160번지
직공 홍인의(洪仁義, 김동철) (40세)

본적 경성부 동대문구 제기정 148번지의 5
주거 경성부 영등포구 당산제 317번지
직공 산본병희(山本秉喜, 崔병희) (29세)

본적 강원도 강릉군 강릉읍 대정정 2번지
주거 동읍 대정정 86번지
직공 화산영주(華山永周, 鄭영주) (30세)

본적 강원도 강릉군 강릉읍 대정정 23번지
주거 대구부 동운정 481번 大森福植 집
附添婦 임양려(林良麗, 林春子) (30세)

본적 경성부 동대문구 돈암정 133번지

주거 동 동암정 294번지
경성여자의학전문학교 본과3년생
암본현우(岩本鉉雨, 이현우) (29세)

본적 함경남도 함주군 동천면 상신풍리 29번지
주거 경성부 중구 남미창정 번지불상
점원 덕본광의(德本光毅, 韓寬泳) (27세)

본적 평안북도 선천군 심천면 오봉동 241번지
주거 경성부 서대문구 죽첨정 1정목 18번지
경성치과의학전문학교생도
아산진영(牙山軫榮, 이진영) (28세)

본적 경성부 종로구 원서정 184번지
주거 경성부 동대문구 돈암정 245번지의 64
조선매약주식회사 사무원
박진홍(朴鎭洪) (31세)

본적 함경남도 북청군 신북청면 신북청리 1504번지
주거 경성부 동대문구 돈암정 63번지의 2
무직 무촌무웅(茂村武雄, 이신옥) (31세)

본적 충청남도 서산군 태안면 남문리 192번지
주거 동 태안면 상옥리 214번지
무직 이상호(李相昊) (30세)

본적 함경남도 안변군 안변면 영춘리 73번지
주거 경성부 종로구 삼청정의 56
재목상 황원순(黃原純, 황재오) (31세)

본적 인천부 화수정 275번지
주거 동정 275번지의 92
경성치과의학전문학교생도
풍전수홍(豊田修弘, 방인식) (26세)

본적 경성부 서대문구 행촌정 57번지의 4
주거 동 서대문구 공정정 60번지
전공(電工) 유촌도신(柳村道信, 유래초) (22세)

본적 대구부 동성정 2정목 140번지
주거 만주국 昂昂溪 福興街 101번지
전공(電工) 신원국웅(新原國雄, 주영복) (22세)

본적 경성부 서대문구 아현정 산7번지
주거 동 서대문구 염리정 3번지의 42
무직 송본문홍(松本文弘, 구연호) (27세)

본적 경성부 종로구 적선정 67번지
주거 위와 같음
경성제국대학 학생
삼산선부(三山善夫, 최학선) (29세)

다음은 홍인의 외 15명에 대한 경성지방법원 형사부의 판결문로서 그 내용은 다음과 같다.

위 홍인의에 대한 치안유지법 위반, 조선불온문서 임시취체령 위반, 산본병희, 화산영주, 임양려, 암본현우, 덕본광의, 아산진영, 박진홍, 황원순, 풍전수홍, 신원국웅, 송본문홍, 삼산선부에 대한 치안유지법 위반, 무촌무웅에 대한 범인은피, 이상호에 대한 범인장닉은피, 유촌도신에 대한 치안유지법 위반, 절도, 범인장닉 피고사건에 관해 조선총독부 검사 오쿠니(大國正夫)의 관여로 심리를 마치고 다음과 같이 판결한다.

주문

피고인 홍인의를 징역 7년에, 동 산본병희를 징역 2년에, 동 임양려를 징역 2년에, 동 암본현우를 징역 1년 6월에, 동 덕본광의를 징역 2년에, 동 아산진영을 징역 2년에, 동 무촌무웅을 징역 1년에, 동 이상호를 징역 1년 6월에, 동 유촌도신을 징역 1년 6월에, 동 삼산선부를 징역 1년 6월에 처한다.

미결구류일수 중 피고인 홍인의, 동 산본병희, 동 임양려, 동 덕본광의에 대해 각각 500일을, 피고인 암본현우에 대해 450일을, 동 아산진영에 대해 400일을, 동 이상호에 대해 200일을, 위 본형에 산입한다.

피고인 무촌무웅, 동 유촌도신에 대하여는 그 형기의 한도까지 위 본형을 산입한다.

피고인 암본현우, 동 아산진영, 동 삼산선부에 대하여는 3년간, 동 덕본광의에 대하여는 5년간 각각 위 형의 집행을 유예한다.

피고인 화산영주, 동 박진홍, 동 황원순, 동 풍전수홍, 동 신원국웅, 동 송본문홍은 무죄.

이유

첫째, 피고인 홍인의(洪仁義)는 어렸을 때 3년간 한문을 배우고 후에 본적지인 함경남도 홍원군 사립 학천보통학교를 졸업하고 만주국 간도의 영신중학교에 입학하였으나 학비를 계속 낼 수 없어서 퇴학하고 '러시아는 무산자라도 공부가 가능하다'는 말을 듣고 1925년 6월경 공부할 목적으로 함경북도 경흥군 군청소재지로부터 신아산을 거쳐 러시아 영토 포제트로 갔다. 농촌, 공장에서 일을 하며, 노동학원(아라파크)에서 공부를 했다. 1929년 9월부터 만1 년간 반도 크리미야 소재 조선공장의 직공을 하였고 1930년 9월부터 1932년 9월까지 크론스타트에서 발틱함대의 수병이 되어 그 해군에서 파견되어 모스크바 공산대학에서 약 2년간 공부를 한 후 시베리아 철도로 블라디보스토크로 돌아왔다. 그곳에서부터 조선으로 돌아온 1941년 10월 말 경성부 동대문구 전농정 160번지 동 피고인의 주거지에서 본 건으로 검거된 것이다.

1. 피고인 홍인의는 1930년 11월경 러시아 공산당이 사실상 코민테른을 지배하고 일본뿐만 아니라 전 세계에서 자본주의 파괴와 무산계급 독재 및 공산주의 사회 실현을 목적으로 하는 결사임을 알면서도 크론스타트에서 발틱함대 야체카를 통해서 입당원서를 제출하고 후보당원이 되었고, 1931년 11월경에는 동 당의 정당원으로서 정당원증을 받았다.

2. 1) 피고인은 1932년 9월경부터 1934년 5월경까지 위와 같이 모스크바 공산대학에서 공산주의 사회건설을 위한 학리원칙 기타 세계사, 일본본토 및 조선의 사정 등에 관한 공산주의적 교육을 받고, 동 대학을 졸업 후 코민테른 동양부의 지령에 의해 조선을 공산주의화할 활동을 위한 사명을 가지고 시베리아 철도를 타고 블라디보스토크에 갔다. 그

곳에서 코민테른 연락부로부터 여비로 일본통화 300원을 받고, 같은 9월 24일 국경을 넘어 함경북도의 웅기, 나진, 함경남도의 전진, 강원도의 삼방을 거쳐 9월 28일경 경성에 잠입하였다.

2) 1934년 12월경 소위 12월 체제(1928년 12월 코민테른 제6차 대회 종료 후 동양부에 조직된 조선문제위원회에서 결정한 조선공산당 재조직에 관한 요강) 및 9월 테제(1930년 9월 프로핀테른이 발표한 조선 문제에 관한 요강)을 기본으로 우선 경성을 중심으로 생산부문에 일하고 있는 자들을 조직하여 공산주의운동을 하기 위하여 김동철(金東喆)이라는 가명으로 경성부 서대문구 중림정 소개 경성 스프링제작소의 직공이 되었다. 1943년 9월경에는 재판소에 취적원을 제출하여 경성부 황금정 7정목 15번지로 호적을 신청하고 동지 획득의 기회를 살피고 있던 중 동 공장 직공인 피고인 산본병희(山本秉喜)를 알게 되었다. 상기 공작소가 청량리로 이주함에 따라, 1927년 7월부터 동 청량리 공장과 동일 건물을 사용하는 동화철공소 직공 김재병(金載丙)을 알게 되었다. 위 스프링제작소가 경성부 청량리로 이전한 후 1938년 7월경부터 동 청량리 공장과 같은 동에 있는 동화철공소 직공 고양희(高揚喜)와 김재병(金載丙, 1942년 6월 13일 경성부 남대문통 욱의전문병원에서 결핵성 뇌막염으로 사망함)과 서로 알게 되었다. 1938년 3월경 이래 위의 청량리 공장이 화재로 문을 닫고 새로 지은 경성부 동대문구 휘경정 스프링 제작소에서 위 김재병과 함께 직공으로 근무하던 중 동인이 공산주의자 운동자라는 것을 알고, 1939년 3월경 동 부 동대문구 전농정 160번지의 피고인 홍인의 거주지에서 김재병과 회견하여 서로 공산주의운동자라는 것을 털어놓고 피고인 홍인의는 코민테른의 지령에 의해 조선에 돌아온 것이라고 말했다. 이에 2명은 협력하여 조선의 공산주의화를 위한 운동을 하자고 약속했다.

3) 1939년 3월경부터 1940년 10월경까지 위의 전농정 160번지의 피고인 홍인의의 주거 또는 그 부근의 들판에서 여러 번 김병희와 회합하여 동인과 공산주의 이론에 관해 국가와 혁명, 조선혁명에서의 원칙문제, 농민과 노동자, 교양문제, 청년문제, 직업회, 좌익노동조합 결성요강에 대해 토론하였다.

4) 1939년 6월경 위의 홍인의의 주거에서 김병희로부터 원산사건(함경지방법원 쇼와 16년 형공 제82호, 83호 치안유지법 위반, 조선불온문서 임시취체령 위반, 출판법 위반 등 사건) 관계 비밀문서인 〈조선농민에 대해서〉, 〈노동자 신문〉(그 일부는 증 제44에서 46호 노동자신문과 같은 형태이다), 〈조선공산당행동강령〉, 〈12월 테제〉 및 〈9월 테제〉 등을 받아서 읽고 그 무렵 김병희와 동인이 검거되는 경우에는 경성부 종로구 성북정의 김한성(金漢聲, 1942년 1월 5일 경성 서대문 형무소에서 결핵으로 인해 사망하였다)과 연락할 것을 협의하였다.

5) 1940년 8월경 위의 경성부 전농정 160번지의 홍인의 주거에서 김재병에게 위의 원산사건의 미검거 동지와 연락을 하여 운동하게 된 것에 대하여 지도자인 이주하(李舟河)와 회견할 것을 종용받았지만, 피고인 홍인의는 아직 동지를 획득 중이고 충분한 준비가 안되어 있어 동지와 회견하는 것은 운동기술상 이른 것으로 그 시기가 아니다 라고 대답했다.

6) 1940년 11월 초순경 위의 피고인 홍인의의 주거에서 위의 김병재로부터 경성콤그룹 발행 명의의 〈코뮤니스트〉 등사판쇄 불온출판물 동년 9월호 및 11월(증 제635호, 636호와 같은 형태임)을 교부받은 후 그 무렵 동인으로부터 공산주의 동지가인 동지 김삼룡(金三龍)과의 회견을 권유받았다. 그 무렵 위의 피고인 홍인의의 집에 방문한 김삼룡과 회견하여 공산주의운동의 조직체 결성에 관한 협의하였다.

7) 1940년 11월 20일경 위의 경성부 전농정 160번지 피고인 홍인의 주거에 김삼룡을 따라온 공산주의운동의 지도분자 박헌영과 회합하고 이후 동인과의 연락은 위 김삼룡을 통하여 하기로 합의를 하고 김삼룡과는 성동역에서 다음에는 경성부내 성동역에서 회견하기로 약속했다.

8) 1940년 12월 20일경 위 약속에 따라 성동역 앞에서 김삼룡과 회견하고 동인으로부터 섬유부문 동지의 검거가 연기되었더라도 지금부터 인텔리 부문 및 가두부문(무직업자) 방면은 동지 획득의 가능성이 있으므로 이 방면에서 활동할 것을 협의하고, 다음에는 동월 22일경 경성부내 회기정에서 회견하기 합의하였으나 김삼룡이 검거되어서 위 기일에는 만나지 못했다.

9) 1940년 12월 하순경 위의 피고인 홍인의의 주거에서 김재병에게서 김삼룡 등이 검거되었다는 취지의 보고를 받고 이제부터 더욱 주의하여 운동을 할 것에 약속하고 함께 위의 경성스프링제작소 직공인 피고인 산본병희(山本秉喜), 중원선래(中原善來)를 교양하여 동지로 획득할 것을 협의하였다.

10) 1941년 2월, 3월경 경성부 내에서 김재병과 회합하여 1940년 12월경 경성 서대문경찰서에 이관술, 김삼룡 등이 검거되었으므로 더더욱 주의하여 운동을 전개할 것을 협의하였다.

1940년 8월경 위의 전농정 주거에서 김재병과 검거됨에 따라 공산주의운동의 기관지인 코뮤니스트의 발행은 중단되었다.

1940년 6월 독일과 소련의 전쟁이 시작된 이후 국제정세가 핍박하여 일본과 소련의 전쟁이 시작됨에 이르렀으니 일소 전쟁 시작의 좋은 기회를 틈타 우리들은 운동을 격화해야 하고 이를 위해 코뮤니스트를 계속 출판해야 한다고 협의하고 얼마 안되어 김재병으로부터 출판기술자, 출판 장소를 준비하라는 취지의 보고를 받고 피고인 홍인의는 동인에게 종종 편집 출판 및 반포 상의 주의를 주면서, 동시에 〈조선 피압박 세력 대중이여 궐기하자〉라는 제목 아래에 "우리는 조선 피압박노동자 대중 남녀노소여, 피에 굶주린 침략자를 이 땅에서 없애버리자"라는 첫머리 아래에, "전 세계의 프롤레타리아 조국으로 전 세계 피압박민족의 조국인 소비에트 동맹은 파시스트 독일에 대해서 전 세계 피압박민족의 자유와 해방을 위해 결사적 투쟁을 하고 있다. 야수와 같은 일본제국주의자 등은 소련 만주 국경에 군대기물 기타 물자를 모아서 우리 조국 소련이 일본 제국주의 아래에 신음을 하는 극동피압박 민중의 해방을 위한다고 하는 영웅적 침공을 방해하려고 노리고 있으니 각자 절박하게 다가오는 결사적 투쟁에서 마땅히 상습적 기능을 전부 발휘하여 역할을 다해야 한다. 일소 개전 때에는 곡괭이, 끌, 호미, 낫 기타로 무장하여 적대하여 조선 각 가정의 주부는 조선의 떡 기타 더울 때에는 냉수를, 추울 때에는 펄펄 끓인 뜨거운 국을 그들의 얼굴에 끼얹자. 전 세계의 프롤레타리아 혁명과 피압박민족해방을 위해 용감하게 싸우는 우리 소비에트 동맹 적군 만세", 기타를 기재한 원고를 작성하여 김재병에게 직접 전해주고 경성부 내에서 김한성 및 덕산희영(德山僖英)으로 하여금 동년 8월 중순 등사판을 사용한 위 원고 기타 기고에 기초한 〈선전〉, 동년 8월호인 위와 같은 내용, 기타를 모아서 기록한 국헌을 문란하게 하는 책자 약 40부(증 제43호와 같은 형태임)을 무허가로 출판하게 하고 동월 김재병, 이종갑, 평소명의(平沼命儀), 조중심 등은 배포하고 다른 동지 등은 반포하였다.

11) 1941년 8월경 경성부 내에서 김재병과 회합하고 동인에게 위의 선전 8월호는 신통치 않은 것에 대해 동년 9월부터는 피고인 홍인의에게서 그 편집 전 원고를 검열하겠다는 뜻을 지시하여 그 무렵 선전 9월호에 게재할 〈계급과 당〉이라는 원고를 작성하여 김재병을 교부하였고

동시에 동인으로부터 받았던 동지의 〈8월호 독후감상〉이라는 원고를 검열하여 이를 동인에게 돌려주었지만 김재병은 동년 9월 7일 피고인 홍인의는 동년 10월 말경 검거되어 그 출판을 하지 못했다.

12) 이에 앞서 1941년 7월, 8월경 경성부 내에서 김재병과 동인을 통하여 경성부내 견지정 대동광업사 사무원 김철수(金哲洙)를 동지로 획득할 것을 협의하였다.

이로써 범의를 계속하여 조선독립의 단계를 거쳐 조선을 공산주의화할 의도 아래 위의 러시아공산당의 목적수행을 위한 행위를 하였다.

둘째 피고인 산본병희(山本秉喜)는 8살부터 10살까지 한문을 배우고 11살부터 17살까지 농업에 종사했다. 그해 경성에 올라와 19세 9월까지 염과물 행상, 일용노동을 하고 그 후 경성부 황금정 3정목 삼포철공소, 동부 중림정 경성스프링제작소, 동부 죽첨정 포펫스프링 공장의 직공으로 근무한 후 위 경성스프링제작소 청량리 공장, 회경정 공장의 직공이 되었다. 1940년 5, 6월부터 경성부 영등포 일본정공회사 직공으로 근무하다가 1941년 10월 30일 본건으로 검거되었다. 피고인 홍인의와는 위 중림정 경성스프링 제작소에 근무 중 함께 직공이었던 동인과 알게 되었다. 위 청량리 공장의 직공으로 일할 당시 1938년 동 공장과 같은 건물 안의 동화철공소 직공 김재병과 알게 되었다.

1938년 5월경부터 경성부 전농정 뒷산에서 피고인 홍인의로부터 "소련에서는 만민이 동등하게 일하고 동등하게 먹는다. 이러한 사회에 비하여 조선의 우리 노동자들은 혜택을 받는 것이 없다. 자본가가 최소한의 임금을 주고 나머지의 모든 것을 취득한다"는 내용의 교양을 받고 공산주의 사회 실현을 희망하기에 이르렀다.

(1) 1939년 3월경 위의 휘경정 스프링 공장에서부터 돌아가던 중 경성

부 회기정의 길가에서 동 공장 직공 김재병에게 "러시아는 일찍이 조선과 똑같은 형태의 국가였다가 노동자가 단결하여 자본가에 반항하여 승리를 얻고, 노동자의 나라가 되었다. 우리 노동자가 단결하면 러시아 같은 국가가 되는 것이 가능하다"는 말을 들었고 그 후 동 공장에서 휴식시간 중 김병재에게 "동 공장 내에서 동지를 획득 단결하여 러시아와 같이 공산주의 혁명을 도모하자"는 취지의 말을 듣고 이에 찬성을 표했다.

(2) 1940년 5, 6월경 피고인 산본병희가 경성부 영등포 일본정공회사의 직공이 된 후 동년 11월 동부 영등포구 당산정 317번지의 피고인 산본병희의 주거에서 위 김재병에게, 경성콤그룹 발행명의의 등사판쇄 책자 〈코뮤니스트〉 동년 11월호를 받음과 동시에 이후 매월 첫째 월요일에 위 피고인 산본병희의 거주 부근에서 회합하는 것을 청하는 것을 승낙하여 그 무렵 코뮤니스트 11월호를 읽고서 그것을 불태워 버렸다.

(3) 1940년 12월부터 1941년 3월까지의 기간 동안 매월 첫째 월요일에 위의 당산정의 피고인 산본병희의 주거, 중촌제작소 앞 또는 경성부청 영등포 출장소 앞 도로, 기타에서 김재병과 회합하고 그 기간 동인으로부터 동지가 검거되었으므로 주의하라는 말과 기타 공산주의에 관한 대화를 하였고 피고인 산본병희는 김재병의 의견에 따라 그 운동을 할 것을 승낙하였다.

1941년 6월 위의 당산정의 피고인 산본병희의 집에서 대산주상(大山胄相)의 방문을 받고 위의 일본정공회사의 엄이라 불리는 직공의 일을 물어보는 일로 동인과 알게 되었다. 그 후 동년 8월 하순까지 사이 위 당산정의 거택 및 경성부내 영등포 비행장 부근 숲에서 위 대산주상으로부터 우리 노동자는 단결을 굳게 하여 자본가를 타도하지 않으면 안 된다는 말과 기타 공산주의적 말을 들었고 동인으로부터 동지에 적당한 인물을 물음을 받고 일본정공회사의 직공 이용진(李容辰), 최점득(崔点

得)의 일을 말하자 김재병에게 충분히 그 인물을 조사하여 획득공작을 추진하라는 주의를 받았다.

(4) 1941년 6월경 일본정공회사 공장에서 동 공장 직공 최점득에게 러시아는 자유평등이라고 하는데 그것이 진실일까 라고 말하고 동 공장 직공 이용진에게는 노동자는 얼마만큼 일해도 생선을 먹을 수 없다라는 뜻의 말을 하였다.

(5) 1941년 8월 하순경 경성비행장 입구 도로에서 대산주상으로부터 위의 첫째 (1)과 같은 선전 8월호 일부를 교부받아서 이를 읽었다.

이로써 범의 계속하여 사유재산제도 부인의 목적으로 그 목적인 사항의 실행에 관하여 협의하였던 것이다.

셋째 피고인 임양려(林良麗)는 본적지인 강원도 강릉군 강릉공립보통학교를 졸업하고 1922년 8월 강릉여자실습학교에 입학하였지만 그 다음해인 1923년 제2학기에 동교 생도의 동맹휴교 사건에 관여하여 정학처분을 받은 것으로 인해 퇴학하였다가 위 사건으로 1923년 11월경 경성부 서대문경찰서에 검거되었으나 다음해 1924년 5월 석방되었다. 그 후 서돈희(徐燉姬)라는 가명으로 경기도 시흥군 안양면 소재 안양직물회사의 여공에 취직하여 위와 같이 서대문경찰서에 유치되었을 때 함께 동 경찰서에 유치되어 알게 된 이종희(李種嬉)로부터 동 안양공장에서 불평분만 분자를 모아서 공산주의운동을 할 것을 권유받아 1924년 가을 동 공장의 단색투쟁에 가담한 적도 잇고 1935년 5월경 목포 직물공장으로 옮겼다가 7개월 후 위의 안양공장으로 되돌아갔다. 그러나 1938년 봄경부터 결핵성 경부임파선염병으로 동 공장으로 그만두고 본적지 강원도로 돌아왔다.

피고인 임양려는 "자본가도 지주도 노동자도 없이 모두 똑같이 일하고 똑같이 먹는 만인 평등의 공산주의 사회 실현을 희망하여 이러한 사회건설을 위해서는 자본가, 지주를 타도하고 그들의 손에서 공장, 토지를 빼앗을 필요가 있다고 생각하였다.

(1) 피고인 임양려는 1939년 11월 말부터 12월 초경 위 안양직물공장 여공 당시부터 동 피고인과 같은 동 공장의 여공으로서 동 피고인과 함께 단식투쟁에 가담한 적이 있던 공산주의운동자 이정숙(李貞淑)과 대산승렬(大山承烈)로부터 권유를 받아 경성에 왔다. 경성부 청량리 대산승렬 및 그 남편 공산주의 운동자 김삼룡의 주거에서 위 김삼룡의 처인 것처럼 가장하여 약 40일간 함께 거주하고 그 기간에 김삼룡으로부터 〈무산자정치교정〉 한 책자를 교부받아서 이를 읽고 위 책자 중에 있는 변증법유물론 등의 문구에 대해 위 김삼룡에게 질문하고 그 후 1940년 1월 위 김삼룡의 지도에 의해 직장을 구해서 인천으로 갔다.

(2) 1940년 1월 인천의 직업소개소에서 공산주의운동자 이순금(李順今)과 알게 되어 동녀의 권유에 의해 인천부 송현정 72번지 성백선(成白善) 집에 가서 공산주의운동자 대산주상과 부부로 가장하여 약 40일간 한 집에서 같이 살았다. 그 기간에 공산주의운동자 이관술(李觀述)을 알게 되었다. 위 이순금에게 교부받았던 마르크스 강좌를 읽고 동녀에게 그 설명을 들었다.

(3) 1940년 2월, 위와 같이 서돈희라는 가명으로 인천부 본정 4정목 7번지 목촌간호부회(木村看護婦會)에 입회하고 동년 4월 중순 위의 이관술, 이순금의 지도에 따라 동부 송림정 186번지 윤성태(尹聖台) 집으로 주거를 이전하고 다시 동부 금곡정 박애란(朴愛蘭)의 집으로, 다시 동부 경정 5번지 이주선(李柱先)의 집으로 전전하며 주거를 옮겼다. 그 기간인 1940년 8월경 이순금에게서 공산주의운동 기관지 〈코뮤니스트〉 동년 8월호를 교부를 받아서 읽고 위 박애란 집에서 위 이순금의 소개

로 공산주의운동자 이영식(李永植)과 박헌영을 알게 되었다. 위 이순금의 지도에 따라 위 박헌영과 부부로 가장하여 위 이주선 집에서 함께 살면서 박헌영으로부터 일지사변, 독영전쟁 등에 관한 것 및 "러시아는 공산주의 국가로 노동시간은 짧고 노동자의 생활조건은 좋다"라는 말을 들었다.

(4) 1940년 12월 위의 이순금의 지도에 따라 주거를 인천부 송림정 220번지 안전(安田)의 집으로 옮겨서 위 박헌영과 부부처럼 가장하여 함께 살고 위 목촌간호부회를 그만두었다. 1940년 2월 박헌영 및 이순금의 지도에 따라 검거를 피하기 위하여 동인 등의 주거인 인천부 창영정 85번지 김천복(金天福) 집으로 옮겨 살고 있었는데 위 2명으로부터 인천에서 사는 것은 검거될 우려가 있으므로 대구부로 가서 위 2명이 오기를 기다리고 있으라는 말을 듣고 피고인은 소형등사판 용구 및 인천에서 위 박헌영, 이순금 및 피고인 임양려의 의류를 공의전당포에 저당 잡히고 1940년 2월 14일 인천을 출발하여 담날 15일 대구에 도착하였다. 동부 남산정 228번지 배성옥(裵成玉) 집에 하숙하고 동부 동운정 축성간호부회에 가입하였다. 동년 5월부터는 위 동운정 481번지 대삼복식(大森福植) 집으로 하숙을 옮기고 박헌영, 이순금이 오기를 기다리고 있었으나 동인 등은 오지 않았다. 동년 5월경 위의 저당물건의 유질(流質: 전당 잡힌 물건이 기한이 넘어서 찾을 수 없게 되는 것)을 막기 위해 위 공의 전당포에 이자 약 2원 50전을 송금하였다.

이로써 범의를 계속하여 사유재산제도 부인의 목적으로 그 목적인 실행에 관하여 협의를 하였던 것이다.

넷째 피고인 암본현우(岩本鉉雨)는 경성부 성북정 사립 삼산보통학교에서 2년간 배운 후에 경성 숭인공립보통학교, 경성여자상업학교를 졸업 후 1924년 4월 경성 공민학교 타이피스트와 및 실철부기과에 입학하여 1935년 3월 졸업, 다음해 경성여자의학전문학교 전신인 경성의학강습소에서 배우다가 1937년 4월부터 경성보육학교에 입학, 곧 위 의학강습소로 돌아갔다. 1938년 5월 경성여자의학전문학교에 입학하여 그 본과 3년 재학 중 1941년 9월 28일 본건으로 검거되었던 것이다. 피고인 암본현우는 상업학교 재학 당시부터 동급생 심계월(沈桂月)로 개명된 이름 평송풍자(平松豊子)의 소개에 의해 이인행이란 사람과 서로 알게 되어 동인으로부터 〈자본주의 계략〉이라는 서적을 교부받아서 읽고 1928년 3월경 위 이인행, 심계월 등과 함께 경성용산경찰서에 검거되어 약 2주간 유치되었다. 그 후 여용구(呂容九)라는 자와 교제를 하였고 동인이 1938년경 경기도 경찰부 외사과에 외첩사건으로 검거되었을 무렵 피고인 암본현우도 검거되었던 것이다. 동 피고인은 위 자본주의 계략을 읽고 공산주의 실현에 대해 호의를 갖기 시작했다.

(1) 1939년 5월 1일 경성여자의학전문학교에서 공산주의운동자 강경자(姜京子) 개명된 이름 대산귀남(大山貴南)의 밀사 이영자(李英子)로부터 쪽지를 건네받고 대산귀남과이 회견을 요구받았다. 다음날 경성부 종로구 명륜정 1정목 이영자의 집에서 대산귀남과 회견하고 그 부근 경성여자의전 뒷 광장에 이르러 동녀로부터 학교 형편, 가정 사정을 질문받았다. 그 후 동월 중순경까지 동 장소 및 중앙불교전문학교 앞에서 각1회 위 대산귀남과 만나 학교, 독서 등을 물었는데 동녀는 바쁜 관계로 대신할 사람을 소개받고 그 연락방법을 교육받았다. 이 기간에 피고인 암본현우는 위 대산귀남으로부터 “공산주의운동을 할 동지가 있는가”라는 물음에 “용산서에서 석방된 이래 누구도 만나지 않는다”라고 대답한 적이 있는데 위 대산귀남은 동 피고인이 공산주의운동으로 일하고 있다는 것을 헤아려 알게 되었다.

(2) 1939년 5월 하순 대산귀남의 지도에 따라 경성부 서대문 마포행 전차정류장 부근에서 공산주의운동자 김삼룡과 회견하고 함께 동부 효창공원에 갔다. 그 후 동년 7월까지의 기간 동안 동 효창공원 E는 동부 장충단 공원에서 김삼룡과 2, 3회 회합하였다. 이 기간 동인으로부터 가정 사정, 독서, 취미, 학교의 정황에 대한 질문 받고 지나사변에 대한 뉴스를 듣고 그 전쟁은 일본이 중국에 대한 침략적 야심에서 야기된 것이라는 뜻의 말을 들었다. 동인의 질문에 "경성여자의전 생도 중에는 주의적 공부를 할 사람은 한 명도 없다"고 대답하였다. 위와 같이 동년 7월 장춘단공원에서 김삼룡과 회합할 때 동인으로부터 〈노동자 리플렉트(반향)〉 1, 2호라는 불온문서 각 1부를 교부받아서 이를 읽었다.

(3) 그 후 오랫동안 김삼룡과 만나지 못하다가 1940년 5월 위 여자의전에서 집으로 돌아오는 도중 김삼룡을 우연히 만나서 다시 만날 것을 약속한 후 동년 7월 3일경 위의 장춘단 공원에서 김삼룡과 회견하였다. 동인으로부터 다른 인텔리 친구를 소개하여 주겠다는 뜻 및 그 연락방법을 지시받았다. 이에 따라 동년 7월 14일 경성부 동대문구 청량리 경성제국대학 예과 앞에서 공산주의의 운동자 금택순룡(金澤順龍)과 만났고, 동인으로부터 학교 사정을 질문 받았다. 그 후 동년 7월 하순과 8월 상순 2회 동소에서 동인과 만나 동인으로부터 인텔리의 설명을 듣고 위 8월 하순 무렵에는 〈코뮤니스트〉라는 등사판쇄 불온문서 5, 6, 7월호(증제648에서 644호와 같은 형태임) 각 1부를 교부받아서 이를 읽었다.

(4) 1940년 7월 3일경 위와 같이 김삼룡과 장춘단 공원에서 만날 때에 동인으로부터 위 여자의전 동급생 중 어떤 일에도 열심인 인물을 질문받자 피고인 암본현우의 동급생 홍숙희(洪淑姬) 개명된 이름 대산나미(大山那美)의 이름을 말하였다. 그 후 동년 가을 위 김삼룡의 의도가 공산주의운동의 동지 획득에 있다는 것을 알면서도 경성여자의학전문학

교 내에서 위 대산나미에게 "인간상식을 풍부히 하기 위해 선생을 소개하겠다"고 하고 김삼룡을 만날 것을 권유하였다.

이로써 범의를 계속하여 사유재산제도 부인의 목적으로 그 목적인 사항의 실행에 관하여 협의하였던 것이다.

다섯째 피고인 덕본광의(德本光毅)는 본적지인 함경남도 함주군 동천면 동천공립보통학교, 함흥공립고등보통학교를 졸업하고 1936년 4월 경성 보성전문학교 상과에 입학, 1939년 3월 동교를 졸업한 후 만주국 봉천 소재 삼영제과주식회사 판매부에 취직하였으나 동년 8월 사직하고 경성 및 전라북도 정읍의 아버지 밑에서 있다가 1940년 2월 동경으로 건너가 체신성 오키쿠보(荻窪) 시험소 고장계 임시고원에 취직하였으나 병으로 동년 10월 사직하여 조선으로 돌아와 함흥의 아버지 밑에서 병기운을 요양하고 쇼와 16년 2월 상순 경성에 가서 장곡천정 주식회사 전촌구상점 점원에 고용되었던 중 본 건으로 쇼와 16년 8월 20일 검거되었던 것이다. 피고인 덕본광의는 함흥고등보통학교 재학 시 5월 1일 메이데이 밤에 소요를 일으켜 함흥경찰서에 검거되었지만 곧 석방되었던 것이 있다. 위 보성전문학교 입학 후에는 동교의 교수 등의 감화를 받아 『경제학대강』 기타 좌익서적을 읽고, 공산주의 사상에 공명하여 자본주의는 자기모순에 인해 필연적으로 붕괴하고 공산주의 사회의 실현시키는 것을 기대하였다.

(1) 1939년 3월 중순 경성부 내 피고인 덕본광의 하숙에서 보성전문학교에서 동 피고인의 동급생 이종갑(李鍾甲)으로부터 졸업 후에도 사회과학 연구를 게을리 하지 말고 그 방면에 매진하라는 권유를 받고 이를 승낙하였다.

(2) 1939년 9월경 경성부 명륜정 이종갑의 집에서 당시 직장을 떠나는

것에 신경질이 나있던 피고인 덕본광의는 이종갑에게 '공산주의 실천운동이 급선무라는 것'을 역설하자 이에 대하여 '이종갑은 정말 정세가 핍박하여 실천운동을 할 필요가 있을 지도 모르겠지만, 초조해 할 필요는 없다'는 뜻으로 이를 제지하였다.

(3) 1939년 말 당시 피고인 덕본광의는 영화 연구를 하면서 취직할 곳을 찾고 있었는데 경성부 명치정 '명치다방'에서 이종갑으로부터 '영화공부는 지류이고 공산주의 연구가 본류인 취지가 한쪽으로 기울어졌다고 했다. 이에 대해 피고인 덕본광의는 경성부 명륜정 이종갑 집에서 동인에게 "우리는 유물론적 맑스주의적 입장에서 사물을 보는 것을 진리라고 생각해왔지만 반대의 유심론적 입장도 역시 연구할 만하다"라는 취지의 말을 했는데 이종갑에게서 "너는 흥분한 모양이니 조금만 다시 생각해보라"는 취지의 반박을 당했다.

(4) 1940년 10월 하순 도쿄에서 귀국했을 무렵 이종갑 집에서 동인에게 "조선의 문화는 도쿄에 비해 100년도 뒤에 있고 일본인에 비해 조선인은 공부를 못하였다. 일본에서는 전쟁에 대한 긴박감이 결여 되어 있고 농촌은 노동력이 부족하여 피폐해지고 있으며 귀환용사도 불평을 하고 모양으로 표면에 나타나지는 않아도 여러 가지 무언가 획책되고 있는 것 같은 생각이 든다"는 취지의 말을 한 것에 대해 이종갑은 "조선에서도 표면에서 활발하게 움직이는 사람도 많다"라는 취지의 말을 하였다. 그 후 피고인 덕본광의는 일단 고향마을로 돌아갔다.

(5) 1941년 1월 하순 위 이종갑의 호출로 경성으로 돌아와 동인의 소개로 동인이 근무하고 경성부 장곡천정 직물잡화도매주식회사 전촌구상점 점원이 되었다. 그 후 낮 쉬는 시간 등에 이종갑과 함께 경성부 내본정, 명치정, 덕수중 주변을 산보하면서 공산주의 이론에 관하여 토론했다.

(6) 1941년 3월경부터 동년 8월경까지 매주 목요일 양인은 경성부 내 장곡천정, 명치정, 설다방 기타에서 이종갑과 회합하고 동인으로부터 『1905년의 의의』, 『자본주의 계략』, 『조직론』 기타 서적을 빌렸고 함께 사회과학에서 실천적 이론의 중요성, 국내 및 국제 문제, 실천운동의 주의사항, 동지 획득 및 연락방법, 전략적인 자세한 사항 등에 관하여 토론하였다.

(7) 1941년 6월 12일 낮에 경성부 명치정 길가에서 위 이종갑으로부터 "경성에는 종래의 파벌성을 청산할 동지들의 움직임이 있는 모양인데 이와 함께 실천운동을 하도록 열심히 권유를 받아 피고인 덕본광의는 이를 승낙하여 동월 중순경 명치정의 황혼다방에서 이종갑으로부터 젊은 학생 2명을 청량제로서 소개해 주겠다는 뜻의 약속을 받았다. 1941년 6월 19일경 점심시간 중 경성부 태평통의 덕수궁에서 학생, 기술방면의 학생을 소개하니 인수하여 지도할 때라는 말과 함께 그 연락방법을 알려주겠다고 하자 피고인 덕본광의는 이를 승낙하였다.

1) 이에 따라 피고인 덕본광의는 금천병하(金泉炳夏)라는 가명으로 철공장 경영에 관한 중요한 상담을 할 때라는 뜻의 편지를 작성하여 이를 이종갑에게서 피고인 아산진영(牙山軫榮)에게 우편으로 보냈다. 피고인 덕본광의는 그 지정 일시, 장소인 동 6월 24일 오후 7시 명치정 당구장에서 경성치관의학전문학교 생도 이씨 성 아산진영과 만나서 동 피고인과 함께 설다방, 미송다방에서 위 철공업에 관해 대화하고 동 소에서 사직공원으로 가는 도중 독소전에 관한 시국이야기를 하고 동 공원에서 다시 만날 것을 약속하고 헤어진 후 이 만남을 위 이종갑에게 보고하였다.

위의 약속에 따라 동월 26일 오후 3시경 덕수궁에서 피고인 아산진영과 만나서 동 피고인에게 "전에는 공장경영의 이야기를 하기 위해 만난 것은 아니고 어떤 자의 지령에 의해 사회관을 들으려 했는데 자신은 사회운동을 하는 사람이라면 선전을 의뢰하려고 했다고 털어놓고 아산진영의 승낙을 얻고 다시 만날 것을 약속하고 헤어진 후 피고인 덕본광의는 이 만남의 전말을 위의 전촌구상점에서 이종갑에게 보고하였다.

2) 1941년 7월 3일 전촌구상점의 점시시간 중 경성부 명치정 길가에서 위 이종갑과 만나서 동인으로부터 문학방면의 학생을 소개할 것과 그 연락방법을 지시받았다. 위 지시방법으로부터 동월 6일 경성부 태평로 남대문 도로상에서 연희전문학교 생도 심재봉(沈載鳳) 개명된 이른 송본길평(松本吉平)과 만나 동인과 함께 동 부 본정 입구 청수당 이층 식당, 본정, 또는 다방에 들어가서 위 송본길평의 병 기운 및 문학 등에 관한 대화를 하고 다시 만날 것을 약속한 후 위 정황을 이종갑에게 보고하였다. 위 약속에 따라 동월 8일 경성부 죽첨정 자연장다방에서 위 송본길평과 만나서 문학 이야기를 하며 동인에게 조선경제연보 1권을 주면서 동인과 알게 된 것은 뚝섬유원지의 베비골프장에서 우연한 기회에 의한 것으로 하자라는 뜻을 제의하였는데 송본길평은 그 필요가 없음에 이에 응하지 않았다. 두 명은 다시 만날 것을 약속하고 헤어졌고 피고인 덕본광의는 위 정황을 이종갑에게 보고하였다.

이로써 범의를 계속하여 사유재산제도 부인의 목적으로 그 목적인 사항의 실행에 관하여 협의를 하였던 것이다.

여섯째 피고인 아산진영은 1940년 3월 신의주공립보통학교를 졸업하고 1942, 43년 사이 만주국 사평가 심상고등소학교 고등과에서 공부하고 1933년 4월 평북 선천읍 소재 신성학교에 입학, 1935년 3월 동교 2년을 마친 뒤 동년 4월 경성 중앙고보 3학년에 입학하여 1938년 3월 동교를 졸업하였다. 1939년 4월 경성치관의전문학교에 입학하였으나 병으로

1940년 말부터 1941년 5월 중순경까지 휴학하고 동교 2년 재학 중 1941년 8월 24일 본 건으로 검거된 자이다.

피고인 아산진영은 위 고등보통학교 시절부터 예전에 위의 성신학교 재학 중 알게 된 한낙규(韓洛奎)로부터 "이 사회는 불공평하여 모든 일이 돈의 힘, 물질의 힘뿐인데 사회는 공평하지 않으면 안된다"는 말과 기타를 듣고 위 한낙규를 우수한 사람으로 생각하고 그를 믿어서 위 고등보통학교 5학년 무렵부터 사회를 생각했다. 1937년 5학년 때 『두번째 가난이야기』를 읽고 공산주의 사회의 출현을 기대하게 되었다.

(1) 1939년 말경 위 고등보통학교 동급생인 경성고등공업학교 생도 방산용모(方山容模)의 경성부 명륜정 하숙집에서 동인 및 위 고등보통학교의 동급생인 경성의 보성전문학교 생도 금천상준(金川相俊)에게 "물질과 마음에서는 물질이 우선하는 것이 된다"는 뜻의 유물론적 이야기부터 "현재의 자본주의 사회는 내재된 모순으로 인해 필연적으로 붕괴하고 공산주의 사회로 된다"는 뜻의 이야기를 했다. 그 후에도 위 방산에게 공산주의에 관한 이야기를 하였다.

(2) 1940년 9월 경성부 서대문구 죽첨정 1정목 18번지 피고인 아산진영 하숙집에서 예전 1939년 봄 한낙규의 결혼식 때 알게 된 공산주의운동자 이종갑으로부터 사회문제 방면의 연구를 하려면 유물론 철학이 정확해야 한다는 것을 지적하며 그 연구를 위하여 『유물변증법 강화』라는 서적의 독서를 권유받아 이를 승낙하고 동월 20일 동 서적을 대여받았지만 학교 시험이 10월 상순부터 시작하여 이것을 일단 이종갑에게 돌려주었다.

(3) 1940년 10월 초순 경성부 서대문구 죽첨정 피고인 아산진영의 집에서 경성 치과의학전문학교 동급생 산본일근(山本一根)에게 인생의 번뇌는 종교에 의해서 해소되는 것이 아니고 유물론 철학인 사회과학을

연구하여 이로써 진리를 파악함에 따라 해결된다는 취지, 현재의 사회는 불공평하다는 취지를 말하고 사회과학의 연구를 권유하였다.

(4) 1930년 11월경 피고인 아산진영의 위의 거택에서 이종갑에게 경성치과의학전문학교 생도 중에도 사회과학에 흥미를 갖고 이 방면의 독서를 하는 자가 4, 5명 있다고 말하고 동인으로부터 『유물론변증법 강화』, 『국가와 혁명』, 『좌익 소아병』이란 서적을 대여 받고 그 후 1941년 5월경까지의 기간에, 1941년에 들어와서는 매주 이종갑을 방문하여 동인으로부터 위 『유물론변증법 강화』에 관한 설명을 들었으며, 공산주의 진리를 함께 공부하여(會得) 이를 신봉하였다.

(5) 1940년 11월 위의 아산진영의 하숙에서 위의 산본일근에게 『경제학 입문』(소련중학교의 교과서라 하는 책임), 『자본주의 사회의 붕괴』라는 책을 빌려주고 유물론 설명을 하였다.

(6) 1940년 11월 중순 경성부 종로 부근 미나도 다방에서 경성치과의학전문학교 동급생 풍전수홍, 유천태진에게 "사회는 역사적 관점에서는 농노시대, 봉건시대, 자본주의 시대로 변천되어 왔으나 앞으로는 공산주의 사회가 실현되면 소설을 읽더라도 그 이야기의 배경인 시대에 주의해야만 한다"는 취지의 말을 하였다.

(7) 1940년 10월경 위의 풍전수홍, 산본일근, 유천태진은 위의 피고인 아산진영의 죽첨정 하숙에 동 피고인을 문병하러 왔을 때, 동 피고인은 동인들에게 사회과학 연구를 열심히 하라고 권유하였다.

(8) 1941년 5월, 6월 위의 산본일근의 경성부 집에서 동인으로부터 『마르크스주의와 기독교』라는 서적을 빌리고 동인에게 『어디로 가는가』라는 서적을 빌려줬다.

(9) 1941년 5월 23일경부터 동년 6월 하순까지 기간에 피고인 아산진영의 위 죽첨정 하숙에서 위의 이종갑으로부터 사회과학연구의 동지 획

등, 사회과학에서의 실천이론의 중요성에 관한 교양을 받음과 동시에 『1905년의 경험』이라는 책을 대여받았다.

(10) 1941년 5월 위의 산본일근의 집에서 동인에게 변증법의 근본법칙을 이해하는 데 가장 적절한 책으로 『유물변증법 강화』 1권을 대여하고, 그 무렵 동인으로부터 『인프레이션 연구』라는 책 1권을 빌렸다.

(11) 1941년 6월 초순경 피고인 아산진영의 위 집에서 『1905년의 경험』이라는 책을 위 유천태진에게 빌려주었다.

동월 하순경 동 집에서 위 산본일근, 풍전수홍, 유천태진과 만났을 때 동인 등에게 이제부터 토요일은 피고인 집에서 만나 철학을 토론할 것을 제의하여 동인 등의 승낙을 얻었다.

(12) 1941년 3, 4월경부터 피고인 아산진영의 본가가 함경북도 성진부내에서 철공업을 경영하고 있음에 피고인 아산진영은 동년 6월 20일 금천, 이병하라는 가명을 사용한 피고인 덕본광의가 편지로 위 철공업에 관하여 만남을 신청하자 동월 24일 오후 7시경 경성부 명치정 명치당구장에서 동인과 만나 함께 명치정 설다방에서 위 철공업에 관한 이야기를 하고 동소로부터 사직공원으로 가는 도중에 독소전에 관한 시국담을 한 뒤 동 공원에서 다시 만날 것을 약속한 후 헤어졌다. 위 약속에 따라 동월 26일 오후 3시경 덕수궁에서 피고인 덕본광의와 만나 동 피고인으로부터 전에는 공장경영의 이야기를 하기 위해 만난 것이 아니라 어떤 사람의 지령으로 사회관을 듣기 위한 것이었는데 자신은 사회운동을 하는 사람이라면 선전을 의뢰하려 했다고 털어놓자 피고인 아산진영은 이를 승낙하여 다시 만날 것을 약속한 후 헤어졌다.

이로써 범의를 계속하여 사유재산제도 부인의 목적으로 그 목적하는 사항의 실행에 관하여 협의했던 것이다.

일곱 번째 피고인 무촌무웅(茂村武雄)은 함경남도 북청군 양천면 양천공립보통학교, 경성 제1공립고등보통학교를 졸업하고 1941년 4월 경성제국대학 예과 문과 을류에 입학, 1937년 4월 동 대학 법문학부 법학과에 진학하여 1940년 3월 동 대학을 졸업했다. 일시 경성의 사립인문중학교 교사로 취직하여 영어, 국어, 국사를 가르치고 동년 11월에 그만두고, 경성부 영등포에서 이 아무개 및 죽전(竹田) 아무개와 함께 1941년 7월경까지 운반업을 경영하고 있던 자이다. 1941년 9월 3일 오후 12시경 경성제대 동급생 고광학(高光學)으로부터 1939년 7, 8월경 건축청부업자로 소개받아 알게 된 김한성(金漢聲)이 동인의 공산주의운동으로 경찰관으로부터 추적을 당해 경성부 동대문구 돈암정 63번지의 2호의 피고인 무촌무웅의 집에 팬티 한 장만 입고 도망 와서 회색 점퍼와 회색 바지 각 한 벌을 빌려달라고 함과 동시에 김한성이 그 장소에 있던 동 피고인의 검은 안경 한 개를 빌려서 가지고 간 것을 용인하였다. 그때 김한성으로부터 이씨 성 마츠모토(松本重喆) 집에 가서 "지금 경찰의 검거가 있으므로 친구 집 등에 남아 나오지 말라"고 전해달라는 취지의 의뢰를 받고 그 다음날 아침 경성부 종로구 창성정 138번지의 1호 마츠모토의 집에 가서 동인 및 동 피고인과 함께 경대 재학 중부터 위 마츠모토를 1년 후배로 알고 있었다. 동 마츠모토에게 동인이 사상사건으로 검거당할 우려가 있는 것을 알면서 경찰의 검거가 있을 것 같으니 친구 집 등에는 놀러 다니는 것을 보류하는 것이 좋겠다고 말했다. 이로써 범의를 계속하여 범인 도피에 편의를 주었다.

여덟째 피고인 이상호는 경성 청운공립보통학교를 졸업하고, 경성 제2고등보통학교 제3학년 때 경성 사립보성고등학교로 전학하여, 동교를 졸업하고 이어서 경성법학전문학교를 졸업하고, 동경법정대학 법문학부 법률과 1년을 수료 후, 쇼와 14년 4월 동경 사립입교대학 사학과에 입학했는데도 일본인 조선인에 대한 차별대우가 있다고 생각하고 민족감정이 흐르기에 이르렀다. 쇼와 15년 5월 사상사건 용의자로 동경 삼병경찰서에 검거되었던 것으로 중도 퇴학하고 조선으로 돌아와 가사를 도우며 지내고 있던 자이다.

쇼와 16년(1941년) 9월 4일 오후 10시경 법학전문학교 재학 중부터 친구이자 동창생인 조재옥, 개명된 이름 덕포청정이 김한성의 집에 하숙하고 있는 관계로 알게 된 김한성이 경성부 돈암정 296번지이 16호 피고인 이상호의 집에 발목에 피를 흘리며 찾아와서 지금 종로경찰서 고등계형사로부터 쫓김을 당하여 도망치고 있으니 오늘 밤만 묶게 해달라고 부탁하자, 피고인 이상호는 위 김한성이 주의적 인물로서 검거를 피해 도피 중인 것을 알면서도 이를 승낙하여, 동인을 동일부터 동월 6일 오후 7시경까지 위 거택에서 머물게 함으로써 법인은익하고 그 사이 위 김한성을 위해 동인에게서 나온 편지 5, 6통을 우편 포스트에 넣고, 약, 와이셔츠 1장, 넥타이 1개를 구입하여 돌아왔다. 동인으로부터 경성부내 명치제과 다방에 가서 여자의전 심순자라는 사람을 만나 어머니의 안부와 심순자에게 의뢰해 두었던 하숙의 일은 어떻게 되었는지 물어보라는 취지의 의뢰를 받고 피고인 이상호는 위 명치제과 다방에 갔지만 위 심순자를 찾았지만 만나지 못했던 것이다.

아홉째 피고인 유촌도신(柳村道信)은 1936년 3월 황해도 연백군 금산면 금산공립보통학교를 졸업하고 경기도 김포군 김포우편소 집배원을 하였다가 1937년 5월 경성부 남대문통 경성전기주식회사 인부로서 1938년 12월경부터 동 회사의 내선계 전공으로 근무 중 1941년 10월 7일 본건으로 검거되었던 자이다.

(1) 1941년 6월 하순 예전 이의 경성전기주식회사 제도계를 하고 있던 그 당시 1940년 5월경부터 피고인 유촌도신과 알던 경성부 서대문구 아현정 383번지 조중심(趙重心) 집에서 동인으로부터 동 회사 제도상자에 있는 동 회사 소유의 종로변전소 배선도, 경성무선전신국 용산송신소 및 청량리 수신소의 배전도 기타 다수의 제도를 가지고 와서 대여해달라는 취지의 말을 듣고 피고인 유촌도신은 그 후 5, 6회에 걸쳐 범의를 계속하여 동년 7월 위 회사 검수계 제도상자 내에서 도면을 가지고 나와 절취하여 위의 조중심 집에서 동인에게 주었다.

(2) 1941년 9월 초경 경성부 서대문구 아현정 피고인 유촌도신의 거택에서 평소명의(平沼命儀)의 방문을 받아 문밖에서 앞의 첫째 (1)의 내용과 같은 '선전' 동년 8월호 일부를 받아서 이를 읽은 후, 이를 태워버렸다. 1941년 9월 22일 오후 11시경 앞의 조중심이 사상운동의 혐의자로서 순경에 검거당하지 않기 위해 도망하자 경성부 서대문구 아현정의 피고인 유촌도신의 집에 와서 숙박하게 하였다. 피고인 유촌도신은 조중심이 순경으로부터 체포를 피하기 위하여 왔다는 것을 알고 있음에도 그대로 동인을 동 집에 하룻밤 묵게 하여 이에 범인을 감추어 숨기고 그 다음날에는 위 조중심이 돈의 융통을 구하자 동 피고인의 숙부로부터 돈을 빌려서 주겠다고 동 숙부에게 교섭하였지만, 그 목적을 달성하지 못했다.

열 번째 피고인 삼산선부(三山善夫)는 1929년 3월 경기도 양주군 양주공립보통학교를 졸업하고 바로 경성 제일고등보통학교에 입학하여 1929년 3월 동교를 졸업, 곧바로 경성제국대학 예과 문과에 입학, 1939년 3월 위 예과를 수료하고 동년 4월 동 대학 법문학부 법과에 진학하였다가 동년 9월 6일 본 건으로 원산경찰서에 검거당해 기소되고 함흥지방법원 예심을 거쳐 1940년 12월 30일 동 예심에서 보석되었다. 1941년 9월 5일 다른 건으로 경성 종로경찰서에 검거되어 경성지방법원 예심에서 1943년 10월 22일 보석되었다. 동 사건은 동 예심에서 면소되었다.

피고인 삼산선부는 위 고등보통학교 3, 4년생경부터 경성제국대학 교수 가와카미 하지메(河上肇) 박사의 좌익사건으로 공산주의에 흥미를 갖게 되어 "공산주의에도 어떤 진리가 있지 않은가"라고 생각하였다. 경성대 예과에 들어가면서부터는 좌익서적을 탐독한 결과, 공산주의에 공명하여 일본에서도 자본주의가 막다른 곳에서 이것은 붕괴되고 공산주의 사회의 실현을 보게 되는 것이라고 생각하여 이러한 실현을 희망하여 그 이론적 지도자가 될 목적으로 1937년 9월경부터 1938년 3월경까지 기간에 당시 경성제대 법문학부 법과학생 고광학(高光學), 동 정방훈(丁邦勳), 당시 문학 예과 생도 마츠모토(松本重喆), 당시 위 법과 학생 조동개(趙東凱), 1937년 3월 법문학부를 졸업한 당시 동 학부 국제법 외교사 연구실 조수였던 정진태(鄭鎭泰)와 함께 5, 6회 경성부 내에 소격정의 위 조동개 집, 효제정의 위 정방훈 집, 창신정의 위 고광학 집에서 독서회를 개최하여 엥겔스의 『반듀링론』, 마르크스의 『헤겔 법률철학비판 서설』, 레닌의 『무엇을 할 것인가』 기타 좌익서적을 텍스트로 공산주의 이론 연구를 하였다.

이로써 범의를 계속하여 사유재산제도 부인의 목적으로 그 목적인 사항의 실행에 관해 협의했다.

증거를 살펴보건대,

첫째, 피고인 홍인의의 판시사실은 동 피고인에 대한 예심 제1회 심문조서 중 동 피고인이 판시 둘째 (1)과 같이 공산대학 졸업 후 모스크바의 코민테른 동양부에 불려가 조선에 돌아가서 공산주의운동을 할 의

사가 있는가라는 물음을 받고 조선에서 적화운동을 하는 것을 승낙하였다는 취지 및 블라디보스토크의 코민테른 연락부에서 판시 둘째, (1)과 같이 300원을 받았다는 취지의 공술기재, 증 제44호에서 46호, 동 피고인에 대한 예심 제2회 신문조서 중 판시 둘째 (5)와 같은 취지의 공술기재, 증 제635, 636호, 증 제43호(선전) 중 판시 둘째 (10)에 기록된 것과 같은 기재내용, 단기간 내에 동종의 행위를 반복하였던 일의 흔적, 이상의 여러 가지 점을 제외한 당원 제5회 공판정에서 동 피고인의 판시 동 취지의 공술에 따라 인정한다.

둘째, 피고인 산본병희의 판시사실은 동 피고인에 대한 예심 제1회 신문조서 중 동 피고인은 판시 첫머리의 기재와 같이 피고인 홍인의에게 교양을 받아서 공산주의 사회의 실현을 희망하기에 이르렀다는 취지, 김재병에게 판시 (1)과 같이 듣고 제의 받은 것에 찬성을 표했다는 취지, 판시 (3)과 같이 김재병에게 공산주의에 관한 이야기를 함에 있어 피고인 산본병희는 동인으로부터 공산주의운동을 하라는 것을 권유받고 이를 승낙하였다는 취지, 판시 (4)와 같이 대산주상으로부터 노동자는 단결하여 자본가를 타도해야 한다는 취지 기타 공산주의적 이야기를 하고 동지 획득에 관해 대산주상과 동 피고인은 판시 (4)와 같이 협의하였다는 취지의 공술기재 및 판시 (5)와 같은 취지의 공술기재, 증 43호(선전), 단기간 내에 동종의 행위를 반복한 일의 흔적, 이상 여러 가지 점을 제외한 당원 제5회 공판정에서 동 피고인의 판시 동 취지의 공술에 따라 인정한다.

셋째, 피고인 임양려의 판시사실은 범의 계속의 점을 제외한 당원 제6회 공판정에서 동 피고인 판시 동 취지 및 동 피고인은 박헌영, 이순금 등의 의견에 따라 공산주의운동을 하였다는 취지의 공술, 단기간 내에 동종의 행위를 반복한 일의 흔적에 따라 인정한다.

넷째, 피고인 암본현우의 판시사실은 동 피고인에 관한 예심 제1회 신문조서 중 판시와 같은 『자본주의의 계략』을 읽고 공산주의에 호의를 가지게 이르렀다는 취지, 판시 (1)과 같이 대산귀남으로부터 공산주의 운동을 할 사람이 있는가라는 물음을 받고 동 판시와 같은 대담을 하 것으로 대산귀남은 공산주의에 공명하여 동 피고인에 대하여 공산주의 운동을 일하기 시작한 것으로 생각했다는 취지, 판시 (2)와 같이 김삼룡으로부터 질문 받은 것에 여자의전 학생은 학교의 공부만 할 뿐 주의적인 공부를 하는 사람은 한 사람도 없다는 대답을 한 내용, 김삼룡과는 오랜만에 판시 (3)과 같이 1930년 5월경 만났다는 내용, 판시 (4)와 같이 김삼룡으로부터 질문을 받고 대산나미의 이름을 말하였는데 김삼룡은 공산주의운동의 동지를 획득한 일을 알린 것이라고 생각했다는 내용의 공술기재, 대산귀남에 관한 예심 증인 신문조서 중 동인은 판시 (1)과 같은 연락방법에 따라 동 판시와 같이 피고인 암본현우와 만났다는 취지의 공술기재, 중 제642호에서 644호, 대산나미에 관한 예심 증인신문조서 중 동인은 동 피고인으로부터 판시 (4)와 같은 제의를 받았다는 취지의 공술기재, 위 대산나미에 관한 사법경찰관 사무취급의 피의자 신문조서 중 피고인으로부터 위와 같이 제의받았다는 것은 1940년 가을경이라는 내용의 공술기재, 단기간 내에 동종의 행위를 반복한 흔적, 이상의 여러 가지를 제외한 당원 제3회 공판정에서 동 피고인의 판시 동 내용의 공술에 따라 인정한다.

다섯 째, 피고인 덕본광의의 판시 사실은 동 피고인에 관한 예심 제1회 신문조서 중 동 피고인은 판시 첫머리의 기재와 같이 보성전문학교의 교수 등의 감화에 의해 공산주의를 진리로 생각하여 이에 공명하였고 필연적으로 자본주의 사회가 붕괴하고 공산주의 사회가 도래할 것이라고 생각하여 이번 이종갑과 함께 공산주의운동을 하였다는 내용의 공술기재, 동 피고인의 1939년 4월 18일 자 상신서 중 동 피고인은 자본주의 사회도 역사진행 과정의 단계에 불과하여 이후에는 사회주의 공산주의 사회가 도래한다는 공식적 유물사관만이 유일한 진리라고 믿어서 이러한 생각이 불평불만적 성격과 합쳐지면서 공산주의 사회의 도래를 희망하는 언사가 된 것은 당연히 도망가려는 논리로 결말이 났다는 뜻의 기재, 동 피고인에 관한 검사의 제1회 신문조서 중 판시 (1)과 같이 이종갑으로부터 우리들은 지금까지 사회과학을 배우고 있는 자인데 졸업 후에도 그 공부를 게을리 하지 말고 매진하라는 취지의 말을 듣고 함께 이에 매진할 것을 대답하였다는 내용의 공술기재, 동 피고인에 관한 예심 제1회 신문조서 중 판시 (2)와 같은 취지, 판시 (3)과 같이 이종갑으로부터 당했다는 내용의 공술기재, 동 예심 제1회 신문조서 중 동 피고인은 도쿄에서 돌아와 이종갑에게 판시 (4)와 같이 말했다는 내용의 공술기재, 이종갑에 대한 예심 제3회 신문조서 중 동인은 피고인 덕본광의와 판시 (5)와 같이 공산주의를 이야기하고 또 판시 (6)과 같은 사항에 대해 동 피고인과 대화하였다는 내용, 동인은 동 피고인에 대해 판시 (7)과 같이 1941년 6월 12일 동 판시와 같이 제의하고 그 승낙을 얻어, 동 판시와 같이 동월 19일경 학생을 인수하여 지도하라는 뜻의 제의를 하였고, 동 피고인 덕본광의를 이를 승낙하였다는 내용의 공술기재, 동 피고인에 대한 예심 제2회 신문조서 중 동 피고인은 판시 (7)과 같은 방법에 의해 피고인 아산진영을 만났다는 취지의 공술기재, 피고인 아산진영에 대한 검사의 제2히 신문조서 중 동 피고인은 판시 (7)과 같이

1941년 6월 16일 동 판시와 같이 피고인 덕본광의와 회담을 하였다는 내용의 공술기재, 피고인 덕본광의에 대한 예심 제2회조서 중 판시 (7)의 2)와 같은 취지의 공술기재, 당원 제13회 공판정에서 피고인 덕본광의의 첫머리부터 (6)까지의 내용에 관한 공술, 당원 제10회 공판정에서 동 피고인의 판시 (7) 첫머리부터 1)까지에 관한 공술, 당원, 제12회 공판정에서 동 피고인의 판시 (7)의 2)에 관한 공술, 사법경찰관 사무취급의 동 피고인에 관한 제2회 신문조서 중 판시 (7)에 관한 공술기재, 단기간 내에 동종의 행위를 반복한 일의 흔적에 비추어 인정한다.

여섯째, 피고인 아산진영에 관한 판시사실은 동 피고인에 대한 예심 제1회 신문조서 및 검사의 제1 신문조서 중 동 피고인은 한낙규로부터 판시 첫머리 기재와 같이 교양을 받았다는 취지의 공술기재, 동 피고인에 관한 예심 제2회 신문조서 중 동 피고인은 판시 첫머리 기재와 같이 공산주의 사회의 실현을 기대하였다는 내용의 공술기재, 방산용모에 관한 예심 제1회 신무조서 중 동인은 판시 (1)의 피고인 아산진영으로부터 공산주의에 관한 이야기를 들었다는 내용의 공술기재, 동 피고인에게 대한 검사의 제1회 신문조서 중 동 피고인은 판시 (8)과 같이 말하고 산본일근에게 사회과학의 연구를 권유하였다는 내용의 공술기재, 동 피고인에 대한 예심 제2회 신문조서 중 동 피고인은 판시 (4)와 같이 이종갑에게 경성치과의학전문학교에서 사회과학연구의 정황을 이야기했다는 내용의 공술기재, 동 피고인에 관한 예심 제1회 신문조서 중 동 피고인은 판시 (4)와 같이 공산주의의 진리를 획득하여 이를 신복하였다는 내용의 공술기재, 동 피고인에 관한 예심 제3회 신문조서 중 동 피고인은 판시 (6)과 같이 풍전수홍, 유천태진에게 이야기했다는 내용의 공술기재, 유천태진에 관한 검사의 제1회 신문조서 중 동인의 피고인 아산진영에 대해 (9)와 같이 교양을 받았다는 내용의 공술기재, 피고인 아산진영에 대한 검사의 제2회 신문조서 중 판시 (11)과 같은 취지 동 피고인은 1941년 6월 26일 피고인 덕본광의와 판시 (12)와 같이 회담하였다는 취지의 공술기재, 단기간 내에 동종의 행위를 반복 누행한 사적(事蹟), 이상 여러 가지 점을 제외한 당원 제8회 및 제10회 공판과정에 있어서 판시 동 취지의 공술에 따라 인정한다.

일곱 번째, 피고인 무촌무웅의 판시사실은 동 피고인에 관한 예심 제1회 신문조서 중 동 피고인은 판시와 같이 김한성이 동 피고인 집에 도망 왔을 때 동인은 경찰관에게 쫓기는 자라고 생각했지만 판시와 같이 이종철에게 말을 전할 것을 의뢰 받은 것에 의해 김한성은 공산주의 사상사건으로 추적당하고 있는 것이라고 생각하였다는 취지의 공술기재, 경성 종로경찰서장의 경성지방법원 검사정 및 경기도 경찰부장에 대한 각각 쇼와 16년(1941년) 8월 25일, 9월 4일, 동월 24일, 동월 30일 자의 각 좌익운동 용의사실에 관한 건 보고서의 기재를 종합하면 판시 쇼와 16년(1941년) 9월 3일 당시에 위 김한성이 경찰관에게 검거되었다고 하는 것은 사상운동용의자라는 것이 인정된다는 사실, 본 건 예심 판정서에 의해 이씨 성 마츠모토가 판시 쇼와 16년(1941년) 9월 3일 이전에 범한 치안유지법 위반사건이 당원의 공판에 속한 사실, 단기간 내에 동종의 행위를 반복 누행한 사실, 이상 여러 가지 점을 제외한 당원 제7회 공판정에 있어서 판시 등 취지의 공술에 따라 인정한다.

여덟 번째, 피고인 이상호에 관한 판시 사실은 당원 제7회 공판정에 있어서 판시 동 취지의 공술, 경성 종로경찰서, 경성지방법원 검사정 및 경기도 경찰부장에 대한 각각 쇼와 16년(1941년) 8월 25일, 9월 4일, 동월

24일, 동월 30일 자 좌익운동 용의사실 탐문에 관한 건 보고서의 기재를 종합하면 판시 쇼와 16년(1941년) 9월 4일 당시 김한성이 경찰관에게 검거되었다고 하는 것은 좌익사상운동 용의자라는 것이 인정된다는 사실에 따라 인정한다.

아홉 번째, 피고인 유촌도신의 판사사실 중 43호(선전), 평소명의(平沼命儀)에 관한 예심 제2회 신문조서 중 피고인 유촌도신에 판시 선전을 배부한 자는 동인이라는 취지의 공술기재, 동 피고인에 관한 예심 제1회 신문조서 중 판시 조중심(趙重心)이 동 피고인의 집에 찾아와 묵게 해달라고 말했는데 태도가 의심스러워 질문을 하니 조중심은 형사에 쫓기고 있다고 말했는데도 동인은 평상시 친절하기 때문에 큰일은 아니라고 생각하여 마음대로 묵게 했다는 취지의 공술기재, 위의 좌익운동 용의사실 탐문에 관한 보고서의 기재를 종합하면 판시 쇼와 16년 9월 22일 당시에 조중심이 경찰관 에게 검거되었다고 하는 것은 좌익사상운동 용의자라는 것이 인정된다는 사실, 이 상 여러 가지 점을 제외한 당원 제3회 공판정에 있어서 동 피고인의 판시 같은 취지의 공술에 따라 인정한다.

열 번째 피고인 삼산선부(三山善夫)의 판시사실은 동 피고인에 관한 함흥지방법원에 있어서 예심 제1회 신문조서 중 동 피고인은 대학 예과에 입학한 후 좌익서적을 많이 읽은 결과 공산주의에 공명하기에 이르렀는데 현재 일본은 자본주의적 막다른 곳에 있다고 듣고 이에 자본주의 사회는 붕괴하고 공산혁명에 의하여 공산주의사회가 실현된다고 생각하고 공산주의의 혁명 이론을 충분히 깊게 연구한 후에 장래 조선에 있어 서 공산주의운동의 이론적 지도자가 될 것을 희망하여 이를 위해 판시 독서회에 참가하였다는 취지의 공술기재, 동종의 행위를 단기간 내에 반복누행한 사실, 이상 여러 가지 점을 제외한 당원 제4회 공판정에 있어서 동 피고인의 판시 동 취지의 공술에 따라 인정한다. 판시 사실은 전부 그 설명이 충분한 것이다.

해 제

이 문서는 1943년 10월 25일 홍인의(洪仁義, 40세) 등 16인에 대한 치안유지법 사건에 대한 경성지방법원 예심괘의 예심종결결정문(사건번호는 昭和17年豫第34號)과 이 사건에 대한 1944년 10월 7일 경성지방법원의 1심 판결문(사건번호는 昭和19年刑公第349, 1546號)과 이에 대한 1945년 3월 29일 이상호(李相昊)의 고등법원의 판결문(사건번호는 昭和20年刑上第21號(1945년)이다.

이 재판에 관여한 판사는 경성지방법원 예심괘 판사 다나카(田中壽夫), 경성지방법원 판사인 재판장 시오다(鹽田宇三郎), 오카노(岡野富士松), 시오다(鹽田宇三郎: 坂口公男의 대리), 고등법원 판사 사이토(齊藤榮治), 사사키(佐佐木日出男), 후지이(藤井尙三), 시오미(鹽見米藏), 호시나(保科德太郎) 등 5인이다.

예심에 회부된 사람은 홍인의를 비롯하여 총 56인인데 이 가운데 김학성(金學成), 중원선래(中原善來), 송촌강홍(松村康弘), 유촌진강(兪村鎭綱), 백하종두(白河鍾斗), 유천석하(柳川錫河), 삼산선부(三山善夫), 서원재오(西原載午), 신구현(申龜鉉), 계궁문웅(桂宮文雄) 등 총10명은 예심에서 면소가 되고 나머지 46명이 공판에 회부되었다.

1944년 10월 7일 경성지방법원 형사부 1심 재판에서는 홍인의(洪仁義, 김동철) 산본병희(山本秉喜, 최) 화산영주(華山永周, 정) 임양려(林良麗, 林春子) 암본현우(岩本鉉雨, 이종량) 덕본광의(德本光毅, 한관영) 아산진영(牙山軫榮, 이진영) 박진홍(朴鎭洪) 무촌무웅(茂村武雄, 이신옥) 이상호 황원순(황재오) 풍전수홍(豊田修弘, 방인식) 유촌도신(柳村道信, 유래초) 신원국웅(新原國雄, 주영복) 송본문홍(松本文弘, 구연호) 삼산선부(三山善夫, 최학선) 등 15인만 유죄를 받았다.

경성지방법원의 1심 판결의 법률적용을 살펴보면 다음과 같다.

법률에 비추어보건대 제1 피고인 홍인의의 (1) 국체변혁 및 사유재산제도 부인의 목적을 가지고 결사에 가입하고 그 목적수행 행위를 하였다는 점은 치안유지법 제1조 후단 제10조 형법 제54조 제1항 전단 제10조에, (2) 국헌을 어지럽게 하는 문서를 무허가 출판 배포한 점은 융희 3년 법률 제6호 출판법 제11조 제1항 제1호 제11조 제2항 제1항 제1호, 형법 제54조 제1항 후단 제10조에 해당하는 것으로 동 피고인에 대하여 다시 형법 제54조 제1항 전단 제10조 제21조를 적용한다.

제2 피고인 산본병의의 사유재산제도부인의 목적으로 그 목적인 사항의 실행에 관한 협의를 한 점은 치안유지법 제11조 형법 제55조(징역형 산택)에 해당하는 것으로 다시 형법 제21조를 적용한다.

제3 피고인 임양려의 사유재산제도 부인의 목적으로 그 목적 사항의 실행에 관해 협의한 점은 치안유지법 부칙 제2항 본문 제11조(쇼와 16년 3월 개정 전의 구치안유지법 제2조 제1조 제2항) 형법 제55조(징역형 선택)에 해당하는 것으로 다시 형법 제21조를 적용한다.

제4 피고인 암본현우의 사유재산제도부인의 목적으로 그 목적 사항의 실행에 관한 협의를 한 점은 치안유지법 부칙 제2항 본문 제21조(전시 구치안유지법 제2조 제1조 제2항) 형법 제55조(징역형 선택)에 해당하는 것으로 다시 형법 제21조 제25조를 적용한다.

제5. 피고인 덕본광의, 제6 피고인 아산진영의 사유재산제도부인의 목적으로 그 목적 사항의 실행에 관한 협의를 한 점은 치안유지법 제11조

형 제55조(징역형 선택)에 해당하는 것으로 다시 형법 제21조 제25조를 적용한다.

제7 피고인 무촌무웅의 범인 은피(隱避)는 형법 제103조 제55조(징역형 선택)에 해당하는 것으로 형법 제21조를 적용한다.

제8 피고인 이상호의 범인장닉은 형법 제103조(징역형 선택)에 해당하는 것으로 형법 제21조를 적용한다.

제9 피고인 유촌도신의 (1) 절도는 형법 제235조 제55조에 (2) 범인장닉은 형법 제103조(징역형 선택)에 해당하는 것으로 다시 형법 제45조 제47조 제10조 제21조를 적용한다.

제10 피고인 삼산선부의 사유재산제도부인의 목적으로 그 목적 사항의 실행에 관해 협의를 한 점은 치안유지법 부칙 제2항 본문 제11조(전시 구 치안유지법 제2조 제1조 제2항) 형법 제55조(징역형선택)에 해당하는 것으로 다시 형법 제25조를 적용한다.

이상 각 피고인들에 대해 각각 주문과 같이 징역 2년에 또는 미결구류일수의 본건 산입 혹은 집행유예의 언도를 하는 것으로 한다.

또 범인은닉으로 1심에서 1년 6월을 선고 받고 상고한 이상호는 고등법원에서 기각되어 원판결이 확정되었다. 1945년 3월 29일 고등법원은 전시형사특별법(戰時刑事特別法, 1942년 2월 23일, 법률 제64호) 제29조에 따라 주문과 같이 판결한다고 하였다.

전시형사특별법은 태평양전쟁 개전 직후 일본은 1941년 12월 19일 「전시범죄처벌 특례에 관한 법률」을 제정했다가, 전시체제기 형벌의 규정을 추가하고 엄벌화화 형사재판의 신속화를 위해 더욱 광범한 '임시치안입법'으로 1942년 2월 24일 2장 31조로 구성된 전시형사특별법(戰時刑事特別法)을 공포했다. 그 29조는 "상고재판소 상고 취의서 기타 서류에 의해 상고의 이유 없음이 명백하다고 인정된 것은 검사의 의견을 청

취하여 변론을 경과하지 않고 판결함으로써 상고를 기각할 수 있다"는 것이었다.[99]

이 전시형사특별법은 1944년 2월 15일 조선총독부제령 제4호에 의해 「조선전시형사특별령」으로 제정되어 1944년 3월 15일 시행되었다. 이 「조선전시형사특별령」의 시행에 따라 공판절차는 더욱 변질되었다. 이 외에도 1944년에는 「조선총독부재판소령전시특례」, 「조선에서의재판절차간소화를 위한 국방보안법 및 치안유지법의 전시특례에 관한 건」 등이 제정되어 전시 총동원체제하에서 신속한 사건처리와 기밀보안에 주력하였다.

이에 따라 우선 단독심을 확대하여 사형, 무기징역, 금고에 한해서만 합의부 판결을 하도록 하였고, 모든 사건을 2심제로 처리하였다. 또한 국방보안법과 치안유지법에만 적용된 변호인 수와 선임기간 제한을 모든 사건으로 확대하였으며, 약식명령으로 1년 이하의 징역까지 특별범죄에 대해서는 3년 이하의 징역까지 허용하였다. 법원의 증인, 감정인 신문도 서면으로 대체 되었으며 판결문을 간략히 작성하였다. 변호인의 서류열람은 지정된 장소에서 재판장의 허가를 얻어야만 가능했으며 이해 당사자조차도 재판소 또는 재판조서 등을 교부하지 않을 수 있도록 하는 등 사실상의 공정성을 포기한 형태상의 사법부만이 존재하였다.[100] 일제강점기 근대 형사법체계가 식민지 조선에 도입되었지만 그것은 식민통치체제의 유지를 위한 폭력적 장치이며 제도였다.

이 치안유지법 사건의 주요 인물 홍인의는 1904년 함남 홍원 출신으로 이명(異名)은 김동철(金東喆)이다. 그는 함경남도 홍원군의 사립 학

99) 『官報』 第4536號, 1942.2.24.

100) 국사편찬위원회, 『한국근대사 기초자료집 5: 일제강점기의 사법』, 2012 참조.

천(鶴泉)보통학교를 졸업했다. 간도 연신중학(延新中學)을 중퇴하고 러시아로 이주하여 농업에 종사하다가 1929년 9월 끄르인 반도에 있는 조선(造船)공장 노동자가 되었다. 1930년 10월 발틱함대 수병(水兵)이 되었고 1931년 11월 소련공산당 당원이 되었다. 1932년 9월 발틱함대를 제대하고 모스크바 동방노력자공산대학에 입학하여 1934년 5월 모스크바 공산대학을 졸업했다. 그해 8월 코민테른 동양부로부터 귀국하여 활동하라는 지시를 받고 국내에 들어와 12월 경성스프링제작소 노동자가 되었다. 1939년 3월부터 동화철공소 직공 김재병(金載丙)과 함께 활동했다. 1941년 6월 경성콤그룹 기관지 『선전(宣戰)』에 「조선 피압박 세력 대중이여, 궐기하자」라는 제목의 글을 기고했다. 1941년 말 일본경찰에 검거되어 1944년 징역 7년을 선고받았다.[101]

그는 1945년 8월 15일 서대문형무소에서 해방을 맞이하여 석방되었다. 해방 직후 조선공산당 재건을 위한 장안파와 재건파의 대립이 벌어진다. 1945년 9월 8일 계동 홍증식(洪增植) 집에서 안기성 주최로 '열성자대회'가 개최되는데 홍인의는 이 회의에 참석한 60인 중에 1인이었다.

이영, 최익한, 정백, 정재달, 하필원, 이승엽, 이정윤, 현칠종(玄七鍾), 안기성(安基成), 이우적(李友狄), 김상혁(金相赫), 정종근, 강병도(姜炳度), 조두원(趙斗元), 권오직, 최원택, 이청원(李淸源), 김두현, 홍인의(洪仁儀), 박헌영 등 60여 명이 참여했다.[102] 조선공산당의 기관지 『해방일보』는 이 '열성자대회'에 대하여 "한가지 결점은 공장노동자 조직의 대표가 없었던 것이 큰 결점이었다"라고 보고하였다. 박헌영은 "금일의 정세도 조선의 공산주의자들에게 원칙적 결합과 분리를 요구하고 있다.

101) 강만길 · 성대경 엮음, 『한국사회주의운동인명사전』, 창작과비평사, 1996 참조.
102) 『獨立』, 1945.12.12; 『解放日報』, 1945.9.25.

이러한 원칙적 결합을 기초로 한 통일로써 당은 건설되어야 한다. 당면의 가장 긴급히 필요한 문제는 조선 좌익의 통일문제의 해결이다. … 당 건설은 이러한 행동의 통일과정을 밟으면서 실현되고 있다. … 그럼으로 복잡한 조선운동은 이러케 단순화되었고 순화된 것이다. 여기에서 조선공산당 중앙의 건설이라는 조직 원칙은 명백하다. 그것은 일반대중의 판단에 맡기어도 조금도 잘못될 수 없을 만치 문제는 명백하고 결정적으로 된 것이다. 이제 말한 지하운동의 혁명적 공산주의자 그룹들과 출감한 전투적 동지들이 중심이 되고서 당이 재건되는 것이오 동시에 여기에는 어느 파를 물론하고 당원될 만한 자격을 갖춘 분자는 모두 입당하여 통일적 당 깃발 밑에서 활동할 수 있는 기회를 주자는 것이다."[103]

장안파 기관지인 『戰線』에 의하면 9월 8일 '계동 열성자대회'에 장안파는 "재건 측이 초청한 계동 모처 토의회에 개인자격으로 10명이 참가" 했다고 한다.[104] 홍인의는 박헌영을 중심으로 한 경성콤그룹의 성원으로 여겨지며 당시 재건파 대표로 참가했던 것으로 보인다.

103) 『解放日報』 1945.9.25, 「熱誠者大會의 經過, 分裂派의 行動을 批判하자-」.
104) 『戰線』 제4호, 1945.10.31(정용욱, 「조선공산당 내 '대회파'의 형성과정」, 『國史館論叢』 第70輯, 1996, 51쪽).

▍찾아보기 ▍

ㄴ

ㄷ

ㅁ

ㅂ

ㅅ

ㅇ

ㅊ

ㅋ

ㅌ

ㅍ

전명혁(全明赫)

(현) 동국대학교 대외교류연구원 연구교수
(현) 한국외국어대 정보기록학과 겸임교수
성균관대학교 대학원 사학과 문학박사

역사학연구소 소장, 민주화운동기념사업회 사료관과 연구소 책임연구원, 진실화해를위한과거사정리위원회 전문위원, 성공회대학교 민주자료관 부관장 등을 역임하였다. 한국근현대 사회운동사 전공으로 최근에는 사상사, 법제사, 기록과 역사 등에도 많은 관심을 가지고 연구하고 있다. 최근 주요 저작으로 『1920년대 한국사회주의운동연구』(2006), 『한국현대사와 국가폭력』(공저, 2019), 『1919년 3월 1일을 걷다』(공저, 2019) 등과 「1920년대 '사상사건(思想事件)'의 치안유지법 적용 및 형사재판과정」(2019), 「1930년대 초 사회주의 잡지 『이러타』의 성격과 지향」(2018), 「1960년대 '남조선해방전략당'의 형성과 성격」(2016), 「1960년대 '1차인혁당' 연구」(2011) 등 논문이 있다.